Robin Junker, Verena Zucker, Manuel Oellers,
Till Rauterberg, Sabrina Konjer, Nicola Meschede,
Manfred Holodynski (Hrsg.)

Lehren und Forschen mit Videos in der Lehrkräftebildung

Waxmann 2022
Münster • New York

Die in diesem Band vorgestellten Projekte und Portale zur videobasierten Lehrkräftebildung wurden von Bund und Ländern aus Mitteln des Bundesministeriums für Bildung und Forschung gefördert.

GEFÖRDERT VOM

Bibliografische Informationen der Deutschen Nationalbibliothek
Die Deutsche Nationalbibliothek verzeichnet diese Publikation in der Deutschen Nationalbibliografie; detaillierte bibliografische Daten sind im Internet über http://dnb.dnb.de abrufbar.

Print-ISBN 978-3-8309-4511-6
E-Book-ISBN 978-3-8309-9511-1
https://doi.org/10.31244/9783830995111

Das E-Book ist open access unter der Lizenz
CC BY-NC-SA 4.0 veröffentlicht.

© Waxmann Verlag GmbH, 2022
Steinfurter Straße 555, 48159 Münster

www.waxmann.com
info@waxmann.com

Umschlaggestaltung: Anne Breitenbach, Münster
Umschlagabbildung: Wavebreakmedia / iStock.com; lapandr / iStock.com
Druck: CPI Books GmbH, Leck

Gedruckt auf alterungsbeständigem Papier,
säurefrei gemäß ISO 9706

Printed in Germany

Alle Rechte vorbehalten. Nachdruck, auch auszugsweise, verboten. Kein Teil dieses Werkes darf ohne schriftliche Genehmigung des Verlages in irgendeiner Form reproduziert oder unter Verwendung elektronischer Systeme verarbeitet, vervielfältigt oder verbreitet werden.

Lehren und Forschen mit
Videos in der Lehrkräftebildung

Inhalt

Manfred Holodynski, Nicola Meschede, Robin Junker & Verena Zucker
Lehren und Forschen mit Videos in der Lehrkräftebildung –
eine Einführung 7

Tina Seidel
Professionelle Unterrichtswahrnehmung als Teil von Expertise im Lehrberuf.
Weiterentwicklungsperspektiven für die videobasierte Lehrerforschung 17

*Anja Böhnke, Annemarie Jordan, Leroy Großmann, Sebastian Haase, Kristin Helbig,
Juliane Müller, Sabine Achour, Dirk Krüger & Felicitas Thiel*
Das FOCUS-Videoportal der Freien Universität Berlin. Videobasierte
Lerngelegenheiten für die erste und zweite Phase der Lehrkräftebildung 37

Gerlinde Lenske, Julia Bönte, Rijana van Bebber & Detlev Leutner
Das CLIPSS-Videoportal (CLassroom management In Primary and Secondary
Schools) – Inszenierte Videovignetten zur Förderung professioneller Kompetenzen ... 57

*Johannes Appel, Sebastian Breitenbach, Sebastian Stehle, Thorsten Gattinger,
David Weiß & Holger Horz*
VIGOR – Eine Plattform für den fächer- und ausbildungsphasenübergreifenden
Einsatz von Videos in der Lehrkräftebildung. Konzeption, Aufbau und
Anwendungsbeispiele 75

Charlotte Kramer, Johannes König & Kai Kaspar
Das ViLLA-Portal: Die Mischung macht's! Unterrichtsvideos und -transkripte
zur Förderung der situationsspezifischen Fähigkeiten angehender Lehrkräfte 95

Juliane Aulinger, Irini Körber & Robert Meyer
UnterrichtOnline.org. Unterrichtsvideos für den Einsatz in der Forschung und
Lehre 113

*Doris Lewalter, Annika Schneeweiss, Jürgen Richter-Gebert, Kerstin Huber &
Maria Bannert*
Mit Unterrichtsvideos praxisnah und disziplinverbindend lehren und lernen.
Die Lernplattform Toolbox Lehrerbildung 125

Verena Zucker, Cornelia Sunder, Sabrina Konjer, Till Rauterberg, Robin Junker, Nicola Meschede, Manfred Holodynski & Kornelia Möller

Das Videoportal ViU: Early Science – Lernunterstützung und Klassenführung im naturwissenschaftlichen und technischen Sachunterricht professionell wahrnehmen 145

Robin Junker, Till Rauterberg, Verena Zucker, Nicola Meschede & Manfred Holodynski

Das Videoportal ProVision: Umgang mit Heterogenität im Unterricht professionell wahrnehmen 165

Robin Junker, Manuel Oellers, Sabrina Konjer, Till Rauterberg, Verena Zucker, Nicola Meschede & Manfred Holodynski

Das Meta-Videoportal unterrichtsvideos.net für die Lehrkräftebildung 181

Manfred Holodynski & Nicola Meschede

Videobasierte Lehre und Forschung in der Lehrkräftebildung – Quo vadis? 197

Autorinnen und Autoren 219

Manfred Holodynski, Nicola Meschede, Robin Junker & Verena Zucker

Lehren und Forschen mit Videos in der Lehrkräftebildung – eine Einführung

In der Lehrkräftebildung vieler Hochschulstandorte dienen Unterrichtsvideos mittlerweile als ein wesentliches Medium, um die Kompetenzen von (angehenden) Lehrpersonen in der Unterrichtswahrnehmung und im Unterrichtshandeln zu erfassen und zu fördern (Blomberg et al., 2014). Für einen theoriegeleiteten und zugleich situierten Erwerb dieser Kompetenzen ist unter anderem eine Passung der Videos zur ausgewählten Kompetenzdimension (z. B. Klassenführung, sprachsensible Lernunterstützung) oder zum Unterrichtsfach und -inhalt (z. B. Bruchrechnung, Rechtschreibung) erforderlich. Daher wird ein entsprechend vielfältiges Repertoire an verfügbaren Unterrichtsvideos benötigt.

Ein solches Repertoire steht mittlerweile in mindestens 19 verschiedenen deutschsprachigen Videoportalen zur Verfügung, die maßgeblich durch die gemeinsame *Qualitätsoffensive Lehrerbildung* von Bund und Ländern aus Mitteln des Bundesministeriums für Bildung und Forschung gefördert wurden. Um dieses vielfältige Angebot zu bündeln und Akteurinnen und Akteuren der Lehrkräftebildung auf übersichtliche Weise erschließbar zu machen, haben sich bislang 11 dieser Videoportale dem neu geschaffenen Meta-Videoportal *unterrichtsvideos.net* angeschlossen. In diesem können Nutzerinnen und Nutzer in über 1800 Videos (einschließlich Begleitmaterialien) nach passenden Videos suchen.

Diese Erfolgsgeschichte der Videoportale ist mit einem ebenso erfolgreichen Anstieg der videobasierten Lehre und ihrer Begleitforschung in der Lehrkräftebildung verbunden. Nicht nur die Hochschulstandorte, die eigene Videoportale aufgebaut haben, sondern auch weitere Projekte (u. a. der *Qualitätsoffensive Lehrerbildung*) setzen Unterrichtsvideos sowohl in der eigenen Hochschullehre als auch in einer breiten Palette an Begleitforschungsprojekten ein. Einen Fokus nimmt dabei unter anderem die Erfassung und die Förderung der professionellen Unterrichtswahrnehmung ein (Gold & Holodynski, 2017; Krammer, 2020; Seidel & Stürmer, 2014; Steffensky & Kleinknecht, 2016; van Es & Sherin, 2002).

Der vorliegende Band möchte einen Überblick über diese Entwicklung der videobasierten Lehre und ihre Begleitforschung geben. Anlass dazu war die Eröffnungstagung des Meta-Videoportals für die Lehrkräftebildung im März 2021.[1] Auf dieser digitalen Tagung stellten sich zum einen am Metaportal beteiligte Videoportale mit ihren Nutzungsmöglichkeiten für die Lehrkräftebildung vor. Zum anderen präsentierten über 70 Lehr(forschungs)projekte ihre aktuellen Arbeiten in Form von Postern. Gerahmt wurde

---

[1] Eine Tagungsdokumentation inkl. videographierter Vorträge, Workshopfolien und Poster findet sich unter unterrichtsvideos.net/tagung.

die Tagung durch einen einführenden Beitrag zur professionellen Unterrichtswahrnehmung als Teil von Lehrerexpertise und einen abschließenden Überblick über die Poster der Lehr(forschungs)projekte sowie zukünftige Entwicklungsperspektiven. Im vorliegenden Band wurden die Inhalte der Tagung übersichtlich aufbereitet. Der Band eignet sich für Akteurinnen und Akteure aller drei Phasen der Lehrkräftebildung, die sich für einen theoriebasierten, situierten Erwerb von unterrichtsbezogenen Kompetenzen interessieren. Er gibt einen Überblick über verfügbare Videoportale sowie deren Nutzungsmöglichkeiten und hält dabei inspirierende Anregungen für eigene videobasierte Lehrveranstaltungen in allen drei Phasen der Lehrkräftebildung bereit. Zudem informiert er über aktuelle Forschungen und technische Möglichkeiten der videobasierten Lehre.

1 Videoportale für die Lehrkräftebildung[2]

Bis vor wenigen Jahren beschränkte sich das Repertoire verfügbarer Unterrichtsvideos auf nur wenige Portale. Auch wenn in diesen bereits ein Fundus an einschlägigen Unterrichtsvideos zu vielen Unterrichtsfächern und Schulformen zur Verfügung stand, waren diese Portale eher innerhalb der jeweiligen Community als flächendeckend bekannt. Darauf aufbauend wurden in den letzten Jahren insbesondere im Zuge der *Qualitätsoffensive Lehrerbildung* an vielen Hochschulstandorten weitere Unterrichtsvideos produziert und mit Hilfe hochschuleigener Videoportale der pädagogischen Öffentlichkeit zugänglich gemacht.

Im Folgenden wird ein Überblick über die bestehenden Videoportale gegeben. Die meisten von ihnen zielen mit ihren professionell aufbereiteten Unterrichtsvideos und Begleitmaterialien auf die Förderung einer professionellen Unterrichtswahrnehmung. Sie weisen Schwerpunktsetzungen bzgl. der fokussierten fachspezifischen und fachübergreifenden Unterrichtsqualitätsdimensionen sowie der Jahrgangsstufen und Unterrichtsfächer auf. Für den Zugang zu den meisten dieser Portale ist aus datenschutzrechtlichen Gründen eine Registrierung erforderlich.

Die ersten Videoportale. Die Anfänge öffentlich zugänglicher Videoportale für die Lehrkräftebildung stellten die folgenden, heute noch existierenden Videoportale dar:

1. *Hannoveraner Unterrichtsbilder* (https://hanub.de/) der Universität Hannover, die seit 2001 Unterrichtsvideos und kommentierte Unterrichtsanalysen im Netz bereitstellen (*Mühlhausen, 2021).
2. Das Schweizer Portal *unterrichtsvideos.ch* (www.unterrichtsvideos.ch) der Universität Zürich mit Videos aus Schweizer Schulen, deren dokumentierter Unterricht bis in die 1990er Jahre zurückreicht.
3. *UnterrichtOnline.org* (www.UnterrichtOnline.org) der LMU München, das Unterrichtsaufzeichnungen für Forschung und Lehre bereitstellt – mit der Möglichkeit, pro Unterrichtsvideo Zeitmarken und Kommentare zu setzen, zu exportieren

---

[2] Die mit * gekennzeichneten Literaturquellen beziehen sich auf die Poster der Eröffnungstagung, die unter unterrichtsvideos.net/tagung einsehbar sind.

und im eigenen Nutzerkonto zu speichern (s. Aulinger et al. in diesem Band). An dieses Videoportal ist auch die Falldatenbank *Impuls* der Universität Regensburg angeschlossen.

Auf den genannten drei Videoportalen sind Unterrichtsvideos zu unterschiedlichen Fächern und Schulformen bereitgestellt.

4. *ViU: Early Science* der WWU Münster (www.uni-muenster.de/Koviu), das 2012 online gegangen ist und Unterrichtsvideos und Begleitmaterialien zum naturwissenschaftlichen Sachunterricht bereitstellt (s. Beitrag von Zucker et al. in diesem Band).
5. *QUA-LiS NRW Schulentwicklung (Qualitäts- und UnterstützungsAgentur – Landesinstitut für Schule NRW),* auf der Unterrichtsvideos zum Englischunterricht von der zweiten bis fünften Jahrgangsstufe bereitgestellt sind (https://www.schulentwicklung.nrw.de/cms/angebote/egs/unterrichtsvideos/index.html).

Videoportale der Qualitätsoffensive Lehrerbildung. Im Rahmen der *Qualitätsoffensive Lehrerbildung* sind seit 2016 an vielen Universitätsstandorten Videoportale für die Lehrkräftebildung entstanden, unter anderem:

6. *FOCUS* der FU Berlin (https://tetfolio.fu-berlin.de/tet/focus) stellt videobasierte Lehr-Lern-Gelegenheiten zum Umgang mit Unterrichtsstörungen, zum Umgang mit Schülervorstellungen im Biologieunterricht sowie zum politischen Urteilen im Politikunterricht bereit (s. Beitrag von Böhnke et al. in diesem Band).
7. *CLIPSS (CLassroom management In Primary and Secondary Schools)* der Universität Duisburg-Essen (https://www.uni-due.de/clipss/) legt den Schwerpunkt auf inszenierte (staged) Videos zur Klassenführung in der Grund- und weiterführenden Schule (s. Beitrag von Lenske et al. in diesem Band).
8. *VIGOR (Videographic Online Recorder)* der Universität Frankfurt (https://vigor.studiumdigitale.uni-frankfurt.de/) fokussiert auf den Umgang mit Heterogenität und digitale Kompetenzen von Lehrkräften (s. Beitrag von Appel et al. in diesem Band; *Appell et al., 2021).
9. *ViLLA (Videos in der Lehrerinnen- und Lehrerausbildung)* der Universität zu Köln (https://villa.uni-koeln.de/) bietet Unterrichtsvideos aus vielen Fächern und allen Schulformen sowie Selbstlernmodule zur professionellen Unterrichtswahrnehmung und Klassenführung an (s. Beitrag von Kramer et al. in diesem Band).
10. *Toolbox Lehrerbildung* der TU München (https://toolbox.edu.tum.de/) beinhaltet videobasierte Lernmodule zur vernetzten Förderung fachlicher, fachdidaktischer und pädagogisch-psychologischer Kompetenzen an Beispielen aus dem MINT-Unterricht (s. Beitrag von Lewalter et al. in diesem Band).
11. *ProVision* der WWU Münster (www.uni-muenster.de/ProVision) legt den Schwerpunkt auf den Umgang mit Heterogenität (Klassenführung, Lernunterstützung, Teilhabe) in allen Schulformen (s. Beitrag von Junker et al. in diesem Band).

12. *LeHet (Förderung der Lehrerprofessionalität im Umgang mit Heterogenität)* der Universität Augsburg (via https://unterrichtsvideos.net) weist einen Schwerpunkt auf dem Geographie- und Deutschunterricht sowie dem didaktischen Schwerpunkt Umgang mit Heterogenität auf.
13. *Multiview* der Universität Lüneburg (https://multiview.leuphana.de/) stellt videographierte Lernsettings zum Umgang mit heterogenen Lerngruppen und zum inklusiven Unterricht bereit (*Clausen & Bormann, 2021).

Weitere Videoportale für die Lehrkräftebildung. Die folgenden Portale sind unabhängig von der *Qualitätsoffensive Lehrerbildung* eingerichtet worden:

14. Fallarchiv HILDE (www.uni-hildesheim.de/celeb/projekte/fallarchiv-hilde/) der Universität Hildesheim enthält Unterrichtsvideos zu zehn Fächern aus Grund- und weiterführender Schule.
15. *SUSI (Datenbank SCHÜLERTEXTE und schulische INTERAKTION)* der Universität Hannover (https://susi-db.de/) stellt Unterrichtsausschnitte aus Deutsch und dem Fächerverbund Sozialkunde/Politik/Wirtschaft bereit.
16. *Unterricht unter der Lupe* der Universität Kassel (https://www.uni-kassel.de/uudl/unterricht-unter-der-lupe/startseite.html) stellt Videos zu multiplen Perspektiven (Lehrperson, Schülerinnen und Schüler) sowie zu multiplen Unterrichtsformen (Frontal-, Gruppen- und Einzelarbeit) bereit. Allerdings ist es bislang nur für Mitglieder der Universität Kassel zugänglich (*Böhnert et al., 2021).
17. *ViviAn* (Videovignetten zur Analyse von Unterrichtsprozessen) der Universität Koblenz-Landau (https://vivian.uni-landau.de/) bietet Lehreinheiten zum Training diagnostischer Fähigkeiten anhand von authentischen Unterrichtssituationen.
18. *KfUE (E-Portal Kompetenzorientierte fachspezifische Unterrichtsentwicklung)* der Pädagogischen Hochschule Bern beinhaltet einen fachdidaktischem Fokus auf einen kompetenzorientierten Unterricht (https://www.phbern.ch/e-portal-kompetenzorientierte-fachspezifische-unterrichtsentwicklung) (*Bietenhard et al., 2021).
19. *ISEK-Unterrichtsvideo-Portal* der Fachhochschule Nordwestschweiz (https://www.fhnw.ch/plattformen/isek-unterrichtsvideo-portal/) stellt Unterrichtsvideos aus der Sekundarstufe in Verbindung mit Videoanalyseaufgaben bereit (*Mahler & Bäuerlein, 2021).

In den aufgeführten Portalen stehen mittlerweile über 2100 Videos zu fast allen Unterrichtsfächern, Schulformen und Jahrgangsstufen für alle Phasen der Lehrkräftebildung zur Verfügung. Allein diese Vielfalt und die Verteilung auf unterschiedliche Portale führt dazu, dass Nutzerinnen und Nutzer das Angebot nicht überschauen können und die Suche nach geeigneten Unterrichtsvideos sehr zeitaufwendig ist. Das hat den Effekt, dass das umfassende Angebot bislang nur in Ausschnitten bekannt ist und genutzt wird.

Das Meta-Videoportal unterrichtsvideos.net: Angesichts des rasanten Zuwachses an Unterrichtsvideos und Portalen war schnell offensichtlich, dass ein integrierendes Metaportal den Zugang und die Nutzung erleichtern könnte. Dieses Portal sollte den Fundus an Videos möglichst aller Portale einschließen und eine portalübergreifende Suche nach Unterrichtsvideos ermöglichen. Die Initiative für ein solches Metaportal ist 2016 auf dem Programmkongress der *Qualitätsoffensive Lehrerbildung* mit einer Arbeitsgruppe aus sieben Videoportalen ergriffen worden, die unter Federführung der WWU Münster das Meta-Videoportal *unterrichtsvideos.net* aufgebaut und im Jahr 2021 eröffnet haben.

Das Meta-Videoportal ist als Sammel- und Suchplattform konzipiert. Nutzerinnen und Nutzer können mit Hilfe einer Suchmaske mit geschlossenen Suchfeldern und einer Freitextsuche nach geeigneten Unterrichtsvideos aller angeschlossenen Videoportale suchen. Ein besonderer Service des Meta-Videoportals besteht in der zentralen Registrierung, die eingeloggten Nutzerinnen und Nutzern das direkte Abspielen der Videos auf den jeweiligen Portalen ermöglicht. Näheres zum Meta-Videoportal ist im Beitrag von Junker et al. (in diesem Band) ausgeführt.

2 Förderung der professionellen Unterrichtswahrnehmung mit Unterrichtsvideos

Der rasante Zuwachs an Videoportalen ist vor allem darauf zurückzuführen, dass situationsspezifische Fähigkeiten von Lehrkräften in den letzten Jahren zunehmend in den Fokus der Forschung zur Lehrkräftebildung gerückt sind (z. B. Gaudin & Chaliès, 2015; Steffensky & Kleinknecht, 2016). Im deutschsprachigen Raum werden situationsspezifische Fähigkeiten häufig mit dem Konzept der professionellen Unterrichtswahrnehmung beschrieben. Professionelle Unterrichtswahrnehmung wird als Fähigkeit einer Lehrkraft definiert, lernrelevante Ereignisse und Interaktionen im Unterricht erkennen und theoriebasiert interpretieren zu können (Sherin & van Es, 2009). In Anlehnung an das theoretische Modell der Kompetenz als Kontinuum (Blömeke et al., 2015) wird dieser Fähigkeit eine zentrale Vermittlerrolle zwischen dem Wissen und Handeln von Lehrkräften zugesprochen.

Empirische Studien konnten diese theoretische Annahme bestätigen und zeigen, dass eine professionelle Unterrichtswahrnehmung von Lehrkräften mit einer höheren Qualität ihres Unterrichts (Roth et al., 2011; Santagata & Yeh, 2014; Sherin & van Es, 2009) sowie besseren Leistungen ihrer Schülerinnen und Schüler einhergeht (Kersting et al., 2012; Roth et al., 2011).

Entsprechend hat sich die möglichst frühe Förderung situationsspezifischer Fähigkeiten als zentrales Ziel der Lehrkräftebildung etabliert, die daher auch an vielen Standorten in die Curricula der universitären Lehrkräftebildung integriert wurde. Unterrichtsvideos haben sich für diese Förderung als geeignetes Medium herausgestellt. So wurden in den letzten Jahren unterschiedliche videobasierte Lehrkonzepte zur Förderung unterrichts-bezogener Kompetenzen entwickelt und positiv evaluiert (Junker et al., 2020; Gold et al., 2020; Seidel & Thiel, 2017; Steffensky & Kleinknecht, 2016). Auch die *Qualitätsoffensive Lehrerbildung* hat substantiell zu dieser positiven Entwicklung beigetragen. Dieses zeigt sich unter anderem in den diversen Lehrforschungsprojekten, die im Rahmen der Eröffnungstagung vorgestellt wurden.

Die videobasierte Lehre und Forschung stellen dabei ein weiterhin sehr dynamisches Feld dar. Dieses ist einerseits durch immer mehr forschungsbasierte Erkenntnisse zur professionellen Unterrichtswahrnehmung begründet. Beispielsweise konnte gezeigt werden, dass es sich um eine wissensbasierte (Kersting, 2008; König & Kramer, 2016) und domänen- bzw. sogar inhaltsspezifische Fähigkeit (Steffensky et al., 2015; Todorova et al., 2017) handelt. Solche Erkenntnisse fordern auch eine spezifischere Ausrichtung der videobasierten Lehre und damit auch der Videoportale. Andererseits ist die Dynamik des Feldes auch auf immer ausgereiftere Videotechnik und weitere technische Innovationen zurückzuführen, welche die didaktische Arbeit mit den Unterrichtsvideos positiv unterstützen (könnten).

Der schnelle Zuwachs an Forschungsarbeiten und Lehrkonzepten ist dabei allerdings auch mit einer großen konzeptuellen Vielfalt und Heterogenität verbunden, sodass bislang ein übergeordneter konzeptueller Rahmen fehlt, der die unterschiedlichen berufsbiographisch relevanten Phasen in der Entwicklung von Expertise im Lehrberuf einbezieht. Der Beitrag von Tina Seidel in diesem Band stellt hierzu einen Vorschlag vor und gibt einen detaillierteren Überblick über das Konzept der professionellen Unterrichtswahrnehmung.

3 Aufbau des Bandes

Die Beiträge des vorliegenden Bandes zeichnen die aktuellen Entwicklungen im Bereich der Lehre und ihrer Begleitforschung zum Einsatz von Videos in der Lehrkräftebildung nach, indem sie die oben genannten Videoportale und ihre Nutzung in der Lehrkräftebildung vorstellen und Potentiale und Impulse für die Weiterentwicklung von Lehre und Forschung mit Videos beschreiben.

Eröffnet wird der Band mit dem bereits genannten Beitrag von Tina Seidel „Professionelle Unterrichtswahrnehmung als Teil von Expertise im Lehrberuf. Weiterentwicklungsperspektiven für die videobasierte Lehrerforschung". Darin skizziert sie den Forschungsstand zur Verwendung von Videos in der Lehrkräftebildung und stellt in Anlehnung an Konzeptionen zum Erwerb von Expertise ein Rahmenmodell zur Diskussion, um die bislang sehr heterogenen Ansätze zum Einsatz von Unterrichtsvideos lerntheoretisch stärker berufsbiographisch einzuordnen. Hierzu werden spezifische Anforderungen und Einsatzformen videobasierter Lehrformate in den drei Phasen der Lehrkräftebildung postuliert und zukünftige Forschungsfragen benannt.

In den Beiträgen 2 bis 9 stellen sich die Videoportale der Lehrkräftebildung in Deutschland vor, die das Meta-Videoportal gegründet haben. Dabei werden das Repertoire an Unterrichtsvideos (Fächer, Schulformen, Begleitmaterialien etc.) sowie die Nutzungsmöglichkeiten, Analyseschwerpunkte und digitalen Unterstützungstools des jeweiligen Portals beschrieben und anhand konkreter didaktischer Szenarien veranschaulicht.

Ebenso werden Forschungsergebnisse zum erfolgreichen Einsatz der produzierten Unterrichtsvideos in (universitären) Lehrveranstaltungen berichtet.

Die Vorstellung der einzelnen Videoportale beginnt im zweiten Beitrag mit dem *FOCUS*-Portal. Der fachdidaktische Schwerpunkt des Portals liegt auf dem Umgang mit Störungen im Unterricht, der Formulierung politischer Urteile im Politikunterricht sowie auf dem Umgang mit Schülervorstellungen im Biologieunterricht.

Der dritte Beitrag fokussiert auf das *CLIPSS*-Portal, das ausschließlich die Klassenführung in der Primar- und Sekundarstufe behandelt und dazu inszenierte Videovignetten bereitstellt.

Im vierten Beitrag stellt sich das *VIGOR*-Portal vor, das sich vor allem durch seinen Fächerreichtum in Bezug auf die Unterrichtsvideos sowie die Hervorhebung des Analysefokusses „Umgang mit Heterogenität" auszeichnet.

Der fünfte Beitrag widmet sich dem *ViLLA*-Portal. Im Beitrag wird exemplarisch das Thema Klassenführung fokussiert und Beispiele für einen koordinierten Einsatz von Unterrichtsvideos und Transkripten gegeben.

Das Portal *UnterrichtOnline.org* wird im sechsten Beitrag vorgestellt. Diese Plattform zeichnet sich durch ihre lange Tradition, aber auch durch ihre innovativen Einsatzmöglichkeiten (z. B. differenzierte digitale Annotations- und Ratingsysteme) aus.

Das Portal *Toolbox Lehrerbildung*, das vor allem das interdisziplinäre Lernen (Erziehungswissenschaft/Psychologie, Fachdidaktik, Fachwissenschaft) fokussiert und durch Unterrichtsvideos entsprechende Lerngelegenheiten schafft, stellt sich im siebten Beitrag vor.

Das Portal *ViU: Early Science*, welches sich konzeptionell mit Klassenführung und Lernunterstützung im naturwissenschaftlichen Sachunterricht auseinandersetzt, wird im achten Beitrag präsentiert.

Im neunten Beitrag geht es um das Portal *ProVision*. Hierbei wird ein besonderes Augenmerk auf den effektiven Umgang mit Heterogenität sowie damit verbundene Analyseschwerpunkte wie Klassenführung, (sprachsensible) Lernunterstützung, gleichberechtigte Teilhabe oder den Anfangsunterricht in Mathematik gelegt.

Das Meta-Videoportal *unterrichtsvideos.net* für die Lehrkräftebildung ist Gegenstand des zehnten Beitrags. Dieses Portal dient als übergeordnete Dokumentations- und Suchplattform für Unterrichtsvideos (unterrichtsvideos.net). Daran sind alle vorgestellten Videoportale angeschlossen, so dass deren Unterrichtsvideos nebst Begleitmaterialien von allen Nutzerinnen und Nutzern nach geeigneten Videos für die eigene Lehre abgesucht werden können. Im Beitrag werden sowohl die konkreten Nutzungsmöglichkeiten des Meta-Videoportals als auch dessen technische Architektur präsentiert.

Im elften Beitrag wird schließlich ein Überblick über die videobasierten Lehrprojekte und ihre Forschungen und Ergebnisse gegeben, die im Rahmen der *Qualitätsoffensive Lehrerbildung* bislang durchgeführt wurden und sich in der Posterpräsentation auf der Eröffnungstagung zum Meta-Videoportal vorgestellt haben. Dabei werden auch die Aufgaben und Potentiale für zukünftige Entwicklungen in der videobasierten Lehre und Forschung für die Lehrkräftebildung skizziert.

Literatur

*Appel, J., Breitenbach, S. & Horz, H. (2021, März). *Stärkung fächer- und ausbildungsphasenübergreifender Zusammenarbeit in der Lehrkräftebildung durch den Einsatz von Unterrichtsvideos in Forschung und Lehre. Ansätze und Beispiele aus dem Projekt* The Next Level *an der Goethe-Universität.* Posterpräsentation Raum A, Eröffnungstagung Meta-Videoportal, Münster.

*Bietenhard, S. & Conk, C. (2021, März). *E-Portal Kompetenzorientierte fachspezifische Unterrichtsentwicklung KfUE.* Posterpräsentation Raum A, Eröffnungstagung Meta-Videoportal, Münster.

Blomberg, G., Sherin, M. G., Renkl, A., Glogger, I. & Seidel, T. (2014). Understanding video as a tool for teacher education: Investigating instructional strategies to promote reflection. *Instructional Science, 42*(3), 443–463. https://doi.org/10.1007/s11251-013-9281-6

*Böhnert, A., Pätzold, F., Hirstein, A. & Lipowsky, F. (2021, März). *Unterricht unter der Lupe. Eine Videoplattform mit Unterrichtsvideos der Uni Kassel.* Posterpräsentation Raum A, Eröffnungstagung Meta-Videoportal, Münster.

*Clausen, J. T. & Bormann, F. (2021, März). *Multiview. Multiperspektivische Videografie am Beispiel des Unterrichtsfachs Deutsch.* Posterpräsentation Raum A, Eröffnungstagung Meta-Videoportal, Münster.

Gaudin, C. & Chaliès, S. (2015). Video viewing in teacher education and professional development: A literature review. *Educational Research Review*, 16, 41–67. https://doi.org/10.1016/j.edurev.2015.06.001

Gold, B. & Holodynski, M. (2017). Using digital video to measure the professional vision of elementary classroom management: Test validation and methodological challenges. *Computers & Education, 107*, 13–30. https://doi.org/10.1016/j.compedu.2016.12.012

Gold, B., Meschede, N., Fiebranz, A., Steffensky, M., Holodynski, M. & Möller, K. (2017). Professionelles Wissen über und Wahrnehmung von Klassenführung und Lernunterstützung im naturwissenschaftlichen Grundschulunterricht - Eine Zusammenhangsstudie aus generischer und naturwissenschaftsdidaktischer Perspektive. In H. Fischler & E. Sumfleth (Hrsg.), *Professionelle Kompetenz von Lehrkräften der Chemie und Physik* (S. 203-220). Logos.

Gold, B., Pfirrmann, C. & Holodynski, M. (2020). Promoting professional vision of classroom management through different analytic perspectives in video-based learning environments. *Journal of Teacher Education*, 1-17. https://doi.org/10.1177/0022487120963681

Junker, R., Rauterberg, T., Möller, K. & Holodynski, M. (2020). Videobasierte Lehrmo-dule zur Förderung der professionellen Wahrnehmung von heterogenitätssensiblem Unterricht. *HLZ - Herausforderung Lehrer_innenbildung*, 3, 236-255. https://doi.org/10.4119/hlz-2554

Kersting, N. B. (2008). Using video clips of mathematics classroom instruction as item prompts to measure teachers' knowledge of teaching mathematics. *Educational and Psychological Measurement, 68*(5), 845-861. https://doi.org/10.1177/0013164407313369

Kersting, N. B., Givvin, K. B., Thompson, B. J., Santagata, R. & Stigler, J. W. (2012). Measuring usable knowledge: Teachers' analyses of mathematics classroom videos predict teaching quality and student learning. *American Educational Research Journal, 49*, 568–589. https://doi.org/10.3102%2F0002831212437853

König, J. & Kramer, C. (2016). Teacher professional knowledge and classroom management: on the relation of general pedagogical knowledge (GPK) and classroom management expertise (CME). *ZDM – The International Journal on Mathematics Education, 48*, 139–151. https://doi.org/10.1007/s11858-015-0705-4

Krammer, K. (2020). Videos in der Lehrerinnen- und Lehrerbildung. In C. Cramer, J. König, M. Rothland & S. Blömeke (Hrsg.), *Handbuch Lehrerinnen- und Lehrerbildung* (S. 691-699). Klinkhardt. https://doi.org/doi.org/10.35468/hblb2020-083

*Mahler, S. & Bäuerlein, K. (2021, März). *Das Unterrichtsvideo-Portal des Instituts für Sekundarstufe I und II der Pädagogischen Hochschule der Fachhochschule Nordwestschweiz.* Posterpräsentation Raum A, Eröffnungstagung Meta-Videoportal, Münster.

*Mühlhausen, U. (2021, März). *Hannoveraner Unterrichtsbilder (HUB) – Prototyp einer multimedialen Unterrichtsdokumentation.* Posterpräsentation Raum A, Eröffnungstagung Meta-Videoportal, Münster.

Roth, K. J., Garnier, H. E., Chen, C., Lemmens, M., Schwille, K.& Wickler, N. I. (2011). Videobased lesson analysis: Effective science PD for teacher and student learning. *Journal of Research in Science Teaching, 48*(2), 117–148. https://doi.org/10.1002/tea.20408

Santagata, R. & Yeh, C. (2014). Learning to teach mathematics and to analyze teaching effectiveness: Evidence from a video- and practice-based approach. *Journal of Mathematics Teacher Education, 17*(6), 491–514. https://doi.org/10.1007/s10857-013-9263-2

Seidel, T. & Stürmer, K. (2014). Modeling and measuring the structure of professional vision in preservice teachers. *American Educational Research Journal, 51*(4), 739–771. https://doi.org/10.3102/0002831214531321

Seidel, T. & Thiel, F. (2017). Standards und Trends der videobasierten Lehr-Lernforschung. *Zeitschrift für Erziehungswissenschaft, 20*, 1–21. https://doi.org/10.1007/s11618-017-0726-6

Sherin, M. G. & van Es, E. A. (2009). Effects of video club participation on teachers' professional vision. *Journal of Teacher Education, 60*(1), 20–37. https://doi.org/10.1177/0022487108328155

Steffensky, M. & Kleinknecht, M. (2016). Wirkungen videobasierter Lernumgebungen auf die professionelle Kompetenz und das Handeln (angehender) Lehrpersonen. Ein Überblick zu Ergebnissen aus aktuellen (quasi-)experimentellen Studien. *Unterrichtswissenschaft 44*(4), 305–321.

Steffensky, M., Gold, B., Holodynski, M. & Möller, K. (2015). Professional vision of classroom management and learning support in science classrooms – Does professional vision differ across general and content-specific classroom interactions? *International Journal of Science and Mathematics Education, 13*, 351–368. https://doi.org/10.1007/s10763-014-9607-0

Todorova, M., Sunder, C., Steffensky, M. & Möller, K. (2017). Pre-service teachers' professional vision of instructional support in primary science classes: How contentspecific is this skill and which learning opportunities in initial teacher education are relevant for its aquisition? *Teaching and Teacher Education, 68*, 275–288. https://doi.org/10.1016/j.tate.2017.08.016

van Es, E. A. & Sherin, M. G. (2002). Learning to notice: Scaffolding new teachers' interpretations of classroom interactions. *Journal of Technology and Teacher Education, 10*(4), 571–596

Tina Seidel

Professionelle Unterrichtswahrnehmung als Teil von Expertise im Lehrberuf
Weiterentwicklungsperspektiven für die videobasierte Lehrerforschung

1   Einleitung

In aktuellen Reformen der Lehrkräftebildung in Deutschland besteht bei vielen Initiativen das Ziel, möglichst frühzeitig den Erwerb professionellen Wissens für den Lehrberuf mit Beispielen und Erfahrungen aus der Praxis zu verknüpfen (BMBF, 2018). Auf diese Weise sollen zukünftige Lehrerinnen und Lehrern weniger mit Problemen der mangelnden Verbindung zwischen theoretischen und praktischen Inhalten der Lehrkräftebildung konfrontiert sein. Diese Art von „praxisorientiertem" Wissen (Grossman et al., 2009; Grossman & McDonald, 2008), das Fachwissen, fachdidaktisches Wissen sowie generisches pädagogisch-psychologisches Wissen umfasst (Shulman, 1986), soll bereits bei der initialen Vermittlung situiert erworben werden. Damit ist es weniger anfällig dafür, träge zu bleiben und im späteren beruflichen Kontext wenig Anwendung zu erfahren (Renkl, 1996; Renkl & Nückles, 2006).

Zur Realisierung dieses Ziels in der Reform der Lehrkräftebildung setzen sich derzeit vor allem Unterrichtsvideos und Weiterverarbeitungen in Form verschiedener videobasierter Formate wie Videoclips, Staged Video etc. durch, die dabei die vielfältigen Möglichkeiten der Digitalisierung nutzen (Seidel, 2021). Da es sich hier nicht mehr rein um Aufzeichnungen aus dem realen Unterricht handelt und mittlerweile eine breite Palette verschiedener videobasierter Formate umfasst, werden sie im Folgenden als „Videoartefakte" bezeichnet[1]. In der Regel beziehen sie sich aber auf Unterrichtsvideos, wie sie auch in diesem Sammelband vorgestellt werden. Die Vermittlung praxisorientierten Wissens, so die Annahme in Konzeptualisierungen zur Lehrkräftebildung, beinhaltet vor allem bei Anfängerinnen und Anfänger zunächst eine Zerlegung der sehr komplexen und dynamischen Komponenten guten Unterrichtens, damit für diese Dekompositionen von Wissensbeständen konkrete Beispiele aus der Praxis (Repräsentationen von Praxis) verknüpft werden können (Seidel et al., 2021). Unterrichtsvideos bieten für diesen Prozess sehr gute Voraussetzungen, da sie konkrete Praxisbeispiele repräsentieren können und gleichzeitig aufgrund der Möglichkeit des Zuschneidens und Fokussierens (z. B. durch Videoclips,

---

[1]   Videoartefakte umfassen in der Regel verschiedene Situationen aus den professionellen Handlungsbereichen von Lehrkräften (Unterrichten, Erziehen, Diagnostizieren, Innovieren) und basieren zu großen Teilen auf Videos.

durch gezielte Darstellungen im Video) die für Anfängerinnen und Anfänger erforderlichen Dekompositionen leisten können.

In den letzten Jahren hat die Zahl der Publikationen im Bereich der videobasierten Lehrerforschung stark zugenommen. Analysiert man zum Jahr 2021 die in den international gelisteten Publikationen angegebenen Schlagwörter der Bildungsforschung („education"), sind die Themen Lehrpersonen, Unterrichten, Schülerinnen, Schüler und Schule die jeweiligen Spitzenreiter (Abbildung 1, linke Grafik). Betrachtet man zudem die Publikationsentwicklung unter der Analyse des Schlagwortes videobasierte Lehrerbildung („video-based teacher education"), lässt sich ein sehr deutlicher Anstieg der Publikationen feststellen (Abbildung 1, rechte Grafik).

Abbildung 1: Entwicklung der videobasierten Forschung anhand des Publikationsertrags

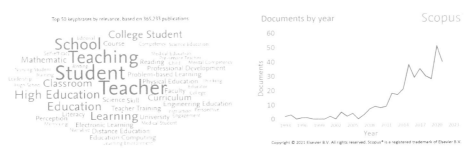

Anmerkungen. Scopus und Scival Analyse zu Schlüsselwörtern in Publikatio nen zum Bereich „Education", Zeitraum 2016–2021, durchgeführt am 21.07.2021 (linke Grafik), sowie Publikationsentwicklung im Bereich „Videobasierte Lehrerbildung" (1990–2021), durchgeführt am 21.07.2021 (rechte Grafik)

Ein genauerer Blick in die aktuellen Publikationen zeigt eine sehr große Vielfalt in den verfolgten Zielen für den Einsatz in der Lehrkräftebildung, in den instruktionalen Einsatzformen, aber auch in der Berücksichtigung sehr unterschiedlicher Zielgruppen und Akteure sowie Akteurinnen in der Lehrkräftebildung (Gaudin & Chaliès, 2015; Hamel & Viau-Guay, 2019; Sablić et al., 2020; Santagata et al., 2021). Dabei wird häufig genannt, dass Unterrichtsvideos die Möglichkeiten verbessern, unmittelbare Praxisbezüge bereits in der initialen, universitären Lehrkräfteausbildung herzustellen. Darüber hinaus wird betont, dass Videos den Erwerb professioneller Wissensbestände unterstützen. Andere wiederum verfolgen mit dem Einsatz vermehrt das Ziel, kritisch-reflexive Aspekte zu fördern, in dem Videobeispiele aus unterschiedlichen Perspektiven wiederholt und unter verschiedenen Fragestellungen beobachtet und analysiert werden. Festzuhalten bleibt, dass sich der Einsatz von Unterrichtsvideos und Videoartefakten in der Lehrkräftebildung in Praxis und Forschung sehr positiv entwickelt. Allerdings erfolgt dieser Einsatz bislang auch sehr vielfältig und heterogen. Auch wenn in vielen Ansätzen Bezug genommen wird auf Rahmenkonzeptionen wie die Vermittlung praxisorientierten Wissens oder die Förderung einer professionellen Unterrichtwahrnehmung, fehlt bislang ein übergeordneter konzeptueller Rahmen, der die unterschiedlichen berufsbiographisch relevanten Phasen in der Entwicklung von Expertise im Lehrberuf einbezieht.

Dieser Beitrag verfolgt daher das Ziel, den Einsatz von Unterrichtsvideos unter der Perspektive der Entwicklung von Expertise im Lehrberuf (Gegenfurtner, 2020; Lachner et al., 2016; Seidel et al., 2020) einzuordnen. Es wird dabei postuliert, dass die in der Expertiseforschung bestehenden Konzeptualisierungen zu relevanten Lernprozessen ein hilfreiches Gerüst für eine Weiterentwicklung der videobasierten Lehrkräfteforschung im Bereich professioneller Unterrichtswahrnehmung bilden. Vor allem die derzeit bestehende isolierte Betrachtung einzelner Phasen der Lehrkräftebildung und deren Zielgruppen könnte so erweitert und eine Einordnung in einen übergeordneten lerntheoretischen Rahmen erfolgen. Professionelle Wahrnehmung stellt dabei eine wichtige, aber natürlich nicht alleinige Komponente von Professionalität im Lehrberuf dar (Gegenfurtner, 2020). Sie steht im Zusammenspiel mit vielen weiteren Komponenten, wie sie bislang für professionelle Kompetenzen definiert und empirisch bestimmt wurden, beispielsweise in Hinblick auf zugrunde liegende professionelle Wissensbestände, aber auch handlungsbezogener Performanz beim Unterrichten (Blömeke et al., 2015).

Dieser Beitrag legt den Schwerpunkt auf die Verbindung zwischen dem Einsatz von Unterrichtsvideos und der Entwicklung professioneller Wahrnehmung als eine zentrale Komponente von Expertise. Dazu wird im Folgenden auf Expertise als Teil der Professionalität im Lehrberuf eingegangen, sowie darauf aufbauend die derzeitige Forschung zum Einsatz von Unterrichtsvideos und Videoartefakten in relevante Lernphasen der Expertiseentwicklung eingeordnet. Beide Aspekte werden in einem vorgeschlagenen Rahmenmodell zusammengefasst, das als Grundlage für die Weiterentwicklung videobasierter Lehrerforschung dienen kann.2   Professionelle Wahrnehmung als Teil von Expertise im Lehrberuf

2.1   Expertise und Entwicklung professioneller Wissensbestände

Eine hohe Professionalität im Lehrberuf wird seit vielen Jahren mit dem Begriff von Expertise in Verbindung gebracht (Berliner, 1986; Bromme, 1992). Expertise in einer bestimmten Profession, sei es im Lehrberuf oder in der Medizin, zeichnet sich durch ausgeprägte Problemlösefähigkeiten aus, die in verschiedenen Situationen und auf sehr hohem Leistungsniveau angewendet werden. Grundlage für solche herausgehobenen Leistungen ist eine besonders ausgeprägte Kombination aus professionsbezogenen (bereichsspezifischen) Wissensbeständen, praktischer Erfahrung und Effizienz in der situativen Bewältigung von Anforderungssituationen (Boshuizen et al., 2020; Gegenfurtner et al., 2020).

Für den Lehrberuf stellt sich die Frage, wie diese Kombination ausgeprägt sein muss, um den Begriff von Expertise zu rechtfertigen. Expertinnen und Experten im Lehrberuf zeichnen sich demnach durch ein umfassendes und integriertes Professionswissen aus fachlichem, fachdidaktischem und pädagogisch-psychologischem Wissen aus (Shulman, 1986, 1987). Dieses zunächst deklarativ-konzeptuell repräsentierte Wissen wird im Verlauf der berufsbiographischen Entwicklung durch gezieltes Üben mit vielfältigen praxisbezogenen Erfahrungen verknüpft (absichtsvolles Üben, bzw. Deliberate Practice). Im Verlauf der berufsbiographischen Entwicklung erfahren professionelle Wissensbestände darüber eine starke Restrukturierung in Form fallbezogener Wissensenkapsulierungen (Boshuizen et al., 2020; Heitzmann et al., 2019). Diese Restrukturierungen führen zu einer hohen Effizienz in der Nutzung professioneller Wissensbestände für die Bewältigung wiederkehrender Anforderungssituationen in der Praxis, aber auch im Erkennen wichtiger Abweichungen von üblichen Routinefällen bei neuartigen Anforderungs- bzw. Problemsituationen.

Die Expertiseforschung hat seit den 90er Jahren wesentlich zur Weiterentwicklung der Lehrerforschung beigetragen. Auf der Basis der jüngeren Entwicklungen, insbesondere auch unter Perspektive des Kompetenzbegriffs, umfasst Expertise im Lehrberuf neben kognitiven Wissensfacetten auch meta-kognitive und motivational-affektive Aspekte. Dies wird beispielsweise deutlich, dass sich Expertinnen und Experten von Novizinnen und Novizen auch in ihren meta-kognitiven Strategien wie im Selbst-Monitoring unterscheiden, sowie über eine hohe Motivation für ihren Beruf und eine positive Selbstwirksamkeit im Umgang mit Anforderungssituationen verfügen (Gegenfurtner et al., 2020).

2.2 Professionelle Unterrichtswahrnehmung und Expertise

Professionelle Unterrichtswahrnehmung beschreibt die Fähigkeit von Lehrpersonen, auf der Basis ihrer professionellen Wissensbestände selektiv ihre Aufmerksamkeit auf solche Ereignisse im Klassenraum zu richten, die für Lehr-Lern-Prozesse besonders relevant sind (Seidel et al., 2010; Seidel & Prenzel, 2007). Diese Komponente professioneller Unterrichtswahrnehmung wird als Noticing bezeichnet. Die zweite Komponente – Reasoning – greift die kognitiven Verarbeitungsprozesse visueller Informationen auf, in dem auf der Basis der professionellen Wissensbestände Interpretationen vollzogen werden (siehe Abbildung 2, mittlerer Bereich).

Dazu haben Seidel und Stürmer (2014) vorgeschlagen, zwischen den drei Facetten des Beschreibens, Erklärens und Vorhersagens zu differenzieren. Mit der Facette des Beschreibens wird ein Fokus darauf gelegt, bemerkte Situationen wertneutral und differenziert zu beschreiben. Die Verknüpfung der beobachteten Situation mit wichtigen Konzepten des Lehrens und Lernens umfasst die Komponente des Erklärens. Die Abschätzung von Konsequenzen, die aus der beobachteten Situation heraus für das weitere Lernen bestehen können, wird in der Facette des Vorhersagens zum Ausdruck gebracht. Diese Differenzierung hat sich mittlerweile in einer Vielzahl an Studien empirisch als tragfähig erwiesen (zusammenfassend siehe Seidel et al., 2017). In manchen Studien werden je nach Forschungsschwerpunkt unterschiedliche Varianten umgesetzt. In manchen Studien werden beispielsweise Aspekte des Erklärens und Vorhersagens zusammengefasst als Form des Interpretierens (Santagata et al., 2021), in weiteren Studien werden zusätzliche Facetten betrachtet, wie beispielsweise das Nennen von alternativen Handlungsmöglichkeiten (Junker et al., 2020; Kramer et al., 2020), die Formung weiterer Abläufe im Handlungsprozess des Unterrichtens (van Es & Sherin, 2021), oder die Erstellung einer Evaluation oder einer bewertenden Diagnose der beobachteten Situation (Codreanu et al., 2021). Allen diesen Varianten ist gemeinsam, dass man differenziert zwischen der Nutzung professioneller Wissensbestände für die selektive Aufmerksamkeit in einem hoch verdichteten und sozial dynamischen Interaktionsgeschehen im Klassenzimmer (Noticing) und der Anwendung professioneller Wissensbestände in der interpretativen Informationsverarbeitung (Reasoning).

Abbildung 2: Modellierung von Professioneller Unterrichtswahrnehmung als Teil professioneller Kompetenzen und Expertise im Lehrberuf (eigene Weiterentwicklung in Anlehnung an Blömeke et al., 2015, Lachner et al. 2016 und Gegenfurtner, 2020)

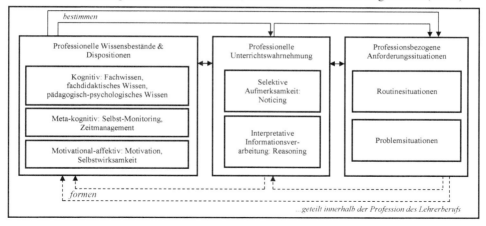

Professionelle Unterrichtswahrnehmung steht damit in einem sehr engen Zusammenhang zu den Aspekten, die in der Expertiseforschung als visuelle Expertise bezeichnet werden (Gegenfurtner, 2020). Der Anthropologe Charles Goodwin (1994) hat Professional Vision bezeichnet als „discursive practices used by members of a profession to shape events in the domain of professional scrutiny they focus their attention upon" (Goodwin, 1994, p. 606). Bei beiden Ansätzen – Professional Vision und Visuelle Expertise – wird besonders betont, wie professionsbezogene Wissensbestände in der selektiven Aufmerksamkeitssteuerung und sinnhaften Verarbeitung professionsrelevanter Situationen zur Anwendung kommen, verbunden mit dem Ziel, möglichst effizient und mit hoher Qualität fortlaufende und situativ entstehende Anforderungssituationen zu meistern. Dabei lässt sich weiter differenzieren, ob es sich bei den Anforderungssituationen um Routinesituationen bzw. Routinefälle handelt, die auf der Basis der Anwendung bestehender Wissensbestände (z. B. in Form von Schemata und Skripten) beantwortet werden können, oder ob es sich um besondere Abweichungen von typischen Routinen und Standardsituationen handelt, für die problemlösend professionsbezogene Strategien angewandt werden müssen (Borko, Roberts, et al., 2008; Shavelson & Stern, 1981).

Zusammengenommen lässt sich unterscheiden zwischen Anteilen selektiver Aufmerksamkeitssteuerung (Noticing) und Anteilen interpretativer Informationsverarbeitung (Reasoning). Für beide Anteile stellen die erworbenen professionsbezogenen kognitiven, meta-kognitiven und motivational-affektiven Wissensbestände bzw. Dispositionen die zentrale Grundlage dar, die den Unterschied zwischen Mitgliedern einer Profession (ausgebildeten Lehrpersonen) und Personen außerhalb der jeweiligen Profession kennzeichnen. Goodwin legt dabei den Fokus darauf, dass diese Fähigkeiten von Mitgliedern einer bestimmten Profession geteilt werden und sich diese unterscheiden von Personen außerhalb dieser Profession (Goodwin, 1994). In der Expertiseforschung wird der gleiche Aspekt betont und herausgestellt, dass eine gemeinsame Identität und ein Zugehörigkeitsgefühl zur Profession für die fortlaufende berufsbiographische Weiterentwicklung von besonderer Bedeutung ist (Gruber et al., 2019). Diese Aspekte werden unter anderem auch bei allgemein berufsbezogenen Konzepten wie Professionelle Identität berücksichtigt (Fitzgerald, 2020).

2.3 Entwicklung visueller Expertise im berufsbiographischen Kontext

Für die Lehrkräftebildung stellt sich in diesem Zusammenhang die Frage, wie bereits Novizinnen und Novizen systematisch in ihrer professionellen Entwicklung hin zu Expertise unterstützt werden können. Für die initiale, universitäre Lehrerbildung wird vielfach postuliert, dass zunächst die professionellen Wissensbestände in ihren deklarativ-konzeptuellen Bestandteilen erworben werden müssen (Baumert & Kunter, 2006). Daher wird ein Schwerpunkt auf die Vermittlung grundlegender fachlicher, fachdidaktischer und pädagogisch-psychologischer Wissensbestände gelegt. Gleichzeitig stellt sich aber die Frage, ob nicht auch die weiteren Prozesse von Deliberate Practice (gezieltem Üben) und der fallbezogenen Enkapsulierung von Wissen in den ersten Lehrkräftebildungsphasen mit unterstützt werden können. An diesem Punkt setzt derzeit der Einsatz von Videoartefakten im Sinne der Unterstützung im Erwerb praxisorientierten Wissens in der universitären Lehrkräftebildung an. Durch Dekompositionen von komplexer Praxis und geeigneter Praxisrepräsentationen in Form von Videoartefakten soll bereits für Novizinnen und Novizen die Verknüpfung zwischen deklarativ-konzeptuellem Wissen und fallbezogenem Praxisbezug unterstützt werden (Grossman & McDonald, 2008).

Mit Bezug zur Expertiseforschung ist es in diesem Zusammenhang hilfreich, die in der Forschung identifizierten zentralen Prozesse für den Expertiseerwerb in den Blick zu nehmen (Boshuizen et al., 2020; Gruber et al., 2019; Heitzmann et al., 2019). Auf einer Makroebene lässt sich hier, wie vielfach auch bereits für den Lehrberuf angewendet, unterscheiden zwischen Novizinnen und Novizen (vorrangig in der universitären Lehrkräftebildung), Intermediates (gegen Ende des Studiums bzw. im Referendariat), generischen Expertinnen und Experten (nach den ersten Berufsjahren) und Expertinnen und Experten (ab ca. 10 Jahre Deliberate Practice). Die Entwicklung hin zu Expertise im Lehrberuf wird beschrieben über drei zentrale Erwerbsphasen:

1. Erwerb einer praxisorientierten, deklarativ-konzeptuellen Wissensbasis als Grundlage für bereichsspezifisches Professionswissen.
2. Differenzierung des bereichsspezifischen Wissens in Form von Schemata und Skripts, sowie die daraus resultierende selektive Wahrnehmung professionsbezogener Muster.
3. Fortlaufende Ausdifferenzierung der Wissensschemata durch Deliberate Practice (Absichtsvolles Üben) und fallbezogene Enkapsulierung der professionsbezogenen Wissensbestände.

Diese Erwerbsphasen können eine hilfreiche Grundlage für die Integration der vielfältigen Ansätze im Bereich videobasierter Lehrerforschung bieten. Überlegungen in diese Richtung werden im nächsten Absatz dargelegt.

3 Der Einsatz von Video zur Förderung Professioneller Wahrnehmung im Lehrberuf

Es wurde bereits herausgestellt, dass enge Bezugspunkte zwischen den derzeit in der videobasierten Lehrerforschung angewendeten konzeptuellen Grundlagen (Professionelle Unterrichtswahrnehmung, professionsbezogene Wissensbestände, videobasierte Vermittlung praxisorientierten Wissens) und den in der Expertiseforschung beschriebenen Charakteristika für hohe Professionalität sowie wichtigen Erwerbsphasen bestehen. Zudem wurde herausgestellt, dass sich die Forschungsaktivitäten im Bereich videobasierter Lehrerforschung positiv und dynamisch entwickeln. Die vielseitigen Forschungsaktivitäten führen zu einer fortlaufenden Ausdifferenzierung der Evidenzgrundlage, die eine wichtige Basis für die Begründung von Reformen in der Lehrkräftebildung bilden. Die hohe Dynamik führt aber auch dazu, dass es im Forschungsfeld zwar gemeinsame konzeptuelle Bezugspunkte (wie beispielsweise professionelle Unterrichtswahrnehmung) gibt, diese aber lerntheoretisch noch stärker in eine berufsbiographische Perspektive gebracht werden müssen. Ein Vorschlag wird hierzu unterbreitet, indem derzeitige videobasierten Ansätze in die drei zentralen Erwerbsphasen von Expertise eingeordnet werden.

3.1 Der Einsatz von Video zur Unterstützung des initialen Erwerbs deklarativ-konzeptueller Wissensbestände und in Form praxisorientierten Wissens

In der Phase des initialen Erwerbs neuer professionsbezogener Wissensbestände hat der Einsatz von Videoartefakten die Lernfunktion, diese Wissensbestände situiert mit praxisbezogenen Beispielen zu verknüpfen (Borko, Jacobs, et al., 2008; Seidel & Thiel, 2017).

Damit einher geht die kognitionspsychologisch begründete Annahme, dass Novizinnen und Novizen dieses deklarativ-konzeptuelle Wissen möglichst flexibel auf unterschiedliche Anwendungssituationen übertragen können (Stürmer & Seidel, 2017). Im Kontext der universitären Lehrkräftebildung besteht die Herausforderung, dass sich viele zu vermittelnden Wissensbestände auf verhältnismäßig komplexe Konzepte beziehen. Dies trifft auf die meisten Konzepte in den Bereichen des Fachwissens, fachdidaktischen Wissens oder pädagogisch-psychologischen Wissens zu. Beispiele hierfür finden sich unter anderem auf der Toolbox Lehrerbildung (Lewalter et al., 2020, siehe auch Beitrag in diesem Buch).

Für Studierende als Novizinnen und Novizen im Lehrberuf bleiben viele der an der Universität vermittelten deklarativ-konzeptuellen Wissensbestände häufig abstrakt. Studierende bemängeln den fehlenden Praxisbezug und die mangelnde Vermittlung der Relevanz der zu erwerbenden Wissensbestände im Studium für die spätere Anwendung im Beruf (Alles, Apel, et al., 2019). Unterrichtsvideos und Videoartefakte wiederum sollen hier unterstützend wirken, in dem für diese komplexen Konzepte frühzeitig Anwendungsbezüge und deren Relevanz für die Praxis hergestellt werden. Ziel ist es, praxisorientiert deklarativ-konzeptuelle Wissensbestände zu erwerben (Stürmer & Seidel, 2017).

Um diesen Praxisbezug für Studierende erfolgreich herzustellen, müssen aber häufig die abstrakten Lehr-Lern-Konzepte in ihrer Komplexität reduziert werden. Andernfalls besteht die Gefahr, dass in der hohen Dichte und Dynamik an professionsbezogenen Praxissituationen die abstrakten Konzepte wiederum nicht mit konkreten Ereignissen in Verbindung gebracht werden können. Diese Reduktionsleistung wird unter anderem als „Dekomposition" komplexer Konzepte in relevante Untereinheiten bezeichnet (Grossman & McDonald, 2008). Für diese Dekompositionen stellt sich die Frage, wie stark eine Reduzierung der Komplexität erfolgen soll, ohne in ihren Untereinheiten zu reduktionistisch zu wirken (Codreanu et al., 2020; Codreanu et al., 2021). Weiterhin muss geklärt werden, welche Situationen aus der Praxis eine möglichst geeignete Repräsentation eines dekomponierten komplexen Lehr-Lern-Konzepts darstellen (Deng et al., 2020; Thiel et al., 2020). Dies wird im amerikanischen Raum zurzeit auch häufig unter dem Begriff der Core Teaching Practices diskutiert (Seidel et al., 2021).

Unterrichtsvideos und Videoartefakte stellen hier ein häufig genutztes und empirisch untermauertes Hilfsmittel dar, um solche Praxisrepräsentationen in einer Weise darzustellen, die für Novizinnen und Novizen geeignet sind (Blomberg, Renkl, et al., 2013; Gaudin & Chaliès, 2015; Sablić et al., 2020; Santagata et al., 2021). Dazu existieren mittlerweile eine Vielzahl an Studien, beispielsweise mit Blick auf den Vorteil von Video im Vergleich zu anderen Formaten wie Fallbeispiele oder Vignetten (Gold et al., 2020; C. Kramer et al., 2017; C. Kramer et al., 2020), zur Effektivität unterschiedlicher Lehrformate und Kursformen (Blomberg, Sherin, et al., 2013; Gold et al., 2017; Kaendler et al., 2016; Kleinknecht & Gröschner, 2016; M. Kramer et al., 2021; Michalsky, 2020; Seidel et al., 2013; Stürmer et al., 2013), oder zum Einsatz von nachgedrehten Videosituationen im Vergleich zu Beispielen aus der natürlichen Praxis (Ophardt et al., 2014; Piwowar et al., 2013; Thiel et al., 2020).

Für diesen Forschungsbereich besteht also das verbindende Element neben der Vermittlung von professioneller Unterrichtswahrnehmung durch Video darin, dass insbesondere Studierende im Novizinnen- und Novizen-Status und deren initialen Erwerbsphasen fokussiert werden.

Damit Videoartefakte für diese Zielgruppe und diese Zielstellung eine unterstützende Funktion entfalten können, müssen in der zukünftigen Forschung zusammenfassend vier zentrale Fragen adressiert und weiter geklärt werden:

1. Welche deklarativ-konzeptuellen Wissensbestände werden vermittelt und wie komplex stellen sie sich für Novizinnen und Novizen im Lehrberuf dar?
2. Welche Dekompositionen dieser komplexen Konzepte sind sinnvoll, in dem sie überschaubare Einheiten darstellen und gleichzeitig nicht zu reduktionistisch bzw. wenig authentisch wirken?
3. Wie salient müssen die dekomponierten Konzepte in den Videoartefakten repräsentiert werden, damit Novizinnen und Novizen abstraktes deklarativ-konzeptuelles Wissen auf Praxisrepräsentationen anwenden können?
4. Welche zusätzlichen Instruktionsmaßnahmen (z. B. in Form von Hinweisen, Aufgabenstellungen) sind besonders hilfreich, um die Verknüpfung zwischen deklarativen Konzepten und deren Darstellungen in Form von Praxisrepräsentationen erfolgreich zu vollziehen?

3.2 Unterrichtsvideos und die Unterstützung selektiver Aufmerksamkeitssteuerung

In den weiter fortschreitenden Erwerbsphasen professioneller Wahrnehmung geht man kognitionspsychologisch davon aus, dass sich zunehmend Wissensschemata und Skripte für typische Handlungsabläufe formen, die sich als top-down Prozesse auf die Aufmerksamkeitssteuerung und das Erkennen typischer Muster auswirken. Damit bewegt man sich in den beschriebenen Phasen der Expertiseentwicklung in den Übergangsbereich zwischen Novizinnen und Novizen und Intermediates (Gruber et al., 2019). Die wissensbasierte Aufmerksamkeitssteuerung wird in der Forschung zu Professioneller Unterrichtswahrnehmung als Noticing Komponente bezeichnet. Darüber hinaus formen Prozesse der Mustererkennung und der selektiven Aufmerksamkeitssteuerung rückwirkend wiederum auch bestehende Wissensschemata (Abbildung 2). Die enge Verbindung zwischen selektiver Aufmerksamkeitssteuerung und interpretativer Informationsverarbeitung auf der Basis bestehender professionsbezogener Dispositionen ist einer der Gründe, warum im angelsächsischen Raum zunehmend von Noticing als wissensbezogene Aufmerksamkeitssteuerung und Interpretation gleichermaßen gesprochen wird und der Begriff Professional Vision durch den Begriff Noticing ersetzt wird (z. B. van Es und Sherin, 2021). Aus kognitionspsychologischer Sicht spricht allerdings viel dafür, auch weiterhin konzeptuell zwischen den beiden Prozessen der selektiven Aufmerksamkeitssteuerung (Noticing) und der interpretativen Informationsverarbeitung (Reasoning) zu differenzieren, da auf diese Weise die ablaufenden Lernprozesse genauer geklärt und Fördermöglichkeiten im Rahmen der Lehrkräftebildung präziser geprüft werden können.

Viele videobasierte Forschungsarbeiten setzen bei diesem zweiten Lernprozess, der selektiven Aufmerksamkeitssteuerung und Mustererkennung im Erwerb professioneller Wahrnehmung an. Durch den Videoeinsatz wird geprüft, welche selektiven Aufmerksamkeitsprozesse sich bei unterschiedlichen Expertisegruppen beschreiben lassen und welche interpretativen Verarbeitungsprozesse dabei beobachtet werden (Kosel et al., 2021; Pouta et al., 2020; Schnitzler et al., 2020; Seidel et al., 2020; Stürmer et al., 2017; van den Bogert et al., 2014; Wolff et al., 2016). Darüber hinaus setzen auch viele der im ersten Lernprozess genannten Förderansätze zusätzlich bei der selektiven Aufmerksamkeitssteuerung mit an. Einen etwas hervorgehobenen Schwerpunkt auf die selektive Aufmerksamkeitssteuerung bieten im Vergleich beispielsweise solche Studien, die sich mit der Wirksamkeit eigener versus fremder Videoartefakte oder dem gezielten Einsatz von Hilfestellungen (durch Dozierende/ Expertinnen und Experten/ Online-Tools) auf die selektive Aufmerksamkeitssteuerung und die wissensbezogene Informationsverarbeitung beschäftigen (Prilop et al., 2020, 2021; Seidel et al., 2011; Weber et al., 2018, 2020). Darüber hinaus gibt es eine Reihe weiterer Studien, die vorrangig die interpretativen Informationsverarbeitungsprozesse in den Blick nehmen, beispielsweise durch den Einsatz von Videobeobachtungsaufträgen für die Anwendung unterschiedlicher Perspektiven und Aufgabenstellungen (Gold et al., 2020; Hawkins & Park Rogers, 2016; Körkkö et al., 2019; Ratumbuisang et al., 2018; Suh et al., 2021).

Für die Weiterentwicklung der videobasierten Lehrerforschung wäre es hilfreich, in Zukunft expliziter zwischen den beiden erstgenannten Erwerbsphasen professioneller Wahrnehmung zu differenzieren. Damit Videoartefakte für die Zielgruppe von Novizinnen und Novizen im Übergang zu Intermediates in effektiver Weise die selektive Aufmerksamkeitssteuerung unterstützen können, sind folgende Fragen von besonderer Relevanz:

1. Wie ausgeprägt müssen bestimme Voraussetzungen (z. B. Vorwissen in Fachdidaktik, Fach, Pädagogik-Psychologie) erworben worden sein, damit Novizinnen und Novizen bzw. Intermediates möglichst viel durch den Videoeinsatz in der Schulung ihrer selektiven Aufmerksamkeit profitieren?
2. Welche Dekompositionen komplexer Praxisrepräsentationen sind bei der Erstellung von Videoartefakten besonders hilfreich, um Mustererkennung und selektive Aufmerksamkeitssteuerung zu fördern?
3. Wie salient müssen die dekomponierten Konzepte in den Videos repräsentiert werden, damit sie selektiv wahrgenommen und interpretativ verarbeitet werden können?
4. Welche Instruktionsmaßnahmen (z. B. in Form von Hinweisen, Aufgabenstellungen) sind besonders hilfreich, um selektive Aufmerksamkeitsprozesse besser zu steuern?

3.3 Der Einsatz von Video zur Unterstützung von Deliberate Practice und fallbezogener Reflexion

Für die Zielgruppe der erfahrenen Lehrpersonen (generische Expertise bzw. Expertise) ist die fallbezogene Enkapsulierung professionsrelevanten Wissens von besonderem Interesse. Auch hier gibt es deutliche Parallelen zwischen bisherigen Ansätzen in der videobasierten Lehrerforschung und dem Erwerb von Expertise. Für die Zielgruppe erfahrener Lehrpersonen werden seit vielen Jahren die Vorteile videobasierter Ansätze für die professionelle Weiterentwicklung von Lehrpersonen untersucht. Ausgangspunkt bilden unter anderem die im Zusammenhang mit der TIMSS 1995 Videostudie beschriebenen Praktiken sehr erfahrener Lehrpersonen im japanischen Schulsystem (Schümer, 1998; Stigler et al., 2000; Stigler & Hiebert, 1997). Dort hat sich eine Praxis etabliert, in der sich Experten- und Expertinnengruppen regelmäßig und systematisch mit der fortlaufenden Reflexion und Verbesserung ihres Unterrichts beschäftigen. Diese Art des professionellen Austausches innerhalb einer Community of Practice, der Verwendung einer gemeinsamen Sprache und die Nutzung von Fallbeispielen als gemeinsame Bezugspunkte stellen wesentliche Charakteristika für Expertise im Lehrberuf dar. Auf der Basis der Beschreibung dieser expertenhaften Praktiken folgten weltweit Initiativen, den sozialen Austausch und die fallbezogenen Reflexionen über professionelle Praxis auch auf andere Bildungssysteme zu übertragen und durch Videoformate zu unterstützen.

Dementsprechend gibt es in der videobasierten Forschung ein weiteres, sich fortschreitend entwickelndes Forschungsfeld, das sich mit den unterstützenden Vorteilen videobasierter Fortbildungsformate für die Etablierung einer professionellen Lerngemeinschaft (Community of Practice) beschäftigen. Dazu zählen unter anderem Fortbildungskonzepte wie die Video Clubs (Minaøíková et al., 2015; Sherin & Han, 2004; Sherin & van Es, 2009; van Es & Sherin, 2006), der Problem-Solving Cycle (Borko, 2012; Borko et al., 2014; Borko, Jacobs, et al., 2008; Borko et al., 2010), der Dialogische Videozirkel bzw. Dialogic Video Cylce (Alles, Seidel, et al., 2019; Böheim et al., 2021; Gröschner et al., 2018; Gröschner et al., 2015; Kiemer et al., 2018; Pehmer et al., 2015; Pielmeier et al., 2018; Schindler et al., 2021; Weil et al., 2020), sowie weitere Formen videobasierter Reflexionsformate für erfahrene Lehrpersonen (Fox & Poultney, 2020; Hamel & Viau-Guay, 2019; Meschede et al., 2017; Peralta et al., 2020; Piwowar et al., 2013; Pouta et al., 2020; Sablić et al., 2020; Suh et al., 2021; Tekkumru-Kisa et al., 2018; Walsh et al., 2020).

Im Unterschied zu den ersten beiden Erwerbsphasen steht hier im Vordergrund, dass Videoartefakte fallbezogene Praxisrepräsentationen darstellen, die wiederum eine Vergleichsgrundlage bilden für die von den teilnehmenden Expertinnen und Experten selbst vollzogenen fallbezogenen Wissensenkapsulierungen. Der Vergleich des eigenen fallbezogenen Wissens mit den in den Videoartefakten repräsentierten Fällen erlaubt wiederum eine Erweiterung und Veränderung bestehender Wissensstrukturen. Damit stehen für den Einsatz von Videoartefakten hier andere Fragen im Vordergrund. Diese betreffen unter anderem:

1. Auf welche Art können über Videoartefakte komplexere und anspruchsvolle Fallbeispiele repräsentiert werden, die mit einer positiven „Hebelwirkung" für eine weitere Optimierung bestehender Praktiken verbunden sind („Leverage of Practice")?
2. Über welche Startbedingungen verfügen erfahrene Lehrpersonen in einer Lerngemeinschaft? Welche individuellen Entwicklungszonen bestehen und welche nächsten Entwicklungsschritte können am wahrscheinlichsten erreicht werden?
3. Welche Form der Fortbildungskonzepte in Form von Gruppenzusammensetzungen, sozialen Austauschformen, Dauer der Maßnahmen und Rolle externer Personen (Dozierende, Facilitators) begünstigt die Wirksamkeit videobasierter Fortbildungsformate?

4 Ausblick

In diesem Beitrag wurden Parallelen zwischen dem Erwerb von Expertise im Lehrberuf und den derzeit in der videobasierten Lehrerforschung mit der professionellen Unterrichtswahrnehmung verfolgten Forschungsansätzen herausgearbeitet. Dabei zeigt sich, dass die in der Expertiseforschung identifizierten Erwerbsphasen ein hilfreiches Gerüst für die Weiterentwicklung der videobasierten Lehrerforschung darstellen. Sie ermöglichen es, einen berufsbiographisch orientierten Bogen für die vielfältigen Forschungsinitiativen im Feld zu spannen. Vor dem Hintergrund können für zukünftige Forschungsarbeiten wichtige gemeinsame Einordnungen in die drei zentral behandelten Erwerbsphasen vorgenommen werden:

1. Initialer Erwerb einer praxisorientierten, deklarativ-konzeptuellen Wissensbasis in den Bereichen Fachwissen, fachdidaktisches Wissen und pädagogisch-psychologisches Wissen.
2. Fortlaufende Ausdifferenzierung in Form von Wissensschemata, die zu Veränderungen in der selektiven Aufmerksamkeitssteuerung und Mustererkennung führen.
3. Fallbezogene Enkapsulierung professionsrelevanter Wissensbestände durch Deliberate Practice und Entwicklung einer professionsbezogenen Lerngemeinschaft unter Experten.

Eine Vielzahl empirischer Studien unterstreicht bislang die Wirksamkeit von Unterrichtsvideos für alle drei genannten Erwerbsphasen von Expertise im Lehrberuf. Der vorliegende Beitrag ordnet hierfür die bestehende Forschungslage in die drei Erwerbsphasen ein und bietet eine Grundlage für die weitere fortlaufende Ausdifferenzierung im Forschungsfeld. Plädiert wird dafür, diese hier entwickelte berufsbiographische Perspektive verstärkt in den Blick zu nehmen und für die unterschiedlichen Erwerbsphasen von Expertise die unterstützenden Funktionen von Unterrichtsvideos herauszuarbeiten.

Literatur

Alles, M., Apel, J., Seidel, T. & Stürmer, K. (2019). How candidate teachers experience coherence in university education and teacher induction: the influence of perceived professional preparation at university and support during teacher induction. *Vocations and Learning, 12*(1), 87–112. https://doi.org/10.1007/s12186-018-9211-5

Alles, M., Seidel, T. & Gröschner, A. (2019). Establishing a positive learning atmosphere and conversation culture in the context of a video-based teacher learning community. Professional *Development in Education, 45*(2), 250–263. https://doi.org/10.1080/19415257.2018.1430049

Baumert, J. & Kunter, M. (2006). Stichwort: Professionelle Kompetenz von Lehrkräften. *Zeitschrift für Erziehungswissenschaft, 9*(4), 469–520. https://doi.org/10.1007/s11618-006-0165-2

Berliner, D. C. (1986). In pursuit of the expert pedagogue. *Educational Researcher, 15*(7), 5–13. https://doi.org/10.3102/0013189x015007007

Blomberg, G., Renkl, A., Sherin, M. G., Borko, H. & Seidel, T. (2013). Five research-based guidelines for using video in preservice teacher education. *Journal of Educational Research Online, 5*(1), 90–114. https://doi.org/10.25656/01:8021

Blomberg, G., Sherin, M. G., Renkl, A., Glogger, I. & Seidel, T. (2013). Understanding video as a tool for teacher education: Investigating instructional strategies integrating video to promote reflection. *Instructional Science, 41*(3). https://doi.org/10.1007/s11251-013-9281-6

Blömeke, S., Gustafsson, J.-E. & Shavelson, R. J. (2015). Approaches to competence measurement in higher education. *Zeitschrift für Psychologie, 233*(1), 1–2. https://doi.org/10.1027/2151-2604/a000193

BMBF. (2018). *Eine Zwischenbilanz der „Qualitätsoffensive Lehrerbildung"*. BMBF.

Böheim, R., Schnitzler, K., Gröschner, A., Weil, M., Knogler, M., Schindler, A.-K. & Seidel, T. (2021). How changes in teachers' dialogic discourse practice relate to changes in students' activation, motivation and cognitive engagement. *Learning, Culture and Social Interaction, 28*, 100450. https://doi.org/10.1016/j.lcsi.2020.100450

Borko, H. (2012). The problem-solving cycle and teacher leader preparation. In M. Gläser-Zikuda, T. Seidel, C. Rohlfs, A. Gröschner & S. Ziegelbauer (Hrsg.), *Mixed Methods in der empirischen Bildungsforschung* (S. 259–271). Waxmann.

Borko, H., Jacobs, J., Seago, N. & Mangram, C. (2014). Facilitating video-based professional development: Planning and orchestrating productive discussions. In Y. Li, E. A. Silver & S. Li (Hrsg.), *Transforming Mathematics Instruction* (S. 259–281). Springer. https://doi.org/10.1007/978-3-319-04993-9_16

Borko, H., Jacobs, J. K., Eiteljorg, E. & Pittman, M. E. (2008). Video as a tool for fostering productive discussions in mathematics professional development. *Teaching and Teacher Education, 24*(2), 417–436. https://doi.org/10.1016/j.tate.2006.11.012

Borko, H., Koellner, K., Jacobs, J. & Seago, N. (2010). Using video representations of teaching in practice-based professional development programs. *ZDM Mathematics Education, 43*(1), 175–187. https://doi.org/10.1007/s11858-010-0302-5

Borko, H., Roberts, S. A. & Shavelson, R. J. (2008). Teachers' decision making: From Alan J. Bishop to today. In P. Clarkson & N. Presmeg (Hrsg.), *Critical Issues in Mathematics Education* (S. 37–67). Springer. https://doi.org/10.1007/978-0-387-09673-5_4

Boshuizen, H. P. A., Gruber, H. & Strasser, J. (2020). Knowledge restructuring through case processing: The key to generalise expertise development theory across domains? *Educational Research Review, 29*, 100310. https://doi.org/10.1016/j.edurev.2020.100310

Bromme, R. (1992). *Der Lehrer als Experte.* Hans Huber.

Codreanu, E., Sommerhoff, D., Huber, S., Ufer, S. & Seidel, T. (2020). Between authenticity and cognitive demand: Finding a balance in designing a video-based simulation in the context of mathematics teacher education. *Teaching and Teacher Education, 95.* https://doi.org/10.1016/j.tate.2020.103146

Codreanu, E., Sommerhoff, D., Huber, S., Ufer, S. & Seidel, T. (2021). Exploring the process of preservice teachers' diagnostic activities in a video-based simulation. *Frontiers in Education, 6*(133). https://doi.org/10.3389/feduc.2021.626666

Deng, M., Aich, G., Bakaç, C. & Gartmeier, M. (2020). Fictional video cases on parent-teacher conversations: Authenticity in the eyes of teachers and teacher education students. *Education Sciences, 10*(3). https://doi.org/10.3390/educsci10030063

Fitzgerald, A. (2020). Professional identity: A concept analysis. *Nursing Forum, 55*(3), 447–472. https://doi.org/10.1111/nuf.12450

Fox, A. & Poultney, V. (2020). Teacher professional learning through lesson study: teachers' reflections. *International Journal for Lesson and Learning Studies, 9*(4), 397–412. https://doi.org/10.1108/IJLLS-03-2020-0011

Gaudin, C. & Chaliès, S. (2015). Video viewing in teacher education and professional development: A literature review. *Educational Research Review, 16*, 41–67. https://doi.org/10.1016/j.edurev.2015.06.001

Gegenfurtner, A. (2020). *Professional Vision and Visual Expertise.* Regensburg: Universität Regensburg (Habilitationsschrift).

Gegenfurtner, A., Lewalter, D., Lehtinen, E., Schmidt, M. & Gruber, H. (2020). Teacher expertise and professional vision: Examining knowledge-based reasoning of pre-service teachers, in-service teachers, and school principals. *Frontiers in Education, 5.* https://doi.org/10.3389/feduc.2020.00059

Gold, B., Hellermann, C. & Holodynski, M. (2017). Effects of video-based trainings for promoting self-efficacy in elementary classroom management. *Zeitschrift Für Erziehungswissenschaft, 20*, 115–136. https://doi.org/10.1007/s11618-017-0727-5

Gold, B., Pfirrmann, C. & Holodynski, M. (2020). Promoting professional vision of classroom management through different analytic perspectives in video-based learning environments. *Journal of Teacher Education.* https://doi.org/10.1177/0022487120963681

Goodwin, C. (1994). Professional Vision. *American Anthropologist, 96*(3), 606–633. https://doi.org/10.1525/aa.1994.96.3.02a00100

Gröschner, A., Schindler, A.-K., Holzberger, D., Alles, M. & Seidel, T. (2018). How systematic video reflection in teacher professional development regarding classroom discourse contributes to teacher and student self-efficacy. *International Journal of Educational Research, 90*, 223–233. https://doi.org/10.1016/j.ijer.2018.02.003

Gröschner, A., Seidel, T., Kiemer, K. & Pehmer, A. K. (2015). Through the lens of teacher professional development components: the 'Dialogic Video Cycle' as an innovative program to foster classroom dialogue. *Professional Development in Education, 41*(4), 729–776. https://doi.org/10.1080/19415257.2014.939692

Grossman, P., Compton, C., Igra, D., Ronfeldt, M., Shahan, E. & Williamson, P. W. (2009). Teaching practice: A cross-professional perspective. *Teachers College Record, 111*(9), 2055–2100.

Grossman, P. & McDonald, M. (2008). Back to the future: directions for research in teaching and teacher education. *American Educational Research Journal, 45*(1), 184–205. https://doi.org/10.3102/0002831207312906

Gruber, H., Scheumann, M. & Krauss, S. (2019). Problemlösen und Expertiseerwerb. In D. Urhahne, M. Dresel & F. Fischer (Hrsg.), *Psychologie für den Lehrberuf* (S. 54–67). Heidelberg: Springer. https://doi.org/10.1007/978-3-662-55754-9_3

Hamel, C. & Viau-Guay, A. (2019). Using video to support teachers' reflective practice: A literature review. *Cogent Education, 6*(1). https://doi.org/10.1080/2331186X.2019.1673689

Hawkins, S. & Park Rogers, M. (2016). Tools for reflection: Video-based reflection within a preservice community of practice. *Journal of Science Teacher Education, 27*(4), 415–437. https://doi.org/10.1007/s10972-016-9468-1

Heitzmann, N., Seidel, T., Opitz, A., Hetmanek, A., Wecker, C., Fischer, M. R. et al. (2019). Facilitating diagnostic competences in simulations in higher education: A framework and a research agenda. *Frontline Learning Research, 7*(4), 1–24. https://doi.org/10.14786/flr.v7i4.384

Junker, R., Rauterberg, T., Möller, K. & Holodynski, M. (2020). Videobasierte Lehrmodule zur Förderung der professionellen Wahrnehmung von heterogenitätssensiblem Unterricht. *HLZ - Herausforderung Lehrer_innenbildung, 3*, 236-255. https://doi.org/10.4119/hlz-2554

Kaendler, C., Wiedmann, M., Leuders, T., Rummel, N. & Spada, H. (2016). Monitoring student interaction during collaborative learning: Design and evaluation of a training program for pre-service teachers. *Psychology Learning and Teaching, 15*(1), 44–64. https://doi.org/10.1177%2F1475725716638010

Kiemer, K., Groeschner, A., Kunter, M. & Seidel, T. (2018). Instructional and motivational classroom discourse and their relationship with teacher autonomy and competence support-findings from teacher professional development. *European Journal of Psychology of Education, 33*(2), 377–402. https://doi.org/10.1007/s10212-016-0324-7

Kleinknecht, M. & Gröschner, A. (2016). Fostering preservice teachers' noticing with structured video feedback: Results of an online- and video-based intervention study. *Teaching and Teacher Education, 59*, 45–56. https://doi.org/10.1016/j.tate.2016.05.020

Körkkö, M., Morales Rios, S. & Kyrö-Ämmälä, O. (2019). Using a video app as a tool foreflective practice. *Educational Research, 61*(1), 22–37. https://doi.org/10.1080/00131881.2018.1562954

Kosel, C., Holzberger, D. & Seidel, T. (2021). Identifying expert and novice visual scanpath patterns and their relationship to assessing learning-relevant student characteristics. *Frontiers in Education, 5*. https://doi.org/10.3389/feduc.2020.612175

Kramer, C., König, J., Kaiser, G., Ligtvoet, R. & Blömeke, S. (2017). Using videos in teacher preparation: On the effectiveness of video- and transcriptbased classroom management courses on pre-service teachers' general pedagogical knowledge and situation-specific skills. *Zeitschrift Für Erziehungswissenschaft, 20*, 137–164. https://doi.org/10.1007/s11618-017-0732-8

Kramer, C., König, J., Strauß, S. & Kaspar, K. (2020). Classroom videos or transcripts? A quasi-experimental study to assess the effects of media-based learning on pre-service teachers' situation-specific skills of classroom management. *International Journal of Educational Research, 103*. https://doi.org/10.1016/j.ijer.2020.101624

Kramer, M., Förtsch, C. & Neuhaus, B. J. (2021). Integrating or not-integrating – That is the question. Effects of integrated instruction on the development of pre-service biology teachers' professional knowledge. *Frontiers in Education, 6*(150). https://doi.org/10.3389/feduc.2021.645227

Kramer, M., Förtsch, C., Stürmer, J., Förtsch, S., Seidel, T. & Neuhaus, B. J. (2020). Measuring biology teachers' professional vision: Development and validation of a video-based assessment tool. *Cogent Education, 7*(1). https://doi.org/10.1080/2331186X.2020.1823155

Lachner, A., Jarodzka, H. & Nückles, M. (2016). What makes an expert teacher? Investigating teachers' professional vision and discourse abilities. *Instructional Science, 44*(3), 197–203. https://doi.org/10.1007/s11251-016-9376-y

Lewalter, D., Titze, S., Bannert, M. & Richter-Gebert, J. (2020). Lehrer*innenbildung digital und disziplinverbindend. Die Toolbox Lehrerbildung. *Journal für LehrerInnenbildung, 20*(2), 76–84. https://doi.org/10.35468/jlb-02-2020_06

Meschede, N., Fiebranz, A., Möller, K. & Steffensky, M. (2017). Teachers' professional vision, pedagogical content knowledge and beliefs: On its relation and differences between pre-service and in-service teachers. *Teaching and Teacher Education, 66*, 158–170. https://doi.org/10.1016/j.tate.2017.04.010

Michalsky. T. (2020). Integrating video analysis of teacher and student behaviors to promote Preservice teachers' teaching meta-strategic knowledge. *Metacognition and Learning.* https://doi.org/10.1007/s11409-020-09251-7

Minaøíková, E., Píšová, M., Janík, T. & Uličná, K. (2015). Video clubs: EFL teachers' selective attention before and after. *Orbis Scholae, 9*(2), 55–75. https://doi.org/10.14712/23363177.2015.80

Ophardt, D., Piwowar, V. & Thiel, F. (2014). Unterrichtsentwicklung im Bereich Klassenmanagement. Welche Rolle spielen simulations- und videobasierte Lerngelegenheiten für Reflektion und Transfer. *Zeitschrift für Erziehung und Schule-Unterrichtsentwicklung als professionelle Herausforderung, 32*(4), 263–271.

Pehmer, A.-K., Groeschner, A. & Seidel, T. (2015). Fostering and scaffolding student engagement in productive classroom discourse: Teachers' practice changes and reflections in light of teacher professional development. *Learning Culture and Social Interaction, 7*, 12–27. https://doi.org/10.1016/j.lcsi.2015.05.001

Peralta, L. R., Bennie, A., Gore, J. & Lonsdale, C. (2020). An investigation of the influence of video types and external facilitation on PE inservice teachers' reflections and their perceptions of learning: Findings from the AMPED Cluster Controlled Trial. *Journal of Teacher Education.* https://doi.org/10.1177/0022487120964079

Pielmeier, M., Böheim, R., Schindler, A.-K., Gröschner, A., Knogler, M., Alles, M. & Seidel, T. (2018). Fostering dialogic teaching-the "Dialogic Video Cycle" as a video based professional development programme to enhance classroom discourse. In K. Smith (Hrsg.), *Norsk OG International Laererutdannings-Forskining* (S. 63–88). Fagbokforlaget.

Piwowar, V., Thiel, F. & Ophardt, D. (2013). Training inservice teachers' competencies in classroom management. A quasi-experimental study with teachers of secondary schools. *Teaching and Teacher Education, 30*, 1–12. http://dx.doi.org/10.1016/j.tate.2012.09.007

Pouta, M., Lehtinen, E. & Palonen, T. (2020). Student teachers' and experienced teachers' professional vision of students' understanding of the rational number concept. *Educational Psychology Review.* https://doi.org/10.1007/s10648-020-09536-y

Prilop, C. N., Weber, K. E. & Kleinknecht, M. (2020). Effects of digital video-based feedback environments on pre-service teachers' feedback competence. *Computers in Human Behavior, 102*, 120–131. https://doi.org/10.1016/j.chb.2019.08.011

Prilop, C. N., Weber, K. E. & Kleinknecht, M. (2021). The role of expert feedback in the development of pre-service teachers' professional vision of classroom management in an online blended learning environment. *Teaching and Teacher Education, 99*. https://doi.org/10.1016/j.tate.2020.103276

Ratumbuisang, K. F., Wu, Y. T. & Surjono, H. D. (2018). The effectiveness of iCRT video-based reflection system on pre-service teachers' micro teaching practice focusing on meaningful learning with ICT. *Paper presented at the Journal of Physics: Conference Series*.

Renkl, A. (1996). Träges Wissen: Wenn Erlerntes nicht genutzt wird. *Psychologische Rundschau, 47*, 78–92.

Renkl, A. & Nückles, M. (2006). Träge Kompetenzen? – Gründe für die Kontextgebundenheit von beruflichen Handlungskompetenzen. *Bildung und Erziehung, 59*, 179–191. https://doi.org/10.7788/bue.2006.59.2.179

Sablić, M., Mirosavljević, A. & Škugor, A. (2020). Video-Based Learning (VBL) – Past, present and future: An overview of the research published from 2008 to 2019. *Technology, Knowledge and Learning*. https://doi.org/10.1007/s10758-020-09455-5

Santagata, R., König, J., Scheiner, T., Nguyen, H., Adleff, A. K., Yang, X. & Kaiser, G. (2021). Mathematics teacher learning to notice: a systematic review of studies of video-based programs. *ZDM-Mathematics Education*. https://doi.org/10.1007/s11858-020-01216-z

Schindler, A. K., Seidel, T., Böheim, R., Knogler, M., Weil, M., Alles, M. & Gröschner, A. (2021). Acknowledging teachers' individual starting conditions and zones of development in the course of professional development. *Teaching and Teacher Education, 100*, 103281. https://doi.org/10.1016/j.tate.2021.103281

Schnitzler, K., Holzberger, D. & Seidel, T. (2020). Connecting judgment process and accuracy of student teachers: Differences in observation and student engagement cues to assess student characteristics. *Frontiers in Education, 5*(259). https://doi.org/10.3389/feduc.2020.602470

Schümer, G. (1998). Mathematikunterricht in Japan – Ein Überblick über den Unterricht in öffentlichen Grund- und Mittelschulen und privaten Ergänzungsschulen. *Unterrichtswissenschaft, 26*(3), 195–228. https://doi.org/10.25656/01:7773

Seidel, T. (2021). Videobasierte Lehr-Lernforschung: Wie trägt sie zu einer verbesserten Lehrerbildung in Deutschland bei? *Paper presented at the Eröffnungstagung des Meta-Videoportals für die LehrerInnenbildung*, Universität Münster.

Seidel, T., Blomberg, G. & Renkl, A. (2013). Instructional strategies for using video in teacher education. *Teaching and Teacher Education, 34*(0), 56–65. https://doi.org/10.1016/j.tate.2013.03.004

Seidel, T., Blomberg, G. & Stürmer, K. (2010). „Observer" – Validierung eines videobasierten Instruments zur Erfassung der professionellen Wahrnehmung von Unterricht. *Zeitschrift Für Pädagogik, 56*(Beiheft), 296–306. https://doi.org/10.25656/01:3438

Seidel, T. & Prenzel, M. (2007). Wie Lehrpersonen Unterricht wahrnehmen und einschätzen – Erfassung pädagogisch-psychologischer Kompetenzen bei Lehrpersonen mit Hilfe von Videosequenzen. Zeitschrift Für Erziehungswissenschaft, *Sonderheft 8*, 201–218. https://doi.org/10.1007/978-3-531-90865-6_12

Seidel, T., Renkl, A. & Rieß, W. (2021). Basisdimensionen für Unterrichtsqualität im Fachkontext konkretisieren: Die Rolle von Unterrichtsartefakten und Bestimmung von Standardsituationen. *Unterrichtswissenschaft, 49*(2), 293–301. https://doi.org/10.1007/s42010-021-00108-9

Seidel, T., Schnitzler, K., Kosel, C., Stürmer, K. & Holzberger, D. (2020). Student characteristics in the eyes of teachers: Differences between novice and expert teachers in judgment accuracy, observed behavioral cues, and gaze. *Educational Psychology Review, 21.* https://doi.org/10.1007/s10648-020-09532-2

Seidel, T., Stuermer, K., Prenzel, M., Jahn, G. & Schaefer, S. (2017). Investigating pre-service teachers' professional vision within university-based teacher education. In D. Leutner, J. Fleischer, J. Grunkorn & E. Klieme (Hrsg.), *Competence Assessment in Education: Research, Models and Instruments* (S. 93–109). Springer. https://doi.org/10.1007/978-3-319-50030-0_7

Seidel, T. & Stürmer, K. (2014). Modeling the structure of professional vision in pre-service teachers. *American Educational Research Journal.* https://doi.org/10.3102%2F0002831214531321

Seidel, T., Stürmer, K., Blomberg, G., Kobarg, M. & Schwindt, K. (2011). Teacher learning from analysis of videotaped classroom situations: Does it make a difference whether teachers observe their own teaching or that of others? *Teaching and Teacher Education, 27*(2), 259–267. https://doi.org/10.1016/j.tate.2010.08.009

Seidel, T. & Thiel, F. (2017). Standards und Trends der videobasierten Lehr-Lernforschung. *Zeitschrift für Erziehungswissenschaft, 20,* 1–21. https://doi.org/10.1007/s11618-017-0726-6

Shavelson, R. J. & Stern, P. (1981). Research on teachers' pedagogical thoughts, judgements, decisions and behavior. *Review of Educational Research, 4,* 455–498. https://doi.org/10.3102%2F00346543051004455

Sherin, M. G. & Han, S. Y. (2004). Teacher learning in the context of a video club. *Teaching and Teacher Education, 20,* 163–183. https://doi.org/10.1016/j.tate.2003.08.001

Sherin, M. G. & van Es, E. A. (2009). Effects of video club participation on teachers' professional vision. *Journal of Teacher Education, 60*(1), 20–37. https://doi.org/10.1177%2F0022487108328155

Shulman, L. S. (1986). Those who understand: Knowledge growth in teaching. *Educational Researcher, 15*(4), 3–14. https://doi.org/10.3102%2F0013189X015002004

Shulman, L. S. (1987). Knowledge and teaching: Foundations of the new reform. *Harvard Educational Review, 57*(1), 1–22. https://doi.org/10.17763/haer.57.1.j463w79r56455411

Stigler, J. W., Gallimore, R. & Hiebert, J. (2000). Using video surveys to compare classrooms and teaching across cultures: Examples and lessons from the TIMSS Video Studies. *Educational Psychologist, 35*(2), 87–100. https://doi.org/10.1207/s15326985ep3502_3

Stigler, J. W. & Hiebert, J. (1997). Understanding and improving classroom mathematics instruction: an overview of the TIMSS Video Study. *Phi Delta Kappan, 79*(1), 14–21.

Stürmer, K., Könings, K. D. & Seidel, T. (2013). Declarative knowledge and professional vision in teacher education: Effect of courses in teaching and learning. British Journal of *Educational Psychology, 83*(3), 467–483. https://doi.org/10.1111/j.20448279.2012.02075.x

Stürmer, K. & Seidel, T. (2017). Connecting generic pedagogical knowledge with practice. In S. Guerriero (Hrsg.), *Pedagogical Knowledge and the Changing Nature of the Teaching Profession* (S. 137–149). OECD. https://doi.org/10.1787/9789264270695-en

Stürmer, K., Seidel, T., Muller, K., Hausler, J. & Cortina, K. (2017). What is in the eye of preservice teachers while instructing? An eye-tracking study about attention processes in different teaching situations. *Zeitschrift für Erziehungswissenschaft, 20,* 75–92. https://doi.org/10.1007/s11618-017-0731-9

Suh, J., Gallagher, M. A., Capen, L. & Birkhead, S. (2021). Enhancing teachers' noticing around mathematics teaching practices through video-based lesson study with peer coaching. *International Journal for Lesson and Learning Studies.* https://doi.org/10.1108/IJLLS-09-2020-0073

Tekkumru-Kisa, M., Stein, M. K. & Coker, R. (2018). Teachers' learning to facilitate high-level student thinking: Impact of a video-based professional development. *Journal of Research in Science Teaching, 55*(4), 479–502. https://doi.org/10.1002/tea.21427

Thiel, F., Böhnke, A., Barth, V. L. & Ophardt, D. (2020). How to prepare preservice teachers to deal with disruptions in the classroom? *Differential effects of learning with functional and dysfunctional video scenarios. Professional Development in Education.* https://doi.org/10.1080/19415257.2020.1763433

van den Bogert, N., van Bruggen, J., Kostons, D. & Jochems, W. (2014). First steps into understanding teachers' visual perception of classroom events. *Teaching and Teacher Education, 37,* 208–216. https://doi.org/10.1016/j.tate.2013.09.001

van Es, E. A. & Sherin, M. G. (2006). How different video club designs support teachers in "learning to notice". *Journal of Computing in Teacher Education, 22*(4), 125–135.

van Es, E. A. & Sherin, M. G. (2021). Expanding on prior conceptualizations of teacher noticing. *ZDM – Mathematics Education, 53*(1), 17–27. https://doi.org/10.1007/s11858-020-01211-4

Walsh, M., Matsumura, L. C., Zook-Howell, D., Correnti, R. & Di Prima Bickel, D. (2020). Video-based literacy coaching to develop teachers' professional vision for dialogic classroom text discussions. *Teaching and Teacher Education, 89.* https://doi.org/10.1016/j.tate.2019.103001

Weber, K. E., Gold, B., Prilop, C. N. & Kleinknecht, M. (2018). Promoting pre-service teachers' professional vision of classroom management during practical school training: Effects of a structured online- and video-based self-reflection and feedback intervention. *Teaching and Teacher Education, 76,* 39–49. https://doi.org/10.1016/j.tate.2018.08.008

Weber, K. E., Prilop, C. N., Viehoff, S., Gold, B. & Kleinknecht, M. (2020). Does a video-based practicum intervention provide a realistic picture of classroom management? A quantitative content analysis of the subprocesses of professional awareness. *Zeitschrift für Erziehungswissenschaft, 23*(2), 343–365. https://doi.org/10.1007/s11618-020-00939-9

Weil, M., Seidel, T., Schindler, A. K. & Gröschner, A. (2020). Opening 'windows' for teachers to change classroom discourse. *Learning Culture and Social Interaction, 26,* 12. https://doi.org/10.1016/j.lcsi.2020.100425

Wolff, C. E., Jarodzka, H., van den Bogert, N. & Boshuizen, H. P. A. (2016). Teacher vision: expert and novice teachers' perception of problematic classroom management scenes. *Instructional Science, 44*(3), 243–265. https://doi.org/10.1007/s11251-016-9367-z

Anja Böhnke, Annemarie Jordan, Leroy Großmann, Sebastian Haase, Kristin Helbig, Juliane Müller, Sabine Achour, Dirk Krüger & Felicitas Thiel

Das FOCUS-Videoportal der Freien Universität Berlin
Videobasierte Lerngelegenheiten für die erste und zweite Phase der Lehrkräftebildung

1 Einleitung

Die Arbeit mit Unterrichtsvideos ist besonders geeignet, die professionelle Entwicklung von Lehrkräften zu unterstützen (Gold et al., 2021; Seidel et al., 2011; Sherin & van Es, 2009). Unterrichtsvideos liefern genug Informationen, um komplexe Unterrichtssituationen authentisch darzustellen, so dass sich sowohl angehende Lehrkräfte (Lehramtsstudierende sowie Lehramtsanwärterinnen und Lehramtsanwärter) als auch Lehrkräfte im Berufsleben anhand von Unterrichtsvideos mit praxisnahen Anforderungen auseinandersetzen können, ohne – wie im Unterricht selbst – einem akuten Handlungsdruck ausgesetzt zu sein. Dabei können kognitive, meta-kognitive, motivationale und auch affektive Aspekte einer professionellen Lehrkräfteentwicklung angesprochen und positiv beeinflusst werden (Piwowar et al., 2018). So werden mit Hilfe von Unterrichtsvideos beispielsweise dysfunktionale beliefs bearbeitet (Wang & Hartley, 2003), es kann relevantes professionelles Wissen aufgebaut werden, z. B. indem über Best-Practice-Beispiele funktionale Strategien modelliert werden und so Beobachtungslernen angeregt wird, oder es können schwierige Unterrichtssituationen und dysfunktionale Strategien dargestellt werden, die auf ein problemorientiertes Lernen abzielen (Thiel et al., 2020). Darüber hinaus fördert die Beschäftigung mit authentischen Szenarien die intrinsische Motivation und das Interesse (Deci & Ryan, 1985; Seidel et al., 2011) und kann emotionsregulative Fähigkeiten trainieren (Kumschick et al., 2018).

Die vielen Vorteile videobasierter Lerngelegenheiten können in den verschiedenen Phasen der professionellen Entwicklung von Lehrkräften unterschiedlich genutzt werden. Für Lehramtsstudierende ist es oft besonders hilfreich, fremden videographierten Unterricht zu analysieren, um ihre professionelle Wahrnehmung zu schulen. Als professionelle Wahrnehmung wird die Kompetenz bezeichnet, relevante Unterrichtsmerkmale zu erkennen und entsprechende Schlussfolgerungen für das Lehrkrafthandeln daraus abzuleiten (Sherin, 2001) (siehe Abschnitt 2). Lehramtsanwärterinnen und Lehramtsanwärter, die bereits umfangreich eigenen Unterricht gestalten, aber natürlich auch Lehrkräfte im Berufsleben profitieren insbesondere davon, anhand von Videoaufzeichnungen des eigenen Unterrichts, die eigenen Handlungsstrategien zu reflektieren (Seidel et al., 2011), gegebenenfalls mit Kolleginnen und Kollegen zu diskutieren und weiterzuentwickeln. Auch im Kontext der Reflexion eigener Praxis, spielt die professionelle Wahrnehmung eine entscheidende Rolle. Sie ist einerseits die Grundlage, um eigene Handlungsstrategien wissens- und evidenzbasiert reflektieren zu können, andererseits fördert ein videobasiertes Feedback zum eigenen Unterricht wiederum die professionelle Wahrnehmung (Weber et al., 2020).

2 Professionelle Wahrnehmung von Lehrkräften

Der Unterricht stellt eine hochkomplexe Umgebung dar, in der sehr viele Dinge gleichzeitig geschehen. Lehrkräfte können nicht auf all diese Dinge gleichermaßen achten. Deswegen ist es für Lehrkräfte besonders wichtig zu erkennen, was in einer spezifischen Unterrichtssituation relevant ist, um so funktionale Entscheidungen für ihr weiteres Unterrichtshandeln ziehen zu können (Professionelle Wahrnehmung, Seidel & Shalvelson, 2007; Sherin & van Es, 2009). Hinsichtlich der professionellen Wahrnehmung unterscheiden sich Novizinnen und Novizen deutlich von Expertinnen und Experten. Novizen-Lehrkräfte nehmen relevante Unterrichtsereignisse oft gar nicht oder zu spät wahr, sie fokussieren eher auf Oberflächenmerkmale als auf Tiefenstrukturen (Berliner, 1994) und sie begrenzen ihre Aufmerksamkeit auf besonders saliente Geschehnisse, während sie weniger saliente Ereignisse, die aber durchaus höchst relevant für die Entstehung von Störungen sein können, außer Acht lassen (Thiel et al., 2012). Aufgrund dessen fallen ihre Problemanalysen auch oft unvollständig oder fehlerhaft aus. Die Förderung der professionellen Wahrnehmung als zentrale Voraussetzung für funktionales und effektives Lehrkrafthandeln sollte dementsprechend ein wichtiger Baustein der Lehrkräftebildung sein. Im FOCUS-Videoportal werden daher videobasierte Lehr-Lern-Gelegenheiten zur Verfügung gestellt (siehe Abschnitt 3.1.2), die explizit auf die Förderung der professionellen Wahrnehmung sowohl in fachdidaktischen als auch pädagogisch-psychologischen Kontexten abzielen.[1] Dabei wurde das Modell der professionellen Wahrnehmung nach Barth (2017) (siehe Abbildung 1) zugrunde gelegt, das verschiedene Ansätze und Konzeptionalisierungen professioneller Wahrnehmung (z. B. Bromme, 1992; Endsley, 1995; Santagata et al., 2007; Seidel et al., 2010; Sherin, 2001, 2007) in einem Modell integriert. In diesem Modell stellt professionelles Wissen die Grundlage für die weiteren Kompetenzfacetten professioneller Wahrnehmung dar. Dementsprechend gliedert sich die professionelle Wahrnehmung in die wissensgestützte Wahrnehmung relevanter, situativer Unterrichtsmerkmale (Erkennen), die theoretische Einordnung der erkannten Merkmale und ihre kriteriengeleitete Bewertung (Beurteilen) sowie die sich daraus ergebende Antizipation von Handlungsverläufen und die Entwicklung von Strategien (Generieren). Auf dieser Grundlage kann dann eine situationsgerechte Entscheidung für eine Handlungsstrategie (Entscheiden) und deren funktionaler Einsatz gelingen (Implementieren).

---

[1] Das FOCUS-Videoportal wird im Rahmen des K2teach-Projektes innerhalb der gemeinsamen „Qualitätsoffensive Lehrerbildung" von Bund und Ländern aus Mitteln des Bundesministeriums für Bildung und Forschung gefördert [01JA1802].

Abbildung 1: Professionelle Analyse- und Handlungskompetenzen von Lehrpersonen (in Anlehnung an Barth, 2017)

Implementieren	Situationsgerechter Einsatz von Handlungsstrategien
Entscheiden	Begründete Entscheidung zwischen Handlungsstrategien
Generieren	Antizipation von Handlungsverläufen, Entwicklung von Strategien
Beurteilen	Kriterien geleitete Einordnung, Interpretation von Situationen
Erkennen	Erkennen lernrelevanter Ereignisse in komplexen Situationen
Wissen	Verfügbarkeit von Schemata, Skripts über Lernende und Lernkontexte

3 Das FOCUS-Videoportal

Entsprechend den in der Einleitung und unter Abschnitt 2 dargestellten theoretischen Überlegungen, wurde das FOCUS-Videoportal an der Freien Universität (https://tetfolio.fu-berlin.de/focus) entwickelt, um anhand videobasierter Unterrichtsanalysen die professionelle Entwicklung von angehenden Lehrkräften zu fördern (siehe im Folgenden auch: Barth et al., 2020). Das FOCUS-Videoportal (in der Verantwortung von Anja Böhnke, Sebastian Haase und Felicitas Thiel) wurde auf Basis einer speziell für interaktive Lehr-Lernanwendungen an der Freien Universität Berlin entwickelten Plattform (tet.folio, Haase et al., 2016a, 2016b) realisiert. Dabei erfolgte der Aufbau des Portals in Kooperation der Biologiedidaktik, der Politikdidaktik, der Grundschulpädagogik und der Schulpädagogik der Freien Universität Berlin. Im FOCUS-Videoportal werden überwiegend authentische Unterrichtsaufnahmen angeboten; insbesondere zu pädagogisch-psychologischen Analyseschwerpunkten stehen aber auch sogenannte *staged videos*, also inszenierte Unterrichtsvideos, zur Verfügung (siehe Abschnitt 3.2.1). Vor allem aus datenschutzrechtlichen Gründen richtet sich das FOCUS-Videoportal explizit an ein Fachpublikum, also an Personen aus der Lehrkräftebildung sowie an Lehrkräfte im Beruf und (in eingeschränktem Umfang) an Lehramtsstudierende und Lehramtsanwärterinnen und Lehramtsanwärter.

3.1 Bereiche des FOCUS-Videoportals

Das FOCUS-Videoportal gliedert sich in mehrere Bereiche (siehe Abbildung 2), die jeweils unterschiedliche Anwendungsschwerpunkte bieten.

Abbildung 2: Startseite „FOCUS-Videoportal" (https://tetfolio.fu-berlin.de/tet/focus)

3.1.1 Die Videodatenbank

In der Videodatenbank sind aktuell 153 Videos verfügbar. Hierzu zählen Unterrichtsaufnahmen aus Grundschulen, Gymnasien, Integrierten Sekundarschulen und auch Oberstufenzentren aus den Fächern Deutsch, Mathematik, Biologie, Politik und Sachunterricht. Die Videodatenbank stellt die produzierten Unterrichtsaufnahmen in vier verschiedenen Formaten bereit: Es gibt Videos gesamter Unterrichtseinheiten sowie einzelner Unterrichtsstunden, außerdem fokussieren ausgeschnittene kürzere Videoclips auf didaktisch besonders relevante Unterrichtssituationen oder sind als Open-Ended-Vignetten aufbereitet, die an entscheidenden Stellen abbrechen, so dass Betrachterinnen und Betrachter dazu angehalten sind, eigene Handlungsstrategien zu entwickeln. Darüber hinaus sind Interviews sowohl mit den Lehrkräften als auch ausgewählten Schülerinnen und Schülern verfügbar, in denen das Unterrichtsgeschehen aus den verschiedenen Perspektiven reflektiert wird oder allgemeiner auf pädagogische und didaktische Aspekte der Unterrichtspraxis der beteiligten Lehrkräfte fokussiert wird.

In Ergänzung zu den verschiedenen bereitgestellten Videoformaten sind auch eine Vielzahl an textbasierten Unterrichtsmaterialien zu den jeweiligen Unterrichtsstunden verfügbar. Dazu gehören Unterrichtsverlaufspläne und Transkripte, Sach- und Bedingungsanalysen sowie Arbeitsblätter, fotografierte Tafelbilder, Beobachtungsbögen, Infotexte und Raumskizzen. Zu jedem Video gibt es eine Video-Einzelseite, auf der sich das Video selbst und alle zum Video verfügbaren Informationen befinden. Nutzerinnen und Nutzer können sich über ein Sternsymbol ★ das Video als Favorit merken; Dozierende haben die Möglichkeit, Kommentare und Arbeitsaufträge zu hinterlegen, was durch ein Sprechblasen-Symbol 💬 angezeigt wird.

3.1.2 Die Lehr-Lern-Gelegenheiten

Einen zentralen Bereich des FOCUS-Videoportals, durch den es sich maßgeblich von einigen anderen Videoportalen unterscheidet, stellen die videobasierten Lehr-Lern-Gelegenheiten dar. Lehr-Lern-Gelegenheiten sind bereits didaktisch aufbereitete Lernumgebungen. Ausgewählte Unterrichtsvideos und passende Analyse- und Reflexionsaufgaben sind hier so implementiert, dass ein in sich geschlossenes Videotraining entsteht, das von Dozierenden als mehrere Sitzungen umfassende Lehreinheit in ein Seminar integriert werden kann. Im FOCUS-Videoportal sind momentan Lehr-Lern-Gelegenheiten zu folgenden Themen verfügbar: Umgang mit Schülervorstellungen im Biologieunterricht (Helbig et al., 2018), Formulieren von politischen Urteilen im Politikunterricht (Jordan & Achour, 2019), Umgang mit Störungen im Unterricht (Thiel et al., 2020) und Inklusion (Becker & Ramseger, in Vorb.). Alle im FOCUS-Videoportal bereitgestellten Lehr-Lern-Gelegenheiten folgen einem prototypischen und gemeinsam konzipierten Ablauf, der sich an den einzelnen Kompetenzfacetten der professionellen Wahrnehmung orientiert (siehe Abbildung 1).

Jede Lehr-Lern-Glegenheit beginnt mit der Vermittlung relevanten professionellen Wissens, wofür im FOCUS-Videoportal vorbereitete PowerPoint-Präsentationen samt Übungsaufgaben zur Verfügung stehen. Der theoretischen Einführung folgt dann die Videofallarbeit, bei der systematisch die verschiedenen Facetten der professionellen Wahrnehmung adressiert werden. So werden die Studierenden in aufeinanderfolgenden Schritten angeleitet, relevante Unterrichtssituationen zu benennen, diese theoriebasiert zu beurteilen und mögliche Handlungsalternativen zu formulieren. Alle Schritte werden mit engem Bezug zu den gesehenen Videosequenzen bearbeitet (z. B. über die Verwendung von Zeitstempeln in den Videos). Im FOCUS-Videoportal wird für jede Lehr-Lern-Gelegenheit eine ausführliche Handreichung für Dozierende bereitgestellt, in der der Ablauf detailliert beschrieben wird.

3.1.3 Die Toolbox

Die Toolbox ist als Zusatzbereich des FOCUS-Videoportals zu verstehen, der nicht auf die Videoanalyse fokussiert, sondern einerseits Empfehlungen für Fachliteratur zu bestimmten Themen (z. B. Klassenmanagement) bereithält und andererseits einen Link zur „Sammlung von Evaluationsinstrumenten für Schul- und Unterrichtsentwicklung" des Instituts für Schulqualität der Länder Berlin und Brandenburg e.V. enthält. In dieser Sammlung werden validierte Evaluationsinstrumente zu drei verschiedenen unterrichtsrelevanten Bereichen zur Verfügung gestellt: (1) Instrumente zur Erfassung der Unterrichtsqualität, (2) Instrumente zur Erfassung personaler Merkmale von Schülerinnen und Schülern (z. B. Fachinteresse, Lernmotivation, kognitive und metakognitive Lernstrategien) und von Lehrkräften (z. B. Lehrerselbstwirksamkeit) sowie (3) testdiagnostische Verfahren zur Erfassung von Kompetenzen der Schülerinnen und Schüler (z. B. Hamburger Schreib-Probe, Heidelberger Rechentest).

3.1.4 Die Videozirkel

Im Bereich der Videozirkel wird die professionelle Entwicklung der angehenden Lehrkräfte (aktuell richtet sich dieser Bereich an Lehramtsanwärterinnen und Lehramtsanwärter) nicht, wie in der Videodatenbank oder den Lehr-Lern-Gelegenheiten über die Analyse fremder Videos gefördert, sondern es wird anhand von selbst videographiertem Unterricht die eigene Unterrichtspraxis reflektiert und weiterentwickelt. Dieser Bereich unterscheidet sich von den anderen auch dadurch, dass er nicht für alle registrierten Nutzerinnen und Nutzer des FOCUS-Videoportals frei verfügbar ist, sondern extra geschützte Bereiche bereitgestellt werden, innerhalb derer kleine Zirkel-Teams (drei bis vier Personen) ihre Videozirkel durchführen können. Die Implementierung der Videozirkel erfolgt in enger Kooperation mit der zweiten Phase der Lehrkräftebildung. Die Zirkelteams erhalten zunächst eine theoretische Einführung zu einem Themenschwerpunkt (z. B. zu den Arbeitsweisen des Kompetenzbereichs Erkenntnisgewinnung im Fach Biologie) und führen dann zu diesem Schwerpunkt eine Unterrichtsstunde durch, die sie selbst videographieren. Im FOCUS-Videoportal werden sie online angeleitet, die Videozirkel durchzuführen. Über Kooperationsskripts, Checklisten und digitale Karteikästen werden sie theoriegeleitet dabei unterstützt, über ausgewählte Unterrichtsabschnitte gemeinsam zu reflektieren, mögliche Handlungsalternativen für spezifische Situationen zu entwickeln und abschließend konkrete nächste Entwicklungsschritte für das eigene Unterrichtshandeln zu formulieren. Dabei stehen ihnen auch verschiedene technische Unterstützungstools zur Verfügung (z. B. Chatfunktionen, geteilte Notizen, digitale Portfolios zur Ergebnissicherung).

3.2 Didaktische Beispiele

Im Folgenden werden beispielhaft drei Lehr-Lern-Gelegenheiten, zwei fachdidaktische und eine mit pädagogisch-psychologischem Schwerpunkt, detaillierter beschrieben, um verschiedene didaktische Möglichkeiten des FOCUS-Videoportals zu verdeutlichen.

3.2.1 Lehr-Lern-Gelegenheit zum Umgang mit Störungen im Unterricht

Das Trainings-Modul zum Umgang mit Störungen im Unterricht wurde auf Basis eines theoretischen Modells entwickelt, das verschiedene Typen von Störungen und entsprechende Strategien zur Störungsintervention unterscheidet (Thiel, 2016). Auf Grundlage der Ideen von Robert Merton zu Bedingungen der Gefährdung sozialer Ordnung (1949) werden hier Störungen danach klassifiziert, welche Motive dem störungskritischen Verhalten der Schülerinnen und Schülern zugrunde liegen. Den verschiedenen Motiven wiederum muss mit jeweils anderen Strategien der Störungsintervention begegnet werden.

Authentische Unterrichtsvideos mit stark gestörtem Unterricht zu produzieren und in öffentlichen Lernkontexten einzusetzen ist aus ethischen und datenschutzrechtlichen Gründen schwierig, daher wurden für die Lehr-Lern-Gelegenheit zum Umgang mit

Unterrichtsstörungen staged Videos produziert. Dies bietet auch den Vorteil, dass die Videos sehr viel stärker auf theoretischen Konzepten aufgebaut und spezifische didaktische Szenarios verwirklicht werden können.

So wurden bei der Konstruktion der Videofälle die verschiedenen Typen von Störungen (nach Thiel, 2016) systematisch integriert, und für das dargestellte Lehrkraftverhalten Handlungsstrategien entwickelt, wie die jeweiligen Störungen entweder präventiv verhindert oder effektiv gehandhabt werden können. Dabei wurde besonders berücksichtigt, dass die Lehrkraft im Falle einer Störung immer zwei zentrale Anforderungen gleichzeitig bearbeiten muss, nämlich einerseits das individuelle Störverhalten beenden (Individual-Fokus) und gleichzeitig den Unterrichtsfluss für die gesamte Klasse aufrechterhalten (Gruppen-Fokus). Für das anvisierte didaktische Szenario wurden zweimal zwei parallele Videofälle entwickelt. Das bedeutet, dass jeweils zwei Videofälle dieselbe Ausgangssituation haben. In dem einen Szenario reagiert die Lehrkraft auf diese Situation funktional, d. h. sie verhindert präventiv Störungen und geht mit den auftretenden Störungen effektiv um; in dem anderen Szenario reagiert dieselbe Lehrkraft in derselben Situation dysfunktional und trägt mit ihrem eigenen Verhalten dazu bei, dass Störungen vermehrt auftreten und eskalieren. Die einzelnen Videofälle sind dabei jeweils auf eine Fokusschülerin oder einen Fokusschüler zugeschnitten, die unterschiedliche Motive für ihr Störverhalten haben. Zu beiden Szenarios wurden mit diesen Fokusschülerinnen und Fokusschülern Interviews entwickelt und videographiert, die die Wahrnehmung der unterschiedlichen Handlungsstrategien der Lehrkraft thematisieren.

Auf Basis dieser Videomaterialien ist die Lehr-Lern-Gelegenheit für die Studierenden folgendermaßen aufgebaut:

Zunächst erhalten die Teilnehmerinnen und Teilnehmer eine theoretische Einführung in Kernkonzepte zum allgemeinen Klassenmanagement und störungspräventiven Strategien (z. B. Doyle, 2006; Kounin, 1970) sowie zur Störungsintervention (Ophardt & Thiel, 2013). Nach der theoretischen Einführung beginnt dann die Videofallarbeit zur Förderung der professionellen Wahrnehmung. Hierbei sehen die Studierenden zunächst die beiden Videofälle mit dysfunktionalem Verlauf. Der Unterrichtsverlauf ist in mehrere Szenen untergliedert, zu denen sich die Studierenden individuelle Notizen mit Bezug zu der Frage machen sollen:

Welche Situationen in dem Videoabschnitt sind relevant für das Auftreten von Unterrichtsstörungen? (Kompetenzfacette: Erkennen).

Das FOCUS-Videoportal ermöglicht es, Notizen direkt neben den laufenden Videoausschnitten zu machen und diese Notizen anschließend mit anderen zu teilen. So sollen die Studierenden im Anschluss ihre Notizen zu den einzelnen Szenen mit einer Arbeitsgruppe teilen und eine kooperative Arbeitsphase beginnen, in der sie in Kleingruppen über ihre Beobachtungen sprechen und gemeinsam folgende Fragestellungen bearbeiten:

Was macht die Lehrkraft falsch? Welche Aspekte tragen zur Eskalation bei? (Kompetenzfacette: Beurteilen) und *Welche Strategien der Lehrkraft wären besser?* (Kompetenzfacette: Generieren).

Zum Abschluss des dysfunktionalen Szenarios werden den Studierenden dann die Interviews mit den Fokusschülerinnen und Fokusschülern dargeboten, in denen die Handlungsstrategien der Lehrkraft in ihrer Wirkung auf die Schülerinnen und Schüler thematisiert werden. Die nächste Einheit des Trainingsmoduls ist dem funktionalen Szenario gewidmet. Die Studierenden sehen noch einmal dieselbe Ausgangssituation, aber dieses Mal wendet die Lehrkraft störungspräventive Strategien an und reagiert auf die auftretenden Störungen funktional. Die Studierenden sollen sich (zunächst wieder individuell) Notizen zu der Fragestellung machen:

Welche funktionalen Strategien wendet die Lehrperson im Vergleich zu den dysfunktionalen Handlungsverläufen an?

Die individuellen Notizen werden dann wieder in der Arbeitsgruppe zusammengetragen und reflektiert. Abschließend werden die Interviews mit den Fokusschülerinnen und Fokusschülern zum funktionalen Verlauf betrachtet.

Durch die Videofallarbeit, die sowohl die Auseinandersetzung mit funktionalen als auch mit dysfunktionalen Handlungsstrategien im Umgang mit Unterrichtsstörungen umfasst und auch die Perspektive der Schülerinnen und Schüler integriert, können die Studierenden einerseits ihr theoretisches Wissen mit praktischen Beispielen gelungener Unterrichtsinteraktion verknüpfen, sie lernen aber auch, schwierige Unterrichtssituationen zu erkennen, setzen sich mit typischen Fehlern von Lehrkräften auseinander (Böhnke & Thiel, 2019) und reflektieren über mögliche und konkrete Handlungsalternativen.

3.2.2 Lehr-Lern-Gelegenheit zum Formulieren politischer Urteile im Politikunterricht

Zentrale Zielsetzung der schulischen politischen Bildung ist das Formulieren politischer Urteile der Schülerinnen und Schüler. Aufgrund der Komplexität der Urteilsanbahnung und -formulierung durch entsprechende Unterrichtssettings, fällt es insbesondere angehenden Politiklehrkräften schwer, die Qualitätsaspekte der Urteilsformulierung wahrzunehmen und zu beurteilen (Manzel & Weißeno, 2017). Die Qualität des politischen Urteils ist nicht nur durch die Verwendung von Urteilsmaßstäben (z. B. Kategorien und Perspektiven), sowie Fachkonzepten bestimmt, sondern auch die Sprachkompetenz sowie die Argumentationsfähigkeit der Schülerinnen und Schüler spielen eine entscheidende Rolle. Lehrkräfte können sowohl mit Impulsen die Urteilsformulierung gezielt fördern, indem sie z. B. fehlende Urteilsmaßstäbe oder Argumentationen einfordern, als auch mit der Auswahl einer unterstützenden Methode und deren Einbettung in das Unterrichtsgeschehen. Aufgrund dieser Vielseitigkeit der Urteilsformulierung für Lehrende und Lernende müssen die Lehrkräfte in der Lage sein, den vorwiegend mündlichen Argumentationen in den Handlungs- sowie Urteilsphasen spontan zu folgen, um die verschiedenen Facetten des politischen Urteils zu bewerten und um ggf. unterrichtsleitende Entscheidungen zu treffen und zu implementieren (Achour & Jordan, 2017). Um die angehenden Lehrkräfte auf diese Herausforderungen vorzubereiten, wurde die videobasierte Lehr-Lern-Gelegenheit zum Formulieren politischer Urteile entwickelt. Ihr Ziel ist es, die professionelle Wahrnehmung der angehenden Politiklehrkräfte hinsichtlich der Urteilsformulierung der Schülerinnen und Schüler zu schulen. Im Rahmen des Trainings analysieren die Studierenden die verschiedenen Komponenten des Formulierens politischer Urteile (Verwendung von Urteilsmaßstäben, Verwendung von Fachkonzepten, Sprachverwendung mit Fokus auf Argumentation, Unterrichtskommunikation und methodische Einbettung) in unterschiedlichen Unterrichtsphasen. Für die Erstellung der Videovignetten wurde je eine Unterrichtseinheit von zwei Schulklassen (11. Klasse Grundkurs Politik Gymnasium; 12. Klasse Leistungskurs einer Integrierten Sekundarschule) videographiert. Für die Lehr-Lern-Gelegenheit wurden aus dem videographierten authentischen Material vier Videofälle ausgewählt, die die Urteilsformulierung illustrieren. Zwei Videofälle zeigen das simulierte Formulieren von politischen Urteilen in Makromethoden (Talkshow und Debatte), zwei Videofälle die eigene Urteilsformulierung im Unterrichtsgespräch am Ende der Unterrichtseinheit. Die Eignung der Unterrichtsszenen für die Darstellung der unterschiedlichen Komponenten der Urteilsformulierung wurde durch eine Überprüfung verschiedener Expertinnen und Experten der Lehrkräftebildung (Professorinnen und Professoren der Politikdidaktik, wissenschaftliche Mitarbeiterinnen und Mitarbeiter sowie Politiklehrkräfte) bestätigt.

Der Aufbau der Lehr-Lern-Gelegenheit orientierte sich an dem Modell der professionellen Wahrnehmung nach Barth (2017, s. Abbildung 1). Sie umfasst vier Sitzungen à 90 Minuten und kann sowohl im Bachelor als Einführung in das Thema als auch im Master of Education als Vertiefung eingesetzt werden.

Die ersten beiden Sitzungen dienen der Vermittlung des fachdidaktischen Wissens, welches im Zusammenhang mit der Urteilsformulierung steht. Die Studierenden erwerben die theoretischen Grundlagen, auf die sie bei der Analyse der Unterrichtsvideos zurückgreifen müssen. Die Erarbeitung des Wissens wird von interaktiven Übungen begleitet (z. B. Zuordnung von Argumenten in das Urteilsraster nach Massing, 1997). Ebenfalls werden kurze Interviewausschnitte von Lehrkräften eingesetzt, die die Herausforderungen der Urteilsformulierung unterrichtspraktisch einordnen. Die dritte und vierte Sitzung fokussieren die Unterrichtsanalyse. Die Studierenden betrachten verschiedene Unterrichtsvignetten mit verteilten Beobachtungsschwerpunkten, die die Komponenten der Urteilsformulierung widerspiegeln (Erkennen und Beurteile). Die durch die Komponenten gesteuerte Wahrnehmung hilft den Studierenden „vieles zu bemerken [...], Zusammenhänge zu erkennen, für das Lehren relevante Details zu entdecken und schnelle Urteile fürs Erste aufzuschieben" (Brouwer & Robijns, 2013). Auf Grundlage der beobachteten Aspekte beurteilen und diskutieren sie die Urteilsphase zunächst in den Kleingruppen, anschließend im gesamten Seminar. Abschließend werden gemeinsam alternative Handlungsoptionen für die Lehrkräfte formuliert.

3.2.3 Lehr-Lern-Gelegenheit zum Umgang mit Schülervorstellungen im Biologieunterricht

Das Reflektieren über Unterrichtssituationen zielt auf ein vertieftes Verständnis von Lehr-Lernprozessen sowie den Aufbau produktiver und weiterführender fachdidaktischer Kompetenzen. Videosequenzen von realem Unterricht und deren Reflexion ermöglichen eine Verknüpfung von Theorie und Praxis, da sie sich als Ausgangslage für die Diskussion über die Komplexität realer Unterrichtssituationen und die professionelle Tätigkeit von Lehrpersonen anbietet (Brophy, 2004). Die Lehr-Lern-Gelegenheit zu den Themen Evolution und Klimawandel hat das Ziel, angehende Biologielehrkräfte in der professionellen Wahrnehmung und im Umgang mit themenspezifischen Schülervorstellungen (Hammann & Asshoff, 2014) zu unterstützen. Diese tief verwurzelten Vorstellungen stehen oft nicht im Einklang mit den fachwissenschaftlichen Vorstellungen (Krüger, 2007). Die Videointervention umfasst bis zu neun Sitzungen und basiert auf den ersten fünf Kompetenzfacetten des Modells der professionellen Wahrnehmung von Barth (2017; Abbildung 1). Die Voraussetzung für professionelles Wahrnehmen und folglich das Fundament der anderen Kompetenzfacetten des Modells bilden fachdidaktische Theorien zum Umgang mit Schülervorstellungen (Gropengießer & Marohn, 2018).

Die Lehr-Lern-Gelegenheit ist so konzipiert, dass auf jede Sitzung zu einer fachdidaktischen Theorie ein bis zwei anwendungsbezogene Videotrainingssitzungen folgen. So wird in den ersten beiden Sitzungen biologisches Fachwissen zu den Themen Klimawandel und Evolution erarbeitet und spezifische Schülervorstellungen in einem ersten Videotraining in kurzen Videoclips von authentischen Unterrichtsaufnahmen identifiziert. Diese Schülervorstellungen werden in ihrer fachwissenschaftlichen Angemessenheit beurteilt. In der dritten und vierten Sitzung wird die konstruktivistische Lerntheorie (Riemeier, 2007) erarbeitet und auf Videoclips angewendet, in denen besonders auffällige Situationen erkannt und vor dem Hintergrund des Konstruktivismus beurteilt werden sollen. In der fünften und sechsten Sitzung wird die *conceptual change*-Theorie (Krüger, 2007) mithilfe von Infotexten erarbeitet und Methoden entwickelt, mit denen kognitive Konflikte ausgelöst werden können. Anhand weiterer Videoclips werden kontinuierliche und diskontinuierliche Lernwege (Duit, 1995) unterschieden und ausgewählte Stellen diesen beiden Formen des Umgangs mit Schülervorstellungen zugeordnet. In der siebenten Sitzung wird dann das Modell der didaktischen Rekonstruktion (Kattmann, 2015) als Lernparadigma gelehrt. Darauf aufbauend werden in der achten Sitzung erneut anhand von Videoclips Stellen im Unterrichtsgeschehen identifiziert, die bezüglich des Umgangs mit Schülervorstellungen relevant sind. Zusätzlich werden Handlungsalternativen entwickelt und kritisch diskutiert

In der abschließenden neunten Sitzung wird eine *open-ended* Videovignette (Merseth, 1992) eingesetzt: Sie bricht an einer Stelle des Unterrichts ab, in der eine mit Bezug auf den Umgang mit Schülervorstellungen relevante Entscheidung zu treffen ist. Auf der Grundlage des bereits erarbeiteten Wissens über fachdidaktische Theorien und der bereits erworbenen Fähigkeiten der professionellen Wahrnehmung sollen die Studierenden nun einen Pool an Handlungsalternativen generieren, um sich anschließend begründet für eine

Handlungsalternative zu entscheiden, welche einen angemessen Umgang mit Schülervorstellungen im Biologieunterricht darstellt.

4 Empirische Befunde

Im Folgenden werden ausgewählte empirische Befunde aus Evaluations- und Interventionsstudien dargestellt, die Hinweise auf die Nutzungsfreundlichkeit des Portals und die Wirksamkeit der Lehr-Lern-Gelegenheiten geben.

4.1 Evaluation des FOCUS-Videoportals

Nach vollendetem Aufbau wurde das FOCUS-Videoportal im Jahr 2017 umfassend evaluiert (Barth et al., 2020). Dabei wurde einerseits auf die allgemeine Handhabung des Portals fokussiert und Einschätzungen zu Inhalt, Benutzerfreundlichkeit und Ästhetik erhoben, andererseits wurde analysiert, inwieweit das Durchlaufen der verschiedenen Lehr-Lern-Gelegenheiten zu einer Verbesserung der (selbsteingeschätzten) professionellen Wahrnehmung der Studierenden beiträgt.

Insgesamt wurden für diese Evaluation 339 Lehramtsstudierende, die im Rahmen einer Lehrveranstaltung eine der Lehr-Lern-Gelegenheiten „Störungen im Unterricht" (EWI), „Formulieren von politischen Urteilen im Politikunterricht" (POL) oder „Umgang mit Schülervorstellungen im Biologieunterricht" (BIO) durchlaufen hatten, befragt. Aufgrund von sehr unterschiedlich großen Studierendenkohorten gab es auch eine Ungleichverteilung bei den befragten Gruppen (EWI: $n = 257$ Bachelorstudierende, POL: $n = 60$ Masterstudierende, BIO: $n = 22$ Masterstudierende). Die Befragung fand als freiwillige Paper-Pencil-Erhebung statt.

Tabelle 1: Inhalt, Benutzerfreundlichkeit und Ästhetik des FOCUS-Videoportals

Subskala	N Items	Reliabilität	M	SD
Inhalt	9	$\alpha = .89$	4.64	0.96
Benutzerfreundlichkeit	7	$\alpha = .96$	4.80	1.03
Ästhetik	4	$\alpha = .95$	4.94	1.14
Gesamt	20	$\alpha = .93$	4.24	0.92

4.1.1 Inhalt, Benutzerfreundlichkeit und Ästhetik

Um die allgemeine Handhabbarkeit des FOCUS-Videoportals differenziert einzuschätzen, wurde der validierte Fragebogen zur Evaluation von Webseiten (Moshagen & Thielsch, 2010) eingesetzt, der die zentralen Bereiche Inhalt (Beispielitem: „Die Informationen sind qualitativ hochwertig"), Benutzerfreundlichkeit (Beispielitem: „Es fällt mir leicht, die gesuchten Informationen zu finden") und Ästhetik (Beispielitem: „Die farbliche Gestaltung wirkt attraktiv") unterscheidet. Alle Skalen wurden anhand einer 7-stufigen Ratingskala (1 „stimme gar nicht zu" bis 7 „stimme voll zu") beantwortet. Die Ergebnisse in Tabelle 1 zeigen, dass sowohl für die Gesamtskala als auch für die drei Subskalen sehr gute Reliabilitäten vorliegen. Gleichzeitig liegen die Mittelwerte aller drei Subskalen über dem theoretischen Mittel, wobei die Subskala Ästhetik am höchsten bewertet wird.

4.1.2 Entwicklung der professionellen Wahrnehmung

Zentrales Ziel der im FOCUS-Videoportal entwickelten Lehr-Lern-Gelegenheiten ist die Förderung der professionellen Wahrnehmung der Studierenden, daher wurde im Rahmen der Evaluation analysiert, inwieweit hier eine Verbesserung erreicht wurde. Zu diesem Zweck wurden die Studierenden sowohl vor (T1) als auch nach (T2) den Videotrainings gebeten, auf einer 6-stufigen Selbsteinschätzungsskala (1 „trifft überhaupt nicht zu" bis 6 „trifft vollkommen zu") Angaben zu ihrer professionellen Wahrnehmung zu machen. Die Skala umfasst alle von Barth (2017) operationalisierten Teilfacetten der professionellen Wahrnehmung, wobei die Items jeweils an die fachspezifischen Inhalte der verschiedenen Lehr-Lern-Gelegenheiten angepasst wurden: Kompetenzfacette Wissen „Ich kenne theoretische Ansätze zum Formulieren politischer Urteile" (POL), Kompetenzfacette Erkennen „Ich kann die wichtigsten Merkmale einer Störungssituation erkennen" (EWI), Kompetenzfacette Beurteilen „Ich kann Situationen zum Umgang mit Schülervorstellungen auf der Basis von Kriterien fundiert beurteilen" (BIO), Kompetenzfacette Generieren „Ich kann für eine Störungssituation verschiedene Handlungsstrategien entwickeln" (EWI), Kompetenzfacette Entscheiden „Ich kann mich zwischen verschiedenen Handlungsstrategien zum Formulieren von Urteilen für eine Handlungsstrategie entscheiden" (POL) und Kompetenzfacette Implementieren „Ich kann Handlungsstrategien zum Umgang mit Schülervorstellungen in der Praxis erfolgreich umsetzen" (BIO). Die Reliabilitäten lagen für alle drei Fächer im zufriedenstellenden bis guten Bereich (T1: $\alpha = .81$–$.91$, T2: $\alpha = .75$–$.84$). Auf der Grundlage nachgewiesener Varianzhomogenität wurde eine einfaktorielle Varianzanalyse mit Messwiederholung durchgeführt, um einen möglichen Kompetenzzuwachs über die Zeit für die einzelnen Teilfacetten zu prüfen. Es ergab sich ein signifikanter Haupteffekt der Zeit auf die eingeschätzten Kompetenzfacetten der professionellen Wahrnehmung ($F(1.17) = 4.98$, $p = .03$, $\eta_p^2 = .03$, $n = 175$), während sich für die Substichproben der drei Fächer keine bedeutsamen Unterschiede fanden ($p = .24$, $\eta_p^2 = .01$).

Wie Abbildung 3 zu entnehmen ist, schätzten die Studierenden sowohl zu T1 als auch zu T2 ihre Kompetenzen hinsichtlich der Verfügbarkeit von professionellem Wissen und bei der Identifikation relevanter Ereignisse auf Basis dieses Wissen am höchsten ein, sie nahmen bei allen Teilfacetten der professionellen Wahrnehmung einen Kompetenzzuwachs wahr, der jedoch am stärksten bei der eingeschätzten Kompetenz des theoriegeleiteten Beurteilens von Situationen ausfiel.

Abbildung 3: Mittelwerte und Standardabweichungen zur Selbsteinschätzung der Kompetenzen der professionellen Wahrnehmung zum ersten und zweiten Messzeitpunkt

4.2 Befunde zur Wirksamkeit der Lehr-Lern-Gelegenheit zum Umgang mit Störungen im Unterricht (Interventionsstudie)

Beispielhaft werden an dieser Stelle einige detailliertere empirische Befunde zur Wirksamkeit der Lehr-Lern-Gelegenheit zum Umgang mit Störungen im Unterricht dargestellt (siehe dazu auch: Thiel et al., 2020). Wie beschrieben, sollte mit dieser Lehr-Lern-Gelegenheit der Umgang mit Störungen mit einem didaktischen Szenario gefördert werden, das sowohl funktionale als auch dysfunktionale Handlungsstrategien von Lehrkräften im Umgang mit herausfordernden Unterrichtssituationen in Videofällen aufbereitet. Dementsprechend sollte in einer quasi-experimentellen Interventionsstudie untersucht werden, ob das Durchlaufen dieser Lehr-Lern-Gelegenheit a) die professionelle Wahrnehmung der Studierenden im Hinblick auf den Umgang mit Unterrichtsstörungen fördert (es wurde auf die Facetten Wissen, Erkennen, Beurteilen und Generieren fokussiert) und b) ob es dabei einen Unterschied macht, ob mit funktionalen oder dysfunktionalen Videofällen gearbeitet wird. Neben professionellem Wissen und Kompetenzen sind auch Selbstwirksamkeitserwartungen relevante Voraussetzungen für den Umgang mit Störungen. Lehrkräfte mit hohen Selbstwirksamkeitserwartungen haben auch in schwierigen Unterrichtssituationen das Gefühl, adäquat reagieren zu können und erleben weniger negative Emotionen wie Angst oder Ärger (Böhnke & Thiel, 2019; Dicke et al., 2014). Daher wurde innerhalb der Studie untersucht, ob c) auch die Selbstwirksamkeitserwartungen der Studierenden durch die Lehr-Lern-Gelegenheit gefördert werden.

Aus der Interventionsstudie liegen insgesamt Daten von $N = 114$ Bachelorstudierenden (aus acht Seminargruppen) vor. Die Seminargruppen wurden randomisiert den beiden Versionen des Trainings (Arbeiten mit funktionalen oder dysfunktionalen Videofällen) zugeordnet. Beide Gruppen (EG-funk: $n = 56$; EG-dysfunk: $n = 58$) erhielten zunächst eine zweistündige theoretische Einführung und arbeiteten anschließend drei Stunden entweder mit funktionalen oder dysfunktionalen Videofällen. Direkt vor der theoretischen Einführung wurde der Prätest durchgeführt. Der Posttest fand nach Abschluss der Videoarbeit statt.

Um nicht ausschließlich auf Selbsteinschätzungen der Studierenden zurückgreifen zu müssen, wurden ein Multiple-Choice-Test zum professionellen Wissen über Klassenmanagement und ein standardisierter Videotest zur Erfassung der professionellen Wahrnehmungen eingesetzt (Thiel et al., 2020). Die Selbstwirksamkeitserwartungen wurden mit dem Instrument zur Lehrerselbstwirksamkeit von Lehramtsstudierenden von Pfitzner-Eden und Kollegen (2014) erfasst, dass die Bereiche Instruktion, Motivierung und Klassenmanagement unterscheidet. Um die Effekte der Intervention über die Zeit auch gruppenspezifisch zu analysieren, wurde eine multivariate Varianzanalyse (MANOVA) mit Messwiederholung durchgeführt sowie anschließend univariate Effekte und Mittelwertsunterschiede über die Zeit separat für beide Gruppen analysiert.

Tabelle 2: Multivariate Varianzanalyse für professionelles Wissen, professionelle Wahrnehmung und Lehrerselbstwirksamkeit

	Pillai's Trace	F	df	Fehler df	p	η_p2
Between						
Intercept	0.98	1004.05	7000	106	<0.01	0.98
Gruppe	0.10	1.72	7000	106	0.11	0.10
Within						
Zeit	0.47	13.32	7000	106	<0.01	0.47
Zeit x Gruppe	0.07	1.11	7000	106	0.36	0.07

F = F-Statistik; df = degrees of freedom; p = level of significance; η_p2 = Effektgröße

Die Ergebnisse der MANOVA zeigten einen signifikanten und großen Effekt über die Zeit, aber keine Unterschiede zwischen den beiden Gruppen (Tabelle 2).
Die anschließenden univariaten Analysen zeigten, dass sich der positive Effekt von T1 zu T2 für alle untersuchten abhängigen Variablen (professionelles Wissen, Erkennen, Beurteilen, Generieren, Selbstwirksamkeitserwartung) finden ließ. Die größten Effekte ergaben sich für professionelles Wissen ($\eta_p^2 = .32$) und Selbstwirksamkeitserwartung in Bezug auf Klassenmanagement ($\eta_p^2 = .27$). Der detaillierte Vergleich der beiden Gruppen zeigte Unterschiede hinsichtlich zwei Facetten: die Gruppe EG-funk konnte das professionelle Wissen durch die Intervention stärker ausbauen (dieser Effekt wurde auch in den

Analysen zu den univariaten Effekten signifikant), die Gruppe EG-dysfunk hingegen konnte sich bei der Kompetenzfacette Begründen stärker verbessern (dieser kleine Effekt wurde in den univariaten Analysen nicht signifikant). Alle Mittelwerte, Standardabweichungen und Effektgrößen (nach Lakens, 2013) finden sich in Tabelle 3.

Tabelle 3: Mittelwerte, Standardabweichung, Effektgrößen für den Vergleich der Intervention mit funktionalen und dysfunktionalen Videofällen

	funktionale Videofälle					dysfunktionale Videofälle				
	T1		T2			T1		T2		
	M	SD	M	SD	d_{av}	M	SD	M	SD	d_{av}
professionelle Wahrnehmung										
professionelles Wissen	11.86	3.19	14.34	3.12	.79	11.17	3.26	12.71	3.86	.43
Erkennen	8.14	2.14	9.18	3.08	.40	7.76	2.41	8.74	3.15	.35
Begründen	1.68	1.38	2.27	1.85	.36	1.48	1.33	2.41	1.85	.58
Generieren	3.20	1.55	3.68	1.98	.27	3.29	1.92	3.71	2.16	.21
Selbstwirksamkeit										
Schülerengagement	5.62	1.48	6.06	1.34	.31	5.60	1.35	6.00	1.36	.29
Klassenmanagement	4.98	1.64	5.99	1.51	.64	4.79	1.60	5.71	1.79	.54
Instruktion	5.90	1.22	6.14	1.43	.18	5.79	1.20	6.30	1.42	.39

Zusammenfassend lässt sich festhalten, dass die Lehr-Lern-Gelegenheit zum Umgang mit Störungen zur Förderung aller untersuchten Facetten der professionellen Wahrnehmung und zur Verbesserung der Selbstwirksamkeitserwartung (insbesondere in Bezug auf Klassenmanagement) sehr gut geeignet ist. Dieser positive Effekt zeigt sich gleichermaßen für die Arbeit mit funktionalen wie mit dysfunktionalen Videofällen. Dabei führt die Auseinandersetzung mit funktionalen Videofällen vermehrt zum Aufbau von professionellem Wissen. Dies könnte darauf hindeuten, dass die Auseinandersetzung mit den dargestellten funktionalen Handlungsstrategien, dabei hilft theoretische Konzepte zu festigen. Die Darstellung dysfunktionaler Unterrichtsverläufe hingegen ermöglicht es eine Vielzahl an kritischen Ereignissen und deren komplexen Folgen darzustellen, wodurch möglicherweise besonders das theoriebasierte Beurteilen von störungsrelevanten Situationen geschult werden kann.

5 Weiterentwicklung des FOCUS-Videoportals

Der Einsatz der im FOCUS-Videoportal bereitgestellten Unterrichtsvideos und Lehr-Lern-Gelegenheiten in Seminarveranstaltungen hat gezeigt, dass es für Studierende besonders hilfreich und motivierend ist, wenn sie Videofälle aus den Fächern zur Verfügung haben, die sie studieren. Aus diesem Grund wird das FOCUS-Videoportal momentan um zusätzliche Fächer erweitert. Für die Didaktiken der Chemie, der Ethik und Philosophie, der Geschichte und der Informatik entstehen aktuell nicht nur eine Reihe von Unterrichtsvideos, sondern ebenfalls Lehr-Lern-Gelegenheiten, die im Sinne der Förderung professioneller Wahrnehmung in fachdidaktischen Kontexten konzipiert sind.

Darüber hinaus wird mit Blick auf die Förderung pädagogisch-psychologischer Kompetenzen ein Bereich entwickelt, in dem es um den Umgang mit besonders herausforderndem Verhalten von Schülerinnen und Schülern gehen soll. Hier entstehen einerseits Videofälle, die auf verschiedene typische Störungsursachen fokussieren und außerdem Experten-Tutorials, in denen interne und externe Auslöser für die verschiedenen Verhaltensweisen erklärt und entsprechende mögliche Handlungsstrategien thematisiert werden.

Neben der inhaltlichen Weiterentwicklung werden auch stetig technische Neuerungen in das FOCUS-Videoportal implementiert. So soll zukünftig die Förderung der professionellen Wahrnehmung zusätzlich durch technische Plugins unterstützt werden, die z. B. Spotlight-Effekte auf besonders relevante Unterrichtsszenen legen (Cueing; de Koning et al., 2009). Auch die immer umfangreicher implementierten kooperativen Lerneinheiten (z. B. im Rahmen der Videozirkel) werden mit neuen digitalen Unterstützungstools angereichert, die beispielsweise das Teilen von individuellen Notizen oder ein gemeinsames Bearbeiten interaktiver Ergebnispräsentationen ermöglichen. In diesem Kontext wird aktuell das tet.course System entwickelt, das es Lehrenden ermöglichen soll, die Aktivitäten von einzelnen Lerngruppen online im FOCUS-Videoportal zu verfolgen.

Literatur

Achour, S. & Jordan, A. (2017). Das Formulieren von politischen Urteilen. Professionell Wahrnehmen und kompetent fördern. In: S. Achour & P. Massing. (Hrsg.), *Individuelle Förderung*. Schwalbach/Ts: *Wochenschau Sonderheft,* 16–23.

Barth, V. L. (2017): *Professionelle Wahrnehmung von Störungen im Unterricht.* 1. Aufl. Springer Fachmedien Wiesbaden. https://doi.org/10.1007/978-3-658-16371-6

Barth, V. L., Achour, S., Haase, S., Helbig, K., Jordan, A., Krüger, D. & Thiel, F. (2020). Mehr Unterrichtspraxis in die Lehramtsausbildung! Das FOCUS-Videoportal als digitales Lehr-Lern-Medium. *Beiträge zur Lehrerinnen- und Lehrerbildung*, 38(2), 255–273. https://doi.org/10.25656/01:21788

Becker, J. & Ramseger, J. (in Vorbereitung). Eine videobasierte Lehr-Lerngelegenheit zur schulischen Inklusion für Studierende des Lehramtes der Primarstufe.

Berliner, D. C. (1994). Expertise: The wonders of exemplary performances. In J. N. Mangieri & C. C. Block (Hrsg.), *Creating powerful thinking in teachers and students: Diverse perspectives* (S. 161–186). Holt, Rinehart & Winston.

Böhnke, A. & Thiel, F. (2019). "At least I know what's wrong.". Preservice teachers' knowledge about dysfunctional instructional strategies: The important role of error-related emotional patterns. *Learning and Individual Differences*, (70). https://doi.org/10.1016/j.lindif.2019.01.011

Bromme, R. (1992). *Der Lehrer als Experte. Zur Psychologie des professionellen* Wissens (1. Aufl). Huber.

Brophy, J. (2004). *Using video in teacher education*. Elsevier.

Brouwer, N. & Robijns, F. (2013). Fokussierte Auswertung von Videoaufzeichnungen als Methode in der Lehrerausbildung. In U. Riegel & K. Macha (Hrsg.). *Videobasierte Kompetenzforschung in den Fachdidaktiken* (S. 303–317). Waxmann.

Deci, E. L. & Ryan, R. M. (1985). *Intrinsic motivation and self-determination in human behavior.* Plenum. https://doi.org/10.1007/978-1-4899-2271-7

De Koning, B. B., Tabbers, H. K., Rikers, R. M. & Paas, F. (2009). Towards a framework for attention cueing in instructional animations: Guidelines for research and design. *Educational Psychology Review*, *21*(2), 113–140. https://doi.org/10.1007/s10648-009-9098-7

Dicke, T., Parker, P. D., Marsh, H. W., Kunter, M., Schmeck, A. & Leutner, D. (2014). Self-efficacy in classroom management, classroom disturbances, and emotional exhaustion: A moderated mediation analysis of teacher candidates. *Journal of educational psychology*, *106*(2), 569–583. https://doi.org/10.1037/a0035504

Doyle, W. (2006). Ecological approaches to classroom management. In C. M. Evertson & C. S. Weinstein (Hrsg.), *Handbook of Classroom Management* (S. 97–126). Routledge. https://doi.org/10.4324/9780203874783.ch5

Duit, R. (1995). Zur Rolle der konstruktivistischen Sichtweise in der naturwissenschaftsdidaktischen Lehr- und Lernforschung. *Zeitschrift für Pädagogik*, *41*(6), 905–923. https://doi.org/10.25656/01:10536

Endsley, M. R. (1995). Toward a theory of situation awareness in dynamic systems. *Human Factors: The Journal of the Human Factors and Ergonomics Society*, *37*(1), 32–64. https://doi.org/10.1518/001872095779049543

Gold, B., Pfirrmann, C. & Holodynski, M. (2021). Promoting professional vision of classroom management through different analytic perspectives in video-based learning environments. *Journal of Teacher Education*, *72*(4), 431–447. https://doi.org/10.1177/0022487120963681

Gropengießer, H. & Marohn, A. (2018). Schülervorstellungen und conceptual change. In D. Krüger, I. Parchmann & H. Schecker (Hrsg.), *Theorien in der naturwissenschaftsdidaktischen Forschung* (S. 49–67). Springer. https://doi.org/10.1007/978-3-662-56320-5_4

Haase, S., Kirstein, J. & Nordmeier, V. (2016a). *The technology enhanced textbook. An HTML5-based online system for authors, teachers and learners.* In Ludwig-Maximilians-Universität München (Hrsg.), Selected papers from the 20th international conference on multimedia in physics teaching and learning (S. 85–92).

Haase, S., Kirstein, J. & Nordmeier, V. (2016b). *tet.folio: Neue Ansätze zur digitalen Unterstützung individualisierten Lernens.* https://core.ac.uk/download/pdf/230005181.pdf

Hammann, M. & Asshoff, R. (2014). *Schülervorstellungen im Biologieunterricht: Ursachen für Lernschwierigkeiten.* Klett Kallmeyer. https://doi.org/10.1007/978-3-662-56320-5_4

Helbig, K., Günther, S. L., Rehfeldt, D. & Krüger, D. (2018). Umgang mit Schülervorstellungen zum Blutkreislauf: Validierung eines Videovignettentests. In M. Hammann & M. Lindner (Hrsg.), *Lehr- und Lernforschung in der Biologiedidaktik* (Bd. 8) (S. 267–283). Studienverlag.

Jordan, A. & Achour, S. (2019). Professionelle Wahrnehmung angehender Politiklehrer*innen – Entwicklung einer videofallbasierten Lehr-Lerngelegenheit zum Formulieren politischer Urteile. In M. Lotz & K. Pohl (Hrsg.), *Gesellschaft im Wandel!? Neue Herausforderungen für die politische Bildung und ihre Didaktik* (S. 214–222). Wochenschau-Verlag.

Kattmann, U. (2015). *Schüler besser verstehen. Alltagsvorstellungen im Biologieunterricht.* Aulis. https://doi.org/10.13140/RG.2.1.2434.7926

Kounin, J. S. (1970). *Discipline and group management in classrooms.* Holt, Rinehart and Winston.

Krüger, D. (2007). Die Conceptual Change-Theorie. In D. Krüger & H. Vogt (Hrsg.), *Theorien in der biologiedidaktischen Forschung* (S. 81–92). Springer. https://doi.org/10.10 07/978-3-540-68166-3

Kumschick, I. R., Piwowar, V. & Thiel, F. (2018). Inducing adaptive emotion regulation by providing the students' perspective: An experimental video study with advanced preservice teachers. *Learning and Instruction, 53,* 99–108. https://doi.org/10.1016/j.learn instruc.2017.07.010

Lakens, D., 2013. Calculating and reporting effect sizes to facilitate cumulative science: A practical primer for t-tests and ANOVAs. *Frontiers in psychology, 4,* 863. https://doi.org/10.3389/fpsyg.2013.00863

Manzel, S. & Weißeno, G. (2017). Modell der politischen Urteilsfähigkeit – eine Dimension der Politikkompetenz. In M. Oberle & G. Weißeno (Hrsg.), *Politikwissenschaft und Politikdidaktik* (S. 59–86). Springer VS. https://doi.org/10.1007/978-3-658-07246-9_5

Massing, P. (1997). Kategorien des politischen Urteilens und Wege der politischen Urteilsbildung. In P. Massing & G. Weißeno (Hrsg.), *Politische Urteilsbildung* (S. 115–131). Schwalbach/Ts. https://doi.org/110.1007/978-3-658-07246-9_5

Merseth, K. (1992). Cases for Decision Making in Teacher Education. In J. Shulman (Hrsg.), *Case Methods in Teacher Education* (S. 50–63). Teacher College Press.

Merton, R. K. (1949). *Social theory and social structure: toward the codification of theory and research.* Free Press. https://doi.org/10.2307/2572257

Moshagen, M. & Thielsch, M. (2010). Facets of visual aesthetics. *International Journal of Human-Computer Studies, 68*(10), 689–709. https://doi.org/10.1016/j.ijhcs.2010.05.006

Ophardt, D. & Thiel, F. (2013). *Klassenmanagement. Ein Handbuch für Studium und Praxis.* W. Kohlhammer.

Pfitzner-Eden, F., Thiel, F. & Horsley, J. (2014). An adapted measure of teacher self-efficacy for preservice teachers: Exploring its validity across two countries. *Zeitschrift für Pädagogische Psychologie, 28,* 83–92. https://doi.org/10.1024/1010-0652/a000125

Piwowar, V., Barth, V. L., Ophardt, D. & Thiel, F. (2018). Evidence-based scripted videos on handling student misbehavior: the development and evaluation of video cases for teacher education. *Professional development in education, 44*(3), 369–384. https://doi.org/10.1080/19415257.2017.1316299

Riemeier, T. (2007). Moderater Konstruktivismus. In D. Krüger & H. Vogt (Hrsg.). *Theorien in der biologiedidaktischen Forschung* (S. 69–79). Springer. https://doi.org/10.1007 /978-3-540-68166-3_7

Santagata, R., Zannoni, C. & Stigler, J.W. (2007). The role of lesson analysis in pre-service teacher education. An empirical investigation of teacher learning from a virtual video-based field experience. *Journal of Mathematics Teacher Education, 10*(2), 123–140. https://doi.org/10.1007/s10857-007-9029-9

Seidel, T., Blomberg, G. & Stürmer, K. (2010). „Observer". Validierung eines videobasierten Instruments zur Erfassung der professionellen Wahrnehmung von Unterricht. In E. Klieme, D. Leutner & M. Kenk (Hrsg.), *Kompetenzmodellierung. Zwischenbilanz des DFG-Schwerpunktprogramms und Perspektiven des Forschungsansatzes* (Zeitschrift für Pädagogik. Suppl. 56, 296–306). Beltz. http://dx.doi.org/10.25656/01:3438

Seidel, T. & Shavelson, R. J. (2007). Teaching effectiveness research in the past decade: The role of theory and research design in disentangling meta-analysis results. *Review of educational research*, 77(4), 454–499. https://doi.org/10.3102/0034654307310317

Seidel, T., Stürmer, K., Blomberg, G., Kobarg, M. & Schwindt, K. (2011). Teacher learning from analysis of videotaped classroom situations: Does it make a difference whether teachers observe their own teaching or that of others? *Teaching and teacher education*, 27(2), 259–267. https://doi.org/10.1016/j.tate.2010.08.009

Sherin, M. G. (2001). Developing a professional vision of classroom events. In T. L. Wood, B. S. Nelson & J. Warfield (Hrsg.), *Beyond classical pedagogy. Teaching elementary school mathematics* (S. 75–93). Erlbaum Associates.

Sherin, M. G. (2007). The development of teachers' professional vision in video clubs. In R. Goldman, R. Pea, B. Barron & S. Derry (Hrsg.), *Video research in the learning sciences* (S. 383–395). Lawrence Erlbaum Associates.

Sherin, M. G. & van Es, E. A. (2009). Effects of video club participation on teachers' professional vision. *Journal of Teacher Education*, 60(1), 20–37. https://doi.org/10.1177/0022487108328155

Thiel, F. (2016). *Interaktion im Unterricht. Ordnungsmechanismen und Störungsdynamiken* (UTB Schulpädagogik).

Thiel, F., Böhnke, A., Barth, V. L. & Ophardt, D. (2020). How to prepare preservice teachers to deal with disruptions in the classroom? Differential effects of learning with functional and dysfunctional video scenarios. *Professional Development in Education*. https://doi.org/10.1080/19415257.2020.1763433

Thiel, F., Richter, S. G. & Ophardt, D. (2012). Steuerung von Übergängen im Unterricht: Eine Experten-Novizen-Studie zum Klassenmanagement. *Zeitschrift für Erziehungswissenschaft*, 4, 727–752. https://doi.org/10.1007/s11618-012-0325-5

Wang, J. & Hartley, K. (2003). Video technology as a support for teacher education reform. *Journal of technology and teacher education*, 11(1), 105–138.

Weber, K. E., Prilop, C. N., Viehoff, S., Gold, B. & Kleinknecht, M. (2020). Fördert eine videobasierte Intervention im Praktikum die professionelle Wahrnehmung von Klassenführung? – Eine quantitativ-inhaltsanalytische Messung von Subprozessen professioneller Wahrnehmung. *Zeitschrift für Erziehungswissenschaft*, 23(2), 343–365. https://doi.org/10.1007/s11618-020-00939-9

Gerlinde Lenske, Julia Bönte, Rijana van Bebber & Detlev Leutner

Das CLIPSS-Videoportal (CLassroom management In Primary and Secondary Schools)
Inszenierte Videovignetten zur Förderung professioneller Kompetenzen

1   CLIPSS-Projekt & CLIPSS-Videoportal

CLIPSS (CLassroom management In Primary and Secondary Schools) ist im Arbeitsfeld CaseLab des Projekts „Professionalisierung für Vielfalt (ProViel) – dynamisch | reflexiv | evidenzbasiert"[1] der Universität Duisburg-Essen verortet, welches das fallbasierte Lernen thematisiert. Inhaltlich ist das Lernen in CLIPSS auf Klassenführung ausgerichtet. Eine zentrale Projektaufgabe im Rahmen der ersten Förderphase der Qualitätsoffensive Lehrerbildung (QLB) war es, *inszenierte videobasierte Fälle bzw. Unterrichtssituationen* zu generieren und zu evaluieren. „Inszeniert" bedeutet, dass Unterrichtssituationen anhand eines Drehbuches entwickelt und mit (Laien-)Schauspielerinnen und Schauspielern dann inszeniert und videographiert werden. Bei CLIPSS liegen die so entstandenen Videovignetten in zwei Varianten vor (siehe Abbildung 1): Dieselbe Situation wird jeweils einmal mit weniger gutem Klassenführungsverhalten seitens der Lehrkraft in Form einer *eher kritischen Variante* dargestellt und einmal unter Einsatz angemessener Klassenführungsstrategien seitens der Lehrkraft in Form einer *eher gelungenen Variante*. Dies ermöglicht einen kontrastierenden Einsatz der Videovignetten. Zentrale Aufgaben in der noch andauernden zweiten Projektphase sind die (Weiter-)Entwicklung des Videoportals (u. a. das Generieren weiterer inszenierter videobasierter Fälle bzw. Situationen und die Entwicklung von Begleitmaterial).

CLIPSS wurde von Gerlinde Lenske, Theresa Dicke und Detlev Leutner als Teilprojekt der QLB an der Universität Duisburg-Essen eingeworben. Aus dem Projekt sind zwei Dissertationen entstanden, welche von Julia Bönte und Rijana van Bebber verfasst wurden. Im vorliegenden Beitrag werden zunächst die Inhalte und Ziele des CLIPSS-Videoportals beschrieben (Abschnitt 2). Es folgen die Beschreibung der Videovignetten samt Begleitmaterialien (Abschnitt 3) und einige Hinweise zum Einsatz der Videovignetten in der Lehrkräftebildung (Abschnitt 4). Anschließend werden die für das CLIPSS-Videoportal zentralen Ergebnisse der projektbezogenen Forschungsarbeiten zusammen-

---

[1]   Das Projekt ProViel an der Universität Duisburg-Essen wird vom Bundesministerium für Bildung und Forschung (BMBF) unter dem Kennzeichen FKZ 01JA1910 gefördert. Für den Inhalt des vorliegenden Artikels sind allein die Autor*innen verantwortlich. Die dargestellten Meinungen sind nicht notwendig Meinungen des BMBF.

fassend dargestellt (Abschnitt 5). Der Beitrag schließt mit einem Ausblick auf die Weiterentwicklung des Videoportals (Abschnitt 6).

Abbildung 1: CLIPSS-Videoportal – Übersicht Videovignetten

2 Inhalte, Ziele und Zielgruppe des CLIPSS-Videoportals

Übergeordnete Zielsetzung des CLIPSS-Videoportals ist die Professionalisierung von (angehenden) Lehrkräften durch fallbasiertes Lernen. Während des Unterrichts stehen Lehrkräfte in Bezug auf Klassenführung häufig unter Zugzwang. Durch die Analyse und die Reflexion inszenierter videobasierter Fälle bzw. Unterrichtssituationen sollen vielfältige Lernräume geschaffen werden, welche Herausforderungen der Klassenführung praxisnah präsentieren, aber zugleich frei von Handlungsdruck sind. Auf Basis der eher kritischen Varianten soll insbesondere das Wissen um mögliche Konsequenzen bei nicht adäquatem Klassenführungsverhalten seitens der Lehrkraft gefördert werden, während durch die eher gelungenen Varianten insbesondere das Wissen um situationsadäquate Prozeduren (konkrete Umsetzung von Klassenführungsstrategien) im Sinne von Modelllernen adressiert wird. Insofern steht das anwendungsbezogene Professionswissen, genauer genommen das konditional-prozedurale Klassenführungswissen als Teil des pädagogisch-psychologischen Professionswissens (Lenske et al., 2015; Voss et al., 2015), im Zentrum der Förderung.

2.1 Klassenführung als zentraler Inhalt (Analyseschwerpunkt)

Metaanalysen verdeutlichen die Relevanz von Klassenführungsqualität für schulisches Lernen bzw. Lernerfolg (Hattie, 2009; Seidel & Shavelson, 2007; Wang et al., 1993). Neben dem Einfluss auf die Leistung von Schülerinnen und Schülern zeigen sich positive Zusammenhänge der Klassenführung mit dem situationalen Interesse bzw. der Motivation von Schülerinnen und Schülern (Kunter et al., 2013; Lenske et al., 2017), der aktiven Lernzeit (Meissner et al., 2020), der Anwendung elaborierter Lernstrategien (Lenske & Mayr, 2015) sowie negative Zusammenhänge mit Problemverhalten (Lenske & Mayr, 2015). Darüber hinaus erweist sich eine gute Klassenführung gesundheitsförderlich für (angehende) Lehrkräfte, indem sie zum Wohlbefinden bzw. zur beruflichen Zufriedenheit beiträgt (Dicke et al., 2015; Dicke et al., 2016; Klassen & Chiu, 2010) und mit geringerem Burnout-Risiko in Zusammenhang steht (König & Rothland, 2016). Klassenführung als ein Qualitätskriterium der Tiefenstruktur von Unterricht gilt als notwendige Voraussetzung für Unterrichtsqualität, wie auch das Stufenmodell von Pietsch (2010) verdeutlicht. Die Bedeutung der Klassenführung steht außer Frage. Dennoch wird der Begriff in der Fachliteratur nicht einheitlich definiert, und die Konzepte zu Klassenführung sind nur bedingt kohärent. Auch von einem einheitlichen Curriculum für die Lehrkräftebildung sind wir noch weit entfernt (Ophardt & Thiel, 2013; Seidel, 2020). Basierend auf den ersten Forschungsarbeiten von Kounin in den 70er Jahren wurde Klassenführung zunächst auf eher reaktive Strategien der Lehrkraft beschränkt. Während Kounin in seiner weiteren wissenschaftlichen Beschäftigung mit dem Gegenstand Klassenführung die Bedeutung proaktiver Strategien herausarbeitete (Kounin, 2006), veränderte sich der Fokus. Die neueren Konzepte der Klassenführung beinhalten i. d. R. proaktive (häufig struktur- oder prozessoptimierende) und reaktive (häufig disziplinierende) Strategien, unterscheiden sich jedoch in ihrer inhaltlichen Breite. Im Konzept von Kounin (2006), in der Beschreibung der Klassenführung innerhalb der drei Basisdimensionen nach Klieme, Pauli und Reusser (2009) sowie im Stufenmodell von Pietsch (2010) werden unterrichtsklimatische Aspekte separat zur Klassenführung als weiteres Merkmal der Unterrichtsqualität betrachtet. Andere Konzepte hingegen integrieren beziehungsförderliche Maßnahmen als konkreten Bestandteil der Klassenführung (z. B. Dollase, 2012; Evertson & Emmer, 2009; Lenske & Mayr, 2015; Ophardt & Thiel, 2013; Steins, 2016), wenn auch in unterschiedlichem Ausmaß. Strategien zur Motivationssteigerung bzw. -aufrechterhaltung werden in Definitionen und Konzeptionen teilweise mitgedacht (z. B. Kounin, 2006; Lenske & Mayr, 2015; Weinert, 1996), teilweise jedoch auch ausgespart (z. B. Klieme et al., 2009; Pietsch, 2010). Einigkeit besteht weitestgehend darin, dass Klassenführungsstrategien zur Erhöhung der Lernzeit beitragen und über disziplinierende Maßnahmen hinausgehend das Lernen durch einerseits strukturgebende und andererseits prozessoptimierende Maßnahmen erleichtern, indem möglichst optimale Rahmenbedingungen für erfolgreiches Lernen geschaffen und aufrechterhalten werden. Das dem CLIPSS-Videoportal zugrunde liegende Linzer Konzept der Klassenführung (Lenske & Mayr, 2015) versteht sich als breites Konzept der Klassenführung, welches drei Kategorien umfasst: die Kategorie *Beziehungsförderung*, welche Strategien beinhaltet, die aus der humanistischen Psychologie abgeleitet sind (Rogers, 1961), die Kategorie *Kontrolle*, welche unter anderem behavioristische Strategien beinhaltet, und die Kategorie *Unterrichtsgestaltung*, welche sowohl strukturgebende/ prozessoptimierende als auch motivierende Strategien umfasst. Jede Kategorie zählt acht Strategien und das Konzept in Gänze somit 24 Strategien (für eine inhaltlich tiefergehende Auseinandersetzung mit dem Linzer Konzept siehe Lenske & Mayr, 2015; für eine tiefergehende Auseinandersetzung in Bezug auf die faktorielle Validität und Messinvarianz des zugehörigen Messinstruments siehe Krammer et al., 2021).

2.2 Professionelles Wissen als Zielvariable

Zu den professionellen Kompetenzen einer Lehrkraft zählt nach dem von Baumert und Kunter (2006) skizzierten Modell u. a. das Professionswissen. Dieses wird in die Kernbestandteile fachliches, fachdidaktisches und pädagogisch-psychologisches Professionswissen ausdifferenziert. Im Bereich des pädagogisch-psychologischen Wissens, also des fächerübergreifenden Wissens um Strategien und Mittel zur Genese und Erhaltung lernförderlicher Bedingungen (Baumert & Kunter, 2006), stellt das Wissen um Klassenführung einen zentralen Bestandteil dar (Voss et al., 2015). Im Rahmen des Projekts *Professionswissen in den Naturwissenschaften* (ProwiN) zur Messung, Genese und Wirkung von Professionswissen konnten wir bereits zeigen (Lenske et al., 2015), dass das (konditional-prozedurale) pädagogisch-psychologische Professionswissen vermittelt (mediiert) über die Qualität der Klassenführung die Leistung und das situative Interesse der Schülerinnen und Schüler positiv beeinflusst (Lenske et al., 2016; Lenske et al., 2017). Somit kann angenommen werden, dass durch eine Steigerung des (konditional-prozeduralen) Klassenführungswissens auch eine Verbesserung der Prozess- und Produktqualität des Unterrichts erreicht werden kann. Wie in Abschnitt 2.1 bereits erwähnt steht die Klassenführungskompetenz mit Wohlbefinden bzw. Stresserleben und Burnout in Zusammenhang. Durch eine Steigerung des Klassenführungsqualität kann demnach auch die Lehrkräftegesundheit gefördert werden.

2.3 Zielgruppe

Das CLIPSS-Portal ist (nach einer Registrierung als Nutzerin oder Nutzer) frei zugänglich und richtet sich an alle, die sich in der Lehrkräftebildung verorten und Klassenführungsstrategien praxisnah lehren, lernen und/oder diskutieren möchten, d. h. (angehende) Lehrkräfte, Dozierende, Fortbildende, Fachleitende und Schulleitungen.

Durch den Einsatz von inszenierten Videovignetten werden reflektierte Erfahrungen mit realen Herausforderungen der Klassenführung ermöglicht. Allerdings ist die Plattform aktuell so ausgerichtet, dass der Einsatz der Videovignetten durch eine erfahrene Person angeleitet werden sollte, indem die anleitende Person angehende Lehrkräfte zunächst in die kontrastierende Unterrichtsanalyse einführt und sie im Anschluss bei weiteren Unterrichtsanalysen in Form von (korrektivem) Feedback begleitet. Perspektivisch soll jedoch ein digitaler Lernkurs für angehende Lehrkräfte entstehen, der eine eigenständige lernförderliche Nutzung ohne gezielte Anleitung durch Dozierende ermöglicht.

3 Videos & Begleitmaterialien

Das Herzstück des CLIPSS-Videoportals bilden die inszenierten kontrastierenden Videovignetten. Zunächst werden die Vorteile (inszenierter) Videovignetten beschrieben. Nachfolgend wird geschildert, wie die im CLIPSS-Projekt entstandenen Videovignetten entwickelt wurden und welche Vignetten und Begleitmaterialien auf dem CLIPSS-Videoportal zur Verfügung stehen.

3.1 Vorteile (inszenierter) Videovignetten

Prinzipiell bieten Videovignetten die Möglichkeit, „[...] die Situativität, Authentizität, Komplexität und die Kontextgebundenheit unterrichtlichen Handelns [...]" (Oser et al., 2010, S. 5) abzubilden und Theorien und Konzepte auf die Praxis unterrichtlichen Handelns zu beziehen bzw. unterrichtliche Praxis theorie- und konzeptbasiert bereits im Lehramtstudium zu analysieren, wodurch ein tiefergehendes Verständnis von Lehr- und Lernprozessen begünstigt wird (Krammer & Reusser, 2005). Der für realen Unterricht typische Druck, unmittelbar reagieren zu müssen, entfällt bei der Betrachtung und Analyse von Videovignetten, sodass kritische und/oder gelungene Aspekte einer Unterrichtssituation umfassend und kollaborativ aus einer gewissen Distanz analysiert werden können. Bei Bedarf besteht die Option des mehrmaligen Betrachtens und – je nach Videoschnitt und -bearbeitung – auch die Betrachtung aus unterschiedlichen Perspektiven, was gerade für angehende Lehrkräfte, welche in professioneller Unterrichtswahrnehmung i. d. R. noch nicht geübt sind, sehr hilfreich sein kann (Benz, 2020; Borko et al., 2011; Krammer & Reusser, 2005). Im Vergleich zu Textvignetten bieten Videovignetten den Vorteil, verbale und nonverbale Aktivitäten aller Beteiligten simultan und realitätsgetreu, aber auch besonders gezielt abzubilden (Bönte et al., 2019).

Für die lernförderliche Wirkung videobasierten Lernmaterials in der Lehrkräftebildung gibt es bereits zahlreiche empirische Befunde (Steffensky & Kleinknecht, 2016), auch unter Fokus auf die Förderung von klassenführungsbezogenen Kompetenzen (Gold et al., 2013; Gold et al., 2020; Hellermann et al., 2015; Ophardt et al., 2014). Zugleich können Videos aus der realen Unterrichtspraxis gerade für angehende Lehrkräfte aufgrund ihrer Komplexität kognitiv sehr belastend sein, woraus eine eingeschränkte Kapazität des Arbeitsgedächtnisses oder gar *cognitive overload* bei der Unterrichtsanalyse resultieren kann (Syring et al., 2015; van Bebber, 2021; vertiefend zur Cognitive Load Theorie siehe Sweller & Chandler, 1994). Das heißt gerade jenen, denen Praxiserfahrung fehlt, können durch Videovignetten zwar Einblicke in die Praxis gewährt werden, aber das lernförderliche Potenzial der Videovignetten kann aufgrund der kognitiven Belastung von angehenden Lehrkräften bei der Betrachtung u.U. nicht voll ausgereizt werden. An dieser Stelle können inszenierte Videovignetten Abhilfe schaffen.

Inszenierte Videovignetten (teilweise auch als *konstruiert*, *staged* oder *scripted* bezeichnet) basieren auf einem Drehbuch und sind somit in gewisser Weise geschauspielert. Dabei können die Freiheitsgrade der beteiligten Akteurinnen und Akteure unterschiedlich sein. Die gespielte Situation kann einer realen oder fiktiven Situation entsprechen oder eine Kombination aus beiden sein. Zudem kann sie auch improvisierte, spontane Aktionen enthalten. Durch inszenierte Videovignetten kann die Passung zwischen Lernziel und Vignetteninhalt optimiert werden (Benz, 2020). Dabei kann die Komplexität der Videovignetten reduziert werden, indem die für den Lernprozess relevanten Inhalte (bei Bedarf verdichtet) ins Zentrum gerückt und irrelevante Inhalte von vornherein exkludiert werden. Ferner bieten inszenierte Videovignetten die Möglichkeit, auch diskutable bzw. eher kritische Unterrichtssituationen abzubilden, da niemand Gefahr läuft, bloßgestellt zu werden, indem alle lediglich eine Rolle spielen. Dies erleichtert im Übrigen auch die Einhaltung datenschutz- und urheberrechtlicher Bestimmungen. Unterrichtssituationen können wiederholt und variabel abgelichtet werden, sodass auch die Option zur kontrastierenden Unterrichtsanalyse besteht (Piwowar et al., 2018). Diese kann insbesondere angehenden Lehrkräften die Unterrichtsanalyse vereinfachen, indem durch gezielte Kontraste im Handeln der Lehrkräfte und der Schülerinnen und Schüler der Fokus der Betrachtenden gesteuert wird und Handlungen sowie versäumte Handlungen leichter mit ihren möglichen Konsequenzen in Verbindung gebracht werden können. Nachteile werden in der Ökonomie der Videovignettenproduktion gesehen (u. a. zeitlicher Aufwand, Kosten) sowie in möglichen Authentizitätseinbußen (Piwowar et al., 2018).

3.2 Entwicklung der inszenierten Videovignetten im CLIPSS-Projekt

Auf Basis authentischer Unterrichtssituationen wurden Drehbücher konzipiert, welche klassenführungsrelevante Unterrichtssequenzen abbilden und ausgewählte Klassenführungsstrategien des Linzer Konzepts der Klassenführung ins Zentrum des Geschehens rücken. Jedes Drehbuch wurde in zwei Varianten verfasst – einer bezüglich der Unterrichtspraxis eher gelungenen und einer eher kritischen Variante. Grundlage für die Drehbuchentwicklung bildeten einerseits Hospitationen an einer Grund- sowie einer Gesamtschule und andererseits die Analyse von bestehendem authentischen Unterrichtsvideomaterial. Durch den steten Einbezug von Expertinnen und Experten mit Praxiserfahrung wurde sowohl der inhaltlichen bzw. augenscheinlichen Validität als auch der Authentizität der gewählten Situation Rechnung getragen. Die Drehbücher inkludierten, neben einer detaillierten Situationsbeschreibung, den Wortlaut der Akteurinnen und Akteure und eine dezidierte Beschreibung der Handlungsweisen, insbesondere auch der nonvokalen nonverbalen und der vokalen nonverbalen Verhaltensweisen der Lehrperson (vgl. Abbildungen 2 und 3). Pro Videovignette wurden jeweils ein bis zwei Klassenführungsstrategien fokussiert und kontrastiert, weitere Klassenführungsstrategien sind teilweise ersichtlich, stehen jedoch nicht im Fokus und wurden auch nicht gezielt variiert.

Für den Videodreh wurden Theater- oder Schauspielarbeitsgruppen an einer Grundschule, einem Gymnasium und einer Gesamtschule (unter Fokus auf Sekundarstufe I und II) gegründet und geleitet. Für die Arbeitsgruppe an der Grundschule meldeten sich fast nur Mädchen an, sodass der anfänglich teilnehmende Junge die Arbeitsgruppe aufgrund seiner Sorge, Teil einer Mädchengruppe zu sein, wieder verließ. Insofern besteht die Klasse für die Videovignetten aus dem Bereich Grundschule aus 26 Mädchen. Obwohl mindestens 25 teilnehmende Schülerinnen und Schüler pro Arbeitsgruppe angestrebt wurden, umfasste die Schauspielarbeitsgruppe im Bereich der Sekundarstufe I lediglich 13 Schülerinnen und Schüler, da das Angebot parallel stattfindender Arbeitsgruppen die gleiche Zielgruppe zur Teilnahme motivierte. Folglich ist die Klasse zur Abbildung von Unterrichtssituationen aus der Sekundarstufe I unterdurchschnittlich klein. Die Dreharbeiten mit der Schauspielarbeitsgruppe aus der Sekundarstufe II sind zwar angelaufen, wurden jedoch pandemiebedingt unterbrochen und bis auf Weiteres vertagt. Die Rolle der Lehrkräfte wurde von einer erfahrenen Lehrkraft sowie zwei angehenden Lehrkräften mit Unterrichtserfahrung (durch Vertretungsstellen) gespielt.

Insgesamt ließen wir allen Rollen die Freiheit, den Wortlaut des Drehbuchs an die eigene Sprache anzupassen, um eine möglichst authentische Darbietung zu ermöglichen. Ferner wurden die Drehbücher stets geringfügig an die Situationen vor Ort angepasst (z. B. Materialen, Routinen, räumliche Gestaltung). Vereinzelt gab es während der Dreharbeiten Abweichungen von den Drehbüchern, welche nicht intendiert bzw. nicht im Sinne der beschriebenen Rollenfreiheit oder der Adaptionen vor Ort besprochen wurden. Schließlich ist es für die Akteurinnen und Akteure auch eine besondere Herausforderung, das gerade eingeübte Drehbuch in einer anderen Variante zu lernen und Dinge nicht zu verwechseln. Aufgrund der zeitlichen Beschränkungen sowie der Rahmenbedingungen der Arbeitsgruppen konnte der Videodreh nicht unbegrenzt häufig wiederholt werden. Somit ist es bei manchen Videovignetten durchaus der Fall, dass beispielsweise auch in der eher gelungenen Variante optimierbare Verhaltensweisen der Lehrkraft erkennbar sind (z. B. imperative Lehrersprache, Scheinmitbestimmung bzw. Frage ohne wirkliche Option der Positionierung). Die Vignetten lassen sich dennoch im Sinne von *eher gelungen* und *eher kritisch* kontrastieren. Eventuell ist es sogar von Vorteil, dass auch die eher gelungenen Varianten Optimierungsaspekte enthalten. Schließlich ist dann auch bei der Betrachtung der eher gelungenen Videovignetten die Interpretation bzw. die Bewertung des Verhaltens nicht unmittelbar „vorbestimmt". Ferner wirken die Vignetten dadurch ggf. authentischer, und ein möglicherweise hinderliches „Schwarz-Weiß-Denken" (im Sinne von „genauso" und „genauso nicht") wird reduziert.

Abbildung 2: Auszug aus Drehbuch (eher gelungene Variante)

Drehbuch, 7. Klasse, Unterrichtsbeginn Englisch (Fokus: SuS ernst nehmen und eine adäquate Lösung für SuS und Unterrichtsgeschehen finden, eher gelungene Variante)

Die Schülerinnen und Schüler sind bei Stundenbeginn bereits im Klassenraum. Der Großteil der SuS sitzt bereits auf dem Platz, sie unterhalten sich, einige SuS essen etwas. Zwei SuS sprechen lauter und unruhiger, sie sind sichtlich etwas aufgebracht.
Die Lehrperson betritt gut gelaunt und die SuS begrüßend den Raum und stellt die Tasche ab. Sofort kommen zwei SuS nach vorne und berichten der LP aufgeregt von einem Vorfall.

Lehrperson
(bleibt ruhig, macht eine beschwichtigende Geste und hört den SuS aufmerksam und beruhigend zu) Ganz ruhig, einer nach dem anderen bitte. S1, was ist passiert? *(beugt sich zu S1 und S2 herunter, sucht Blickkontakt zu S1, hört den SuS aufmerksam und beruhigend zu)*

S1
(aufgeregt gestikulierend) Also, die aus der 7b haben einfach ohne zu fragen unsere Modelle aus der Vitrine genommen und ihre eigenen Sachen da reingetan!

S2
(zustimmend) Und unsere Sachen haben die einfach im Kunstraum in irgend so ein Regal gestellt!

Die anderen SuS hören zu und stimmen etwas in den Protest mit ein.

S5
Bei meinem ist sogar eine Ecke abgebrochen! Das war vorher auf keinen Fall so!!!

Lehrperson
(nickend beschwichtigend) Ok. Die 7b hat also eure Modelle aus der Vitrine genommen und woanders hingestellt? Ich verstehe, dass ihr euch da gerade drüber ärgert, ihr habt euch immerhin sehr viel Mühe mit den Modellen gegeben und viel Zeit in sie investiert. Ich glaube, wir sollten mal hören, was die andere Seite dazu zu sagen hat – bestimmt gab es einen Grund dafür.

(leichter Protest von den SuS)

Wenn etwas kaputt gegangen ist, dann ist das natürlich richtig ärgerlich…

(LP blickt zu S5)

Ich schlage vor, wir tragen den Vorfall in unser Klassenratbuch ein und besprechen die Angelegenheit am Mittwoch im Klassenrat.
…

Abbildung 3: Auszug aus Drehbuch (eher kritische Variante)

Drehbuch, 7. Klasse, Unterrichtsbeginn Englisch (Fokus: SuS ernst nehmen und eine adäquate Lösung für SuS und Unterrichtsgeschehen finden, eher kritische Variante)

Die Schülerinnen und Schüler sind bei Stundenbeginn bereits im Klassenraum. Der Großteil der SuS sitzt bereits auf dem Platz, sie unterhalten sich, einige SuS essen etwas. Zwei SuS sprechen lauter und unruhiger, sie sind sichtlich etwas aufgebracht.
Die Lehrperson betritt gut gelaunt und die SuS begrüßend den Raum und stellt die Tasche ab. Sofort kommen zwei SuS nach vorne und berichten der LP aufgeregt von einem Vorfall.

Lehrperson
(ernster Ton, leicht streng und genervte Mimik) Langsam, langsam. Lasst mich doch erstmal ankommen. Setzt euch bitte erstmal hin, ja? *(bleibt zunächst hinter dem Pult, um sich zu organisieren)*

S1
(aufgeregt und gestikulierend) Aber Herr xyz! Die b war total unfair. Die haben das einfach weggeräumt!

S2
(ist sichtlich genervt, schlendert frustriert zu seinem Platz, setzt sich hin) Maaa…

Die beiden SuS setzen sich genervt und noch immer aufgeregt auf ihre Plätze und diskutieren noch etwas weiter. Die anderen SuS sind ebenfalls noch unruhig und quatschen. Die LP hat nun ihre Tasche abgestellt und einige Unterlagen auf das Pult gelegt.

Lehrperson
(tief ein- und ausatmend, stellt sich vor das Pult, krämpelt sich die Ärmel hoch, nimmt das Klassenbuch und schaut durch die Klasse, um die Anwesenheit zu prüfen) So, jetzt noch einmal von vorne. Was ist denn passiert? *(Schaut erst S1 und S2 auffordernd an, fährt dann mit ihrem Blick die Reihen entlang, um zu schauen, wer fehlt)*

S1
(beginnt aufgeregt zu reden) Die aus der 7b haben einfach unsere Modelle aus der Vitrine genommen, und ihre eigenen Bilder darein getan! Und unsere Sachen stehen jetzt in der letzten Ecke im Kunstraum! Einfach so!

Einige SuS stimmen in den Protest mit ein, es wird deutlich lauter.

S5
Bei meinem ist sogar eine Ecke abgebrochen! Das war vorher auf keinen Fall so!!!

Lehrperson
(versucht SuS zu beschwichtigen, ignoriert dabei absichtlich die Aussage von S5, damit diese sich wieder beruhigt. LP hält einen Zeigefinger vor den Mund, erhebt dann deutlich die Stimme) Sssshhht. Okay, beruhigt Euch. S1, du meinst also, sie hätten das absprechen müssen? Ich bin mir sicher, dass es da eine ganz einfache Erklärung für gibt. Sprech doch in den nächsten Tagen mit der Kunstlehrerin und dann wird sich die Angelegenheit schon klären. Aber jetzt haben wir erstmal Englisch.

…

3.3 Verfügbarkeit

Aktuell stehen auf dem CLIPSS-Portal zwölf Videovignetten bzw. sechs Videovignettenpaare zur Kontrastierung (eher gelungen versus eher kritisch) zur Verfügung. Die Videovignetten beinhalten zwei Perspektiven (Bild-in-Bild-Technik), um sowohl das Verhalten der Lehrkraft als auch das der Schülerinnen und Schüler beobachten und analysieren zu können. Obwohl generische Aspekte der Klassenführung im Zentrum stehen, wurde aus motivationalen Gründen eine Bandbreite an Fächern abgebildet (aktuell Deutsch, Englisch, Sachunterricht und Biologie). Ausgenommen Förderschule und Berufsschule spricht das Videoportal alle weiteren anderen Schulformen an. Sofern man sich einmal registriert hat, kann man auf alle verfügbaren Materialien zugreifen.

3.4 Begleitmaterialien

Zu jeder Vignette stehen *Textdokumente* zur Verfügung, welche eine Einbettung in den unterrichtlichen Kontext ermöglichen und zugleich in tabellarischer Form die jeweils fokussierten bzw. kontrastierten Klassenführungsstrategien benennen.

Zu jeder Videovignette können außerdem die *Transkripte* eingesehen werden (vgl. Abbildung 4). Sie bieten die Option, Sprachhandlungen der Lehrkraft, aber auch der sprachlich aktiven Schülerinnen und Schüler, in den Videovignetten uneingeschränkt, d. h. unabhängig von Lautstärke, Aussprache und Tonqualität, zu dekodieren. Darüber hinaus bieten die Transkripte die Möglichkeit, nach gemeinsamer Betrachtung einer Videovignette, beispielsweise im Seminar, Analyseaktivitäten in Einzel- oder Gruppenarbeit zu vollziehen, ohne die Videovignette erneut zu schauen, da das Transkript i. d. R. die notwendigen Informationen enthält. Auch zu Kontrastierungszwecken können die Transkripte als unterstützendes Begleitmaterial hinzugezogen werden, da sie sich teilweise einfacher parallelisieren lassen als die Videovignetten. Ferner dienen die Transkripte als Gedächtnisstütze oder auch zur Überprüfung der eigenen Wahrnehmungsfähigkeit bezüglich der visuell-auditiven Darbietungsform.

Zwei Videovignetten stehen aktuell auch in einer kognitiv entlastenden *Signaling-Variante* zur Verfügung. Dabei werden relevante Indikatoren der Klassenführung durch Kreise hervorgehoben, welche das Geschehen innerhalb des Kreises farbig und außerhalb schwarz-weiß abbilden. Diese Form der Präsentation stellt gerade für Novizinnen und Novizen einen Vorteil dar und wird von uns zum Einstieg in die Unterrichtsanalyse empfohlen (vgl. Abschnitt 5). Abbildung 5 verdeutlicht in Verbindung mit dem Transkript (Abbildung 4), wie durch Signaling beispielsweise das in den Drehbüchern (Abbildung 2 und 3) skizzierte (nonverbale) Handeln der Lehrkraft ins Zentrum der Betrachtung gerückt wird.

Abbildung 4: Auszug aus Transkript (Grundlage ist das Drehbuch aus Abbildung 2)

32	*Ben (S3) und Amor (S2) stellen sich vor das Pult, schauen den Lehrer uns sich gegen-*
33	*seitig abwechselnd an und reden wild durcheinander. Herr Eifel schaut zwischen bei-*
34	*den Schülern hin und her und legt seinen Rucksack auf den Stuhl neben sich ab.*
35	
36	**Amor (S2)**
37	Also, die 7b die hat einfach unsere Sachen weggenommen. *(macht eine schwingende*
38	*Bewegung mit dem rechten Arm)*
39	
40	**Ben (S3)**
41	*(legt seine Hände auf das Pult, hat die Augenbrauen zusammengezogen, aufgeregt)* Ja,
42	die haben einfach unsere Sachen genommen und daneben – *(redet leiser und schaut*
43	*den Lehrer an)*
44	
45	*Die anderen SchülerInnen schauen gespannt nach vorne. Herr Eifel stellt sich gerade*
46	*hin und hält beide Hände beschwichtigend hoch.*
47	
48	**Herr Eifel**
49	*(unterbricht Amor (S2) und Ben (S3), schaut beide abwechselnd an, laut)* Ganz ruhig!
50	Ganz ruhig, ganz ruhig. Einer nach dem anderen bitte. *(schaut Amor an)* Amor (S2),
51	was ist passiert?
52	
53	*Herr Eifel stützt sich mit den Händen am Stuhl ab und schaut Amor (S2) konzentriert*
54	*an.*
55	
56	**Amor (S2)**
57	*(schaut abwechselnd auf den Tisch und zum Lehrer, wackelt leicht mit den Beinen)*
58	Also … *(kurze Sprechpause, atmet laut aus, stottert leicht)* … die 7b die hat einfach
59	unsere Sachen, also die Modelle aus der Vi-Vitrine rausgenommen…
60	
61	*Eine Schülerin setzt sich auf ihren Platz.*
62	
63	**Amor (S2)**
64	…und einfach ihre eigenen reingetan.
65	
66	**John (S1)**
67	*(reibt sein rechtes Auge)* Schon wieder irgendwie.
68	
69	*Amor (S2) dreht sich kurz zu John (S1) um.*

Abbildung 5: Standbilder aus Videovignetten mit Signaling; eher kritische Variante links, eher gelungene Variante rechts (vgl. Transkript Zeile 53, Abbildung 4)

4 Hinweise zum Einsatz der Videovignetten in der Lehrkräftebildung

Auf dem CLIPSS-Videoportal ist jede Unterrichtssituation in den Varianten eher gelungen versus eher kritisch abrufbar. Daraus resultieren unterschiedliche methodisch-didaktische Optionen für den Einsatz der Videovignetten: (A) Wer das Lernen am Modell favorisiert, kann insbesondere mit den eher gelungen Videovignetten arbeiten und gut umgesetzte Klassenführungsstrategien als „vorbildhaftes/modellhaftes" Anschauungsmaterial nutzen. (B) Soll hingegen problemorientiert vorgegangen werden, kann über die Betrachtung einer eher kritischen Variante zunächst eine typische Problemstellung aus dem Bereich Klassenführung praxisnah eingeführt werden. Die Betrachtenden können anschließend für die Problemstellung passende Handlungsalternativen suchen und diskutieren. Abschließend kann mit dem Vergleich der gefundenen Alternativen und der Alternative in der eher gelungenen Videovignette fortgefahren werden. (C) Wer gezielt den Fokus der Betrachtenden auf Indikatoren der Klassenführung lenken möchte, kann beide Varianten unmittelbar nacheinander einsetzen und zunächst Unterschiede erarbeiten lassen. Dabei wird zugleich über Unterschiede im Lehrkraftverhalten und der daraus resultierenden Unterschiede im Verhalten der Schülerinnen und Schüler der Sinn und Zweck von Klassenführungsstrategien praxisnah vermittelt.

Wichtig bei allen Formen der Nutzung ist jedoch, dass die anleitende Person bei der Nutzung der kontrastierenden Vignetten kein „Schwarz-Weiß-Denken" provoziert. Dies soll anhand von folgendem Beispiel kurz erläutert werden: In einer unserer Videovignetten zu Allgegenwärtigkeit (Videovignette *Englisch, Wiederholung, kritische Variante*) kommt es aufgrund mangelnder Allgegenwärtigkeit der Lehrkraft zu deutlichen Unterrichtsstörungen. In der positiven Variante bleiben diese Störungen aufgrund der gegebenen Allgegenwärtigkeit aus. Die Vignetten sollen verdeutlichen, dass mangelnde Allgegenwärtigkeit die Wahrscheinlichkeit für Störungen erhöht. Aus unserer Sicht ist es wichtig, hier von Wahrscheinlichkeiten zu sprechen und auch Situationen zu diskutieren, in denen das in der kritischen Variante gezeigte Verhalten durchaus in Ordnung sein kann. Bezogen auf besagtes Beispiel sollte aus unserer Sicht diskutiert werden, ob und wann sich eine Lehrkraft dem Geschehen auch entziehen kann bzw. darf. Schließlich verlangt es der Schulalltag, dass eine Lehrkraft sich hin und wieder dem Geschehen entzieht (wenn beispielsweise eine andere Lehrkraft an der Tür klopft, um eine wichtige Information zu übermitteln, wenn eine Lehrkraft einen Tafelanschrieb vorbereiten möchte etc.). Sind gewisse Regeln und Routinen eingeführt sowie etabliert und die Lehrkraft kann sich darauf verlassen, dass die Schülerinnen und Schüler auch ohne „aktive Überwachung" arbeiten, so steht einem kurzfristigen Entziehen aus dem Geschehen nichts entgegen. Das heißt die Videovignetten sollten *nicht* dahingehend interpretiert werden, dass ein gezeigtes Verhalten stets falsch oder stets korrekt ist.

5 Empirische Befunde aus dem CLIPSS-Projekt

Im Rahmen des CLIPSS-Projekts wurden empirische Studien zu unterschiedlichen Forschungsfragen durchgeführt. Im Folgenden werden Ergebnisse zur Frage der empfundenen Authentizität und zur Lernförderlichkeit der Videovignetten zusammengefasst. In Bezug auf die Lernförderlichkeit der Videovignetten wird auch kurz auf Befunde zur Wirkung der Präsentationsform *Signaling* hingewiesen. Weitere Studienergebnisse zu kognitiv-entlastenden Präsentationsformen, auch in Kombination mit Scaffolding, bleiben an dieser Stelle unberücksichtigt (hierzu verweisen wir auf van Bebber, 2021).

5.1 Befunde zur Authentizität der Videovignetten

Wie in Abschnitt 3.2 skizziert wurden zahlreiche Bemühungen unternommen, um trotz der inszenierten Darstellungsform möglichst authentische Videovignetten zu produzieren. In empirischen Studien wurde überprüft, inwiefern die Videovignetten von angehenden Lehrkräften als authentisch eingestuft werden. In einer ersten Studie, in der die angehenden Lehrkräfte ($N = 73$) nach Betrachtung von insgesamt sechs Videovignetten eine Einschätzung zur Authentizität vorgenommen hatten (dichotom: eher authentisch versus eher nicht authentisch), zeigte sich, dass die große Mehrheit (86.3 %) die Vignetten als (eher) authentisch einstufte, während lediglich eine Minderheit (13.7 %) die Authentizität bemängelte (van Bebber, 2021). Eine detailliertere Überprüfung der Authentizität in einer Folgestudie ($N = 90$ angehende Lehrkräfte) ergab vergleichbare Ergebnisse. In dieser Studie wurde die Authentizität jeder der sechs Vignetten aus der Vorgängerstudie separat auf Basis einer neunstufigen Likert-Skala eingeschätzt. Die Datenanalyse ergab, dass fünf von sechs Videovignetten als eher authentisch bis authentisch empfunden wurden und die Unterschiede zwischen dem Mittelwert des Authentizitätsurteils und dem mittleren Wert der Likert-Skala (weder authentisch, noch unauthentisch) statistisch signifikant waren (van Bebber, 2021). In dieser Studie zeigte sich außerdem, dass eine Modifikation der Präsentationsform durch Signaling keinen Einfluss auf die empfundene Authentizität nimmt. Insgesamt wurden die Videovignetten in der eher gelungenen Variante authentischer eingestuft als die Vignetten in der eher kritischen Variante. Die vorliegenden Befunde lassen darauf schließen, dass die inszenierten Videovignetten überwiegend authentische Unterrichtssituationen in authentischer Art und Weise darstellen.

5.2 Befunde zur Lernförderlichkeit der Videovignetten

In unseren Studien mit angehenden Lehrkräften zeigte sich, dass das konditional-prozedurale Klassenführungswissen bereits durch eine sechsstündige videobasierte Förderung in Seminaren im Bachelorstudium gesteigert werden kann. Hierzu wurden angehende Lehrkräfte ($N = 83$) jeweils vor und nach der videobasierten Förderung mittels Papier-Bleistift-Test in ihrem konditional-prozeduralen Klassenführungswissen getestet. Die videobasierte Förderung erwies sich als gewinnbringend, indem sich ein signifikanter

Wissenszuwachs mit mittlerer Effektstärke abzeichnete ($d = 0.56$), während in einer Kontrollgruppe, welche ein Lernstrategietraining absolvierte, das Wissen stagnierte (van Bebber, 2021). Ferner zeigte sich in dieser Studie ein lernförderlicher Effekt des Signalings: In einem mehrfaktoriellen Design schnitt diejenige Gruppe, die mit der Signaling-Variante der Vignetten lernte, im Posttest deutlich und signifikant besser ab als diejenige Gruppe, die mit der Originalversion der Vignetten lernte (mittlere Effektstärke von $d = 0.54$), was mit einer signifikant geringer beurteilten kognitiven Belastung bei der Videobetrachtung und -analyse einherging (mittlere Effektstärke von $d = 0.67$). In einer weiteren Studie ($N = 40$ angehende Lehrkräfte), in welcher bei der videobasierten Schulung auf nonverbale Klassenführungskomponenten fokussiert wurde, fand sich empirische Evidenz für die lernförderliche Wirkung der Videovignetten auf das nonverbale Klassenführungswissen. Auch hier ergab sich eine signifikante mittlere Effektstärke von $d = 0.61$ (Bönte et al., 2021).

6 Ausblick/Weiterentwicklung des CLIPSS-Videoportals

Die pandemiebedingt gestoppten Dreharbeiten sollen sobald wie möglich wieder aufgenommen werden. In den künftigen Videovignetten werden ältere Schülerinnen und Schüler (Sekundarstufe II) sowie weitere Fächer (z. B. Geschichte, Kunst) abgebildet. Darüber hinaus wurde in den bereits konzipierten Drehbüchern auf Situationen fokussiert, welche eine besondere Herausforderung für Lehrkräfte darstellen (z. B. Arbeitsverweigerung durch eine Schülerin/einen Schüler). Langfristig sollen alle Strategien des Linzer Konzepts der Klassenführung in den Videovignetten abgebildet und kontrastiert sein.

Weitere Videovignetten werden 2022 in einer kognitiv-entlastenden Präsentationsform (Signaling, vgl. Abbildung 5) auf dem CLIPSS-Videoportal verfügbar sein.

Bezüglich des Anmeldeverfahrens wird es 2022 die Option geben, über das Metavideoportal der WWU Münster ganze Kurse zu registrieren. Dabei wird Dozierenden auch freigestellt, die Zugriffsmöglichkeiten der Teilnehmenden zu bestimmen bzw. diese beispielsweise auf einzelne Videovignetten und/oder Materialien zu beschränken.

Langfristig ist geplant, einen digitalen Selbstlernkurs für (angehende) Lehrkräfte auf der Plattform anzubieten. Dieser soll den Teilnehmenden ermöglichen, den Lernprozess selbst zu steuern (unter Nutzung der hierfür konzipierten Anleitungen, Materialien und Impulse).

Literatur

Baumert, J. & Kunter, M. (2006). Stichwort: Professionelle Kompetenz von Lehrkräften. *Zeitschrift für Erziehungswissenschaft, 9*(4), 469–520. https://doi.org/10.1007/s11618-006-0165-2

Benz, J. (2020). Lehren und Lernen mit Vignetten in allen Phasen der Lehrerbildung – eine Einführung. In M. Friesen, J. Benz, T. Billion-Kramer, C. Heuer, H. Lohse-Bossenz, M. Resch & J. Rutsch (Hrsg.), *Vignettenbasiertes Lernen in der Lehrerbildung* (S. 12–27). Juventa.

Bönte, J., Lenske, G., Dicke, T. & Leutner, D. (2019). Inszenierte Unterrichtsvideovignetten zur Förderung des Wissens um Klassenführung von (angehenden) Lehrkräften. In H. Angenent, B. Heidkamp & D. Kergel (Hrsg.), *Digital Diversity* (S. 241–257). Springer Fachmedien Wiesbaden. https://doi.org/10.1007/978-3-658-26753-7_15

Bönte, J., Lenske, G. & Leutner, D. (2021). Erwerb von Wissen über nonverbale Komponenten der Klassenführung mittels inszenierter Videovignetten. *Psychologie in Erziehung und Unterricht, 68*(3), 183–198. http://doi.org/10.2378/peu2021.art13d

Borko, H., Koellner, K., Jacobs, J. & Saego, N. (2011). Using video representations of teaching in practice-based professional development programs. *ZDM, 43*(1), 175–186. https://doi.org/10.1007/s11858-010-0302-5

Dicke, T., Elling J., Schmeck, A. & Leutner, D. (2015). Reducing reality shock. The effects of classroom management skills training on beginning teachers. *Teaching and Teacher Education, 48*(4), 1–12. http://doi.org/10.1016/j.tate.2015.01.013

Dicke, T., Holzberger, D., Kunina-Habenicht, O., Linninger, C., Schulze-Stocker, F., Seidel, T., Ewald, T., Leutner, D. & Kunter, M. (2016). „Doppelter Praxisschock" auf dem Weg ins Lehramt? Verlauf und potentielle Einflussfaktoren emotionaler Erschöpfung während des Vorbereitungsdienstes nach dem Berufseintritt. *Psychologie in Erziehung und Unterricht, 63*(4), 244–257. http://doi.org/10.2378/peu2016.art20d

Dollase, R. (2012). *Classroom Management. Theorie und Praxis des Umgangs mit Heterogenität* (Schulmanagement Handbuch, 142). Oldenbourg.

Evertson, C. M. & Emmer, E. T. (2009). *Classroom Management for elementary teachers* (8th Edition). Pearson Education.

Gold, B., Förster, S. & Holodynski, M. (2013). Evaluation of a video-based training to foster the professional vision of classroom management in elementary classrooms. *Zeitschrift für Pädagogische Psychologie, 27*(3), 141–155. https://doi.org/10.1024/1010-0652/a000100

Gold, B., Pfirrmann, C. & Holodynski, M. (2020). Promoting professional vision of classroom management through different analytic perspectives in video-based learning environments. *Journal of Teacher Education, 72*(4), 431–447. https://doi.org/10.1177/0022487120963681

Hattie, J. (2009). *Visible learning. A synthesis of over 800 meta-analyses relating to achievement*. Routledge. https://doi.org/10.4324/9780203887332

Hellermann, C., Gold, B. & Holodynski, M. (2015). Förderung von Klassenführungsfähigkeiten im Lehramtsstudium. Die Wirkung der Analyse eigener und fremder Unterrichtsvideos auf das strategische Wissen und die professionelle Wahrnehmung. *Zeitschrift für Entwicklungspsychologie und Pädagogische Psychologie, 47*(2), 97–109. https://doi.org/10.1026/0049-8637/a000129

Klassen, R. M. & Chiu, M. M. (2010). Effects on teachers' self-efficacy and jobs satisfaction: Teacher gender, years of experience and job stress. *Journal of Educational Psychology, 102*(3), 741–756. https://doi.org/10.1037/a0019237

Klieme, E., Pauli, C. & Reusser, K. (2009). The Pythagoras study. Investigating effects of teaching and learning in Swiss and German mathematics classrooms. In T. Janik & T. Seidel (Hrsg.), *The power of video studies* (S. 137–160). Waxmann.

König, J. & Rothland, M. (2016). Klassenführungswissen als Ressource der Burnout-Prävention? Zum Nutzen von pädagogisch-psychologischem Wissen im Lehrerberuf. *Unterrichtswissenschaft, 44*(4), 425–441.

Kounin, J. S. (2006). *Techniken der Klassenführung (Original der deutschen Ausgabe, 1976)*. Waxmann.

Krammer, G., Pflanzl, B., Lenske, G. & Mayer, J. (2021). Assessing quality of teaching from different perspectives: Measurement invariance across teachers and classes. *Educational Assessment, 26*(2), 88–103. https://doi.org/10.1080/10627197.2020.1858785

Krammer, K. & Reusser, K. (2005). Unterrichtsvideos als Medium der Aus- und Weiterbildung von Lehrpersonen. *Beiträge zur Lehrerbildung, 23*(1), 35–50. https://doi.org/10.25656/01:13561

Kunter, M., Klusmann, U., Baumert, J., Richter, D., Voss, T. & Hachfeld, A. (2013). Professional competence of teachers: Effects on instructional quality and student development. *Journal of Educational Psychology, 105*(3), 805–820. https://doi.org/10.1037/a0032583

Lenske, G. & Mayr, J. (2015). Das Linzer Konzept der Klassenführung (LKK). Grundlagen, Prinzipien und Umsetzung in der Lehrerbildung. In K. Zierer et al. (Hrsg.), *Jahrbuch für Allgemeine Didaktik 2015* (S. 71–84). Schneider Verlag Hohengehren.

Lenske, G., Thilmann, H., Wirth, J., Dicke, T. & Leutner, D. (2015). Pädagogisch-psychologisches Professionswissen von Lehrkräften: Evaluation des ProwiN-Tests. *Zeitschrift für Erziehungswissenschaft, 18*(2), 225–245. https://doi.org/10.1007/s11618-015-0627-5

Lenske, G., Wagner, W., Wirth, J., Thillmann, H., Cauet, E. & Leutner, D. (2016). Die Bedeutung des pädagogisch-psychologischen Wissens für die Qualität der Klassenführung und den Lernzuwachs der Schüler/innen im Physikunterricht. *Zeitschrift für Erziehungswissenschaft, 19*(1), 211–233. https://doi.org/10.1007/s11618-015-0659-x

Lenske, G., Wirth, J. & Leutner, D. (2017). Zum Einfluss des pädagogisch-psychologischen Professionswissens auf die Unterrichtsqualität und das situationale Interesse der Schülerinnen und Schüler. *Zeitschrift für Bildungsforschung, 7*(3), 229–253. https://doi.org/10.1007/s35834-017-0200-9

Meissner, S., Merk, S., Fauth, B., Kleinknecht, M. & Bohl, T. (2020). Differenzielle Effekte der Unterrichtsqualität auf die aktive Lernzeit. *Zeitschrift für Pädagogik/Beiheft, 66*(1), 81–94. https://doi.org/10.3262/ZPB2001081

Ophardt, D., Piwowar, V. & Thiel, F. (2014). Unterrichtsentwicklung im Bereich Klassenmanagement. Welche Rolle spielen simulations- und videobasierte Lerngelegenheiten für Reflektion und Transfer? *Engagement, 32*(4), 263–271.

Ophardt, D. & Thiel, F. (2013). *Klassenmanagement. Ein Handbuch für Studium und Praxis.* Kohlhammer.

Oser, F., Heinzer, S. & Salzmann, P. (2010). Die Messung der Qualität von professionellen Kompetenzprofilen von Lehrpersonen mit Hilfe der Einschätzung von Filmvignetten. Chancen und Grenzen des advokatorischen Ansatzes. *Unterrichtswissenschaft, 38*(1), 5–28.

Pietsch, M. (2010). Evaluation von Unterrichtsstandards. *Zeitschrift für Erziehungswissenschaft, 13*(1), 121–148. https://doi.org/10.1007/s11618-010-0113-z

Piwowar, V., Barth, V. L., Ophardt, D. & Thiel, F. (2018). Evidence-based scripted videos on handling student misbehavior. The development and evaluation of video cases for teacher education. *Professional Development in Education, 44*(3), 369–384. https://doi.org/10.1080/19415257.2017.1316299

Rogers, C. R. (1961). *On becoming a person.* Houghton Mifflin Company.

Seidel, T. (2020). Klassenführung. In E. Wild & J. Möller (Hrsg.), *Pädagogische Psychologie* (S. 119–131). Springer. https://doi.org/10.1007/978-3-662-61403-7_5

Seidel, T. & Shavelson, R. J. (2007). Teaching effectiveness research in the past decade: The role of theory and research design in disentangling meta-analysis results. *Review of Educational Research, 77*(4), 454–499. https://doi.org/10.3102/0034654307310317

Steffensky, M. & Kleinknecht, M. (2016). Wirkungen videobasierter Lernumgebungen auf die professionelle Kompetenz und das Handeln (angehender) Lehrpersonen. Ein Überblick zu Ergebnissen aus aktuellen (quasi-)experimentellen Studien. *Unterrichtswissenschaft 44*(4), 305–321.

Steins, G. (2016), Classroom Management an Schulen in sozialräumlich deprivierter Lage unter besonderer Berücksichtigung des Lehrer-Schüler-Verhältnisses. *Die deutsche Schule, 108*(4), 340–353.

Sweller, J. & Chandler, P. (1994). Why some material is difficult to learn. *Cognition and Instruction, 12*(3), 185–233. https://doi.org/10.1207/s1532690xci1203_1

Syring, M., Bohl, T., Kleinknecht, M., Kuntze, S., Rehm, M. & Schneider, J. (2015). Video or text in case-based teacher education? An examination of the effects of different media on cognitive load and motivational-emotional processes in case-based learning. *Zeitschrift für Erziehungswissenschaft, 18*(4), 667–685. https://doi.org/10.1007/s11618-015-0631-9

Van Bebber, R. (2021). *Steigerung der Lernwirksamkeit von inszenierten Unterrichtsvideovignetten durch Komplexitätsreduktion* (Phil. Dissertation). Universität Duisburg-Essen. https://doi.org/10.17185/duepublico/74924

Voss, T., Kunina-Habenich, O., Hoehne, V. & Kunter, M. (2015). Stichwort pädagogisches Wissen von Lehrkräften: Empirische Zugänge und Befunde. *Zeitschrift für Erziehungswissenschaft, 18*(2), 187–223. https://doi.org/10.1007/s11618-015-0626-6

Wang, M. C., Haertel, G. D. & Walberg, H. J. (1993). Toward a knowledge base for school learning. *Review of Educational Research, 63*(3), 249–294. https://doi.org/10.2307/1170546

Johannes Appel, Sebastian Breitenbach, Sebastian Stehle, Thorsten Gattinger, David Weiß & Holger Horz

VIGOR – Eine Plattform für den fächer- und ausbildungsphasenübergreifenden Einsatz von Videos in der Lehrkräftebildung
Konzeption, Aufbau und Anwendungsbeispiele

1 Ansätze der Weiterentwicklung der Lehrkräftebildung und ihrer Forschung im Rahmen des Projekts Level/The Next Level

An der Goethe-Universität Frankfurt werden seit 2015 im Rahmen des Projekts Level bzw. des Nachfolgeprojekts The Next Level[1] Struktur- und Lehrinnovationen für die Lehrkräftebildung entwickelt, implementiert und evaluiert. Der Schwerpunkt liegt dabei auf Aus-, Fort- und Weiterbildungsangeboten für Lehramtsstudierende und Lehrkräfte im (Vorbereitungs-)Dienst, die den Umgang mit Heterogenität von Lernenden sowie die Implikationen der Digitalisierung des Lernens in unterschiedlichen Fächerkontexten fokussieren und sich durch eine hohe Praxisnähe und einen hohen Digitalisierungsgrad auszeichnen. Zudem ermöglicht die Einbettung der Beteiligten in einen fächerübergreifenden Projektverbund eine interdisziplinäre und phasenübergreifende Diskussion, Konzeption und Durchführung, wodurch die hiesigen Kooperationsstrukturen gestärkt und weiterentwickelt werden.

Zur Umsetzung dieser Ziele wurde die videobasierte Online-Lehr-Lernplattform VIGOR[2] entwickelt, in die Lehre implementiert und im Laufe der letzten Jahre in Orientierung an den Bedarfen der Teilprojekte fortlaufend weiterentwickelt. VIGOR spielt in diesem Kontext die Rolle des zentralen digitalen Instruments zur Gestaltung und Anwendung von videobasierten Online-Lernangeboten in interdisziplinären und phasenübergreifenden Settings der Lehrkräftebildung sowie des professionellen Austauschs zu diesen Angeboten zwischen den Beteiligten.

Nachfolgend werden zunächst die inhaltlichen und strukturellen Zielsetzungen dargestellt, die der Konstruktion der Plattform zugrunde liegen. Danach wird die Plattform mit ihren Bestandteilen näher beschrieben und es werden Anwendungsbeispiele aufgezeigt,

---

1　Das diesem Beitrag zugrundeliegende Vorhaben wurde/wird im Rahmen der gemeinsamen „Qualitätsoffensive Lehrerbildung" von Bund und Ländern mit Mitteln des Bundesministeriums für Bildung und Forschung unter dem Förderkennzeichen 01JA1519 (Level) bzw. 01JA1819 (The Next Level) gefördert. Die Verantwortung für den Inhalt dieser Veröffentlichung liegt bei den Autoren.

2　https://vigor.studiumdigitale.uni-frankfurt.de.

bevor einige Erfahrungen aus dem Betrieb der Plattform zusammengefasst und ein Ausblick auf weitere Entwicklungen geboten werden.

1.1 Fächer- und phasenübergreifende Zusammenarbeit

Die Lehrkräftebildung in Deutschland ist in unterschiedliche Fächeranteile und Ausbildungsphasen aufgeteilt, die zudem institutionell unterschiedlich verortet sind. Diese Fragmentierung der Ausbildung wird von Expertinnen und Experten als ein Strukturproblem angesehen (Terhart, 2004). Schwierigkeiten, die Inhalte und Abläufe der Ausbildung zwischen den beteiligten Institutionen und Akteuren ausreichend aufeinander abzustimmen, führen beispielsweise dazu, „dass Lehramtsstudierende ihr Studium als wenig kohärent wahrnehmen und dadurch nur bedingt eine sinnhaft zusammenhängende Wissensstruktur aufbauen können" (Hellmann et al., 2019, S. 1). Die Notwendigkeit zur Stärkung der Kohärenz zwischen den Ausbildungsanteilen wird indessen untermauert sowohl durch die Forschung, die die professionelle Entwicklung von (zukünftigen) Lehrkräften als fortlaufendes Kontinuum der Kompetenzentwicklung beschreibt (Baumert & Kunter, 2011), als auch die Bildungspolitik, die in den gemeinsamen „Standards für die Lehrerbildung" der Länder davon spricht, die Ausbildung so zu gestalten, „dass insgesamt ein systematischer, kumulativer Erfahrungs- und Kompetenzaufbau erreicht wird" (KMK, 2004, S. 4).

Lehrkräftebildung ist demnach als eine gemeinsame Aufgabe sowohl über Ausbildungsphasen als auch Disziplinen hinweg zu sehen (van Ackeren, 2020), wobei zuvorderst die Hochschulen mit eigenen Maßnahmen aktiv werden müssen, um eine bessere Kohärenz der Ausbildung zu begünstigen (Hellmann, 2019). Dass sich engere Kooperationen in der Lehrkräftebildung trotz hoher struktureller Komplexität herbeiführen lassen und auch einen Mehrwert für alle Beteiligten versprechen, zeigen jüngste Erfahrungsberichte, insbesondere aus dem Kontext der Qualitätsoffensive Lehrerbildung (Altrichter et al., 2020; Winkler et al., 2018). Zudem scheint für die erfolgreiche Zusammenarbeit unterschiedlicher Akteursgruppen in der Lehrkräftebildung eine möglichst frühzeitige und konkrete Klärung gemeinsamer Ziele und Inhalte förderlich zu sein (Arnold, 2010; Kleemann et al., 2019).

An der Goethe-Universität werden fächer- und phasenübergreifende Kooperationen im Rahmen der Projekte Level/The Next Level in eigens etablierten universitären Fächerverbünden[3] gefördert, in denen verschiedene wissenschaftliche Fachvertreterinnen und -vertreter der beteiligten Teilprojekte gemeinsam mit Kooperationspartnerinnen und -partnern aus der pädagogischen Praxis an der Entwicklung neuer Lehr-Lernangebote arbeiten und dabei von verschiedenen zentralen Einrichtungen der Universität[4] unterstützt werden. Als gemeinsame theoretische, methodische und inhaltliche Klammern der

---

3   Bildungswissenschaftlicher, mathematisch-naturwissenschaftlicher, sozialwissenschaftlich-historischer und sprachlicher Fächerverbund.
4   Akademie für Bildungsforschung und Lehrkräftebildung, Interdisziplinäres Kolleg Hochschuldidaktik, Graduiertenkolleg GRADE Center Education, eLearning-Einrichtung studiumdigitale.

Zusammenarbeit in diesem Kontext wurden die nachfolgend beschriebenen Aspekte festgelegt.

1.2 Professionelle Unterrichtswahrnehmung

Für eine systematische Förderung der Entwicklung professioneller Kompetenzen von Lehrkräften sind die in den verschiedenen Ausbildungsphasen angebotenen Lerngelegenheiten von entscheidender Bedeutung (Kunter et al., 2011). Bei der Integration von Kompetenzen, die in den verschiedenen Inhaltsfeldern erworben wurden, nimmt das Konzept der professionellen Wahrnehmung von Unterricht (professional vision; Sherin, 2002; Stürmer et al., 2013) eine wichtige Rolle ein. Professionelle Wahrnehmung – verstanden als Fähigkeit von Lehrkräften, theoretisches Wissen anzuwenden, um bedeutsame Unterrichtssituationen professionstypisch wahrzunehmen und zu interpretieren (van Es & Sherin, 2008) – kann damit als verbindendes Element sowohl zwischen fachlichen, fachdidaktischen und bildungswissenschaftlichen Wissenselementen als auch theoretischem Wissen und unterrichtspraktischen Kompetenzen angesehen werden. Die Förderung professioneller Wahrnehmung kann aufgrund der notwendigen Nähe zu spezifischen Situationen professionellen Handelns besonders mithilfe von Unterrichtsvignetten und -videos erreicht werden, bei denen das beobachtete Verhalten der Lernenden und der Lehrkräfte schrittweise theoriebasiert analysiert wird (u. a. Gold et al., 2013; Seidel et al., 2013). Ein Vorteil mit Blick auf die eingangs diskutierten Kooperationsbestrebungen in der Lehrkräftebildung ist zudem, dass die Arbeit mit Unterrichtsvideos die Einnahme (und gegebenenfalls Zusammenführung) unterschiedlicher fachlicher Perspektiven auf den gemeinsamen Gegenstand – den Unterricht – ermöglicht (Blomberg et al., 2013; Gaudin & Chaliès, 2015).

Aufgrund dieser sowohl in kompetenztheoretischer als auch methodischer Hinsicht relevanten Potenziale wurde die Arbeit mit Unterrichtsvideos, inklusive der Einrichtung eines Online-Archivs an Videoaufnahmen, die in Orientierung an den spezifischen inhaltlichen Erfordernissen der Beteiligten vor Ort erstellt werden, zu einem der Kernbestandteile der genannten Maßnahmen an der Goethe-Universität.

1.3 Umgang mit Heterogenität in Bildungskontexten

Wie die Intensivierung der fachlichen und öffentlichen Debatten zeigen, zählt der Umgang mit der Heterogenität von Lernenden aufgrund verschiedener gesellschaftlicher Entwicklungen zu einer der wichtigsten aktuellen Herausforderungen des Bildungssystems (König et al., 2017). Dies zeigt u. a. auch die Überarbeitung der „Standards für die Lehrerbildung" der Kultusministerkonferenz um entsprechende Inhalte sowie eine gemeinsame Empfehlung der Hochschulrektoren- und Kultusministerkonferenz zu diesem Thema (HRK/KMK, 2015; KMK, 2004). Aus Sicht der Bildungsforschung hat dieser Themenkomplex eine hohe Relevanz zum einen im Hinblick auf Fragen der Gestaltung qualitätsvollen und wirksamen Unterrichts für alle Schülerinnen und Schüler (Hardy,

2017; Hardy et al., 2019; Klieme & Warwas, 2011) und zum anderen im Hinblick auf Implikationen für die Professionalisierung von (angehenden) Lehrkräften (Biederbeck & Rothland, 2017; Moser, 2019). Aus Sicht der Lehrkräftebildung sind hier besonders jene Forschungsbefunde relevant, die darauf hindeuten, dass viele (angehende) Lehrkräfte sich offenbar nicht ausreichend auf die Anforderungen der Tätigkeit als Lehrkraft in heterogenen Lerngruppen vorbereitet fühlen (Biederbeck & Rothland, 2017).

Um mit Blick darauf einen Beitrag zur Förderung des Umgangs mit Inklusion und Heterogenität in der Lehrkräftebildung zu leisten, besteht eines der Ziele bei der Gestaltung der Aus-, Fort- und Weiterbildungsangebote im Kontext der Projekte Level/The Next Level darin, auf inhaltlicher Ebene den Umgang mit Heterogenität in Bildungskontexten als gemeinsames Querschnittsthema zu berücksichtigen und entsprechende Aspekte und Fragen dieses Themenbereichs in die Lernziele und Inhalte der Lernangebote zu integrieren. Die Plattform VIGOR wird dabei als Instrument zur Realisierung dieser Angebote in der Lehre bzw. der Ausbildung genutzt, aber auch zum Austausch der erstellten digitalen Lehr-Lernmaterialien in diesem Themenkomplex zwischen Lehrenden oder Ausbildenden aus unterschiedlichen Fächern oder Institutionen.

1.4 Digitalisierung der Bildung

Auch unabhängig von der Corona-Pandemie, die in jüngster Vergangenheit den digitalen Wandel in verschiedenen Bildungsbereichen stark beschleunigt hat (Autorengruppe Bildungsberichterstattung, 2020), ist die Digitalisierung der Bildung eines der gegenwärtig am intensivsten diskutierten Themen sowohl in der Bildungspolitik – siehe etwa die Strategie der Kultusministerkonferenz „Bildung in der digitalen Welt" (KMK, 2016) und verschiedene Initiativen und Programme des Bundesministeriums für Bildung und Forschung (BMBF, 2016, 2019) – als auch der Bildungsforschung (McElvany et al., 2018; Wilmers et al., 2020). Aus Sicht der Lehrkräftebildung stehen hier die Fragen im Vordergrund, wie Schülerinnen und Schüler sowohl inhaltlich als auch methodisch in verschiedenen Fächern auf eine zunehmend digitalisierte Welt vorbereitet werden können, wie mit Blick darauf ein möglichst zeitgemäßer und effektiver Unterricht zu gestalten ist und daran anknüpfend schließlich, wie (angehende) Lehrkräfte bestmöglich gefördert werden können, um dies zu gewährleisten.

Vor dem Hintergrund tendenziell steigender Studierendenzahlen und steigender Heterogenität der individuellen Ausgangslagen unter Studierenden ist es zudem nicht nur in der Lehrkräftebildung erforderlich, durch den vermehrten Einsatz digitaler bzw. onlinebasierter Lernangebote flexiblere und stärker individualisierte Lerngelegenheiten zu schaffen (Dräger et al., 2014; Horz & Schulze-Vorberg, 2017). Zur hochschuldidaktischen Umsetzung bieten sich dafür besonders Formen sogenannten Blended Learnings an, d. h. der systematischen Kombination aus Präsenzphasen und Online- bzw. digitalen Elementen in der Lehre (Petko, 2020; de Witt, 2008).

In dem Projekt The Next Level an der Goethe-Universität wird dem Rechnung getragen, indem videobasierte (dazu siehe auch 1.2) Online-Lehr-Lern-Formate zum Einsatz in Veranstaltungen der Lehrkräfteaus- und -fortbildung sowie der Lehrkräfte-weiterbildung entwickelt, implementiert und wissenschaftlich evaluiert werden, in denen zudem auf Ebene der Lerninhalte – neben Aspekten der Heterogenitätssensibilität (dazu siehe 1.3) – Fragen multimedialen Unterrichtens und forschungsbasierter Reflexion der Digitalisierung der Bildung thematisiert werden. Die in diesem Beitrag vorgestellte Online-Plattform VIGOR stellt in diesem Kontext ein wichtiges Instrument dar, um die angestrebten Angebote zu gestalten und in Lehre und Ausbildung einzusetzen.

2 Die Online-Plattform VIGOR

In den vorangegangenen Abschnitten wurden die konzeptionellen und theoretischen Voraussetzungen für die Plattform VIGOR dargelegt. Nachfolgend wird nun die Plattform hinsichtlich ihres Aufbaus, Funktionen und Zugangsmöglichkeiten näher beschrieben.

VIGOR (Videographic Online Recorder, https://vigor.studiumdigitale.uni-frankfurt.de) ist eine Online-Plattform zur Gestaltung videobasierter Online-Lehr-Lern-Angebote für die Lehrkräftebildung in fächer- und phasenübergreifenden, kollaborativ ausgerichteten Settings. VIGOR wird seit 2015 an der Goethe-Universität im Rahmen der QLB-geförderten Projekte Level/The Next Level von der zentralen e-Learning-Einrichtung studiumdigitale (Entwicklung: Thorsten Gattinger und Patrick Sacher, Abteilungsleitung: Dr. David Weiss) in enger Abstimmung mit der Akademie für Bildungsforschung und Lehrkräftebildung (Videoproduktion: Sebastian Breitenbach, M.A., Projektkoordination: Dr. Johannes Appel, Gesamtprojektleitung: Prof. Dr. Holger Horz) und den Lehrenden und Forschenden an den beteiligten Fachbereichen[5] entwickelt bzw. bedarfsgerecht fortentwickelt. Die Anwendung der videobasierten Lehr-Lern-Formate aus VIGOR in der Lehre wird unterstützt und evaluiert durch das Interdisziplinäre Kolleg Hochschuldidaktik (Koordination und Umsetzung: Dr. Sebastian Stehle).

2.1 Technischer Aufbau der Plattform

Die Online Lehr-Lernplattform VIGOR besteht aus vier technisch miteinander verbundenen Komponenten: Dem VIGOR Portal, den VIGOR Online-Lerneinheiten, dem VIGOR Videobereich und dem VIGOR ePortfolio.

Den größten Teil der Plattform nimmt das *VIGOR Portal* ein. Das VIGOR Portal basiert auf Moodle, was auch eine weitverbreitete Lehr-/Lernplattform an hessischen Schulen ist. Hier können Autorinnen und Autoren in verschiedenen Kursbereichen Kurse für Teilnehmende anbieten, aber auch mit anderen Autorinnen und Autoren teilen. Das VIGOR Portal bietet alle Funktionen eines klassischen Lernmanagementsystems wie Kursverwaltung, Teilnehmendenverwaltung, Bereitstellung von Inhalten für verschiedene Nutzerinnen und Nutzer und Speicherung der Nutzungsdaten.

---

5   Für eine Liste der Beteiligten siehe: https://www.uni-frankfurt.de/65116260/Fächerverbünde.

Ein möglicher Inhalt des VIGOR Portals sind die *Online-Lerneinheiten*, die mit dem Autorinnensystem *LernBar Studio* erstellt werden. Das LernBar Studio erstellt SCORM-kompatible Web Based Trainings, die potentiell in allen SCORM-kompatiblen Lernmanagementsystemen verwendet werden können. *Online-Lerneinheiten* werden mit einer speziell für die didaktischen Erfordernisse der Projektbeteiligten (s. Abschnitt 1) zugeschnittenen Version der LernBar erstellt, die unterschiedliche interaktive Bearbeitungsformate für Lernende umfasst (s. Abschnitt 2.3), Metadaten unterstützt und durch eine Trennung von Inhalt und Technik eine Aktualisierung der Online-Lerneinheiten ohne Eingriff der Autorinnen und Autoren erlaubt. Eine Portierung bzw. Weiterverwertung der Lerneinheiten in andere Lehr-Lern-Plattformen zur langfristigen Nutzung der erstellten Inhalte ist mit gewissen Einschränkungen (rechtliche Rahmenbedingungen, mögliche Zeichenbeschränkungen aufgrund von SCORM-API-Limitierung) grundsätzlich möglich.

Neben Texten, Medien und interaktiven Elementen können in Lerneinheiten auch Videos aus dem *VIGOR Videobereich* eingebunden werden. Im Videobereich liegen, strukturiert nach Playlisten, meist im Projektkontext selbst produzierte Videoaufzeichnungen. Neben einer Metadatenverwaltung, die der Auffindbarkeit von Videos für Nutzerinnen und Nutzer sowie dem generellen Datenmanagement dient, bietet der Videobereich eine einfache Schnittmöglichkeit für Videos an, um die Erstellung von passgenauen Vignetten für den jeweiligen Lehr- oder Forschungskontext zu erlauben. Die letzte Komponente der VIGOR Plattform ist das *VIGOR ePortfolio*, welches auf Mahara basiert und direkt mit dem VIGOR Portal verbunden ist. Inhalte wie Forenbeiträge oder Abgaben können direkt aus dem VIGOR Portal in das ePortfolio übermittelt werden, in dem diese (oder neu erstellte) Inhalte in verschiedenen Ansichten und Sammlungen aufbereitet und optional bei den Dozierenden zur Begutachtung eingereicht werden können. VIGOR Kurse und Lerneinheiten sind nicht nur zur individuellen Erstellung der Autoren ausgelegt, sondern sollen mit Blick auf die Förderung fächer- und phasenübergreifender Zusammenarbeit der beteiligten Lehrkräftebildungsakteure kooperativ erstellt und auch geteilt werden können. Insbesondere die Möglichkeit, Kurse und Lerneinheiten innerhalb und außerhalb des eigenen Fächerkontextes zu teilen und zu gestalten, beispielsweise mit Autorinnen und Autoren kooperierender Hochschulen, Studienseminare oder Schulen, sollte hierbei hervorgehoben werden.

2.2 Videomaterial

Das Videomaterial in VIGOR besteht zurzeit aus mehreren Hundert Videos und ca. 2.000 Ausschnitten authentischen Schulunterrichts hessischer Schulen und anderer Lehr-/Lern-Situationen (z. B. micro-teaching, peer-teaching) aus 14 verschiedenen Fächerkontexten (Deutsch, Physik, Chemie, Physik, Biologie, Englisch, Chemie, Mathematik, Geschichte, Sachunterricht, Erdkunde, Geschichte, Politik und Wirtschaft, Französisch), wobei Teile des gezeigten Unterrichts fächerübergreifend angelegt sind. Es sind hierbei Unterrichtsvideos von Grundschulen (143), Realschulen (91), Gesamtschulen (106), Gymnasien (143) und Förderschulen (2) enthalten. Das Videomaterial wurde basierend auf den

Forschungsschwerpunkten der Teilprojekte von Level bzw. The Next Level und in Orientierung an wissenschaftlichen und technischen Standards (Hall 2007; Pauli, 2006; Petko, 2006; Prenzel, et al., 2001) sowie unter Einhaltung aller geltenden rechtlichen Bedingungen an kooperierenden Schulen, Studienseminaren und auch der Universität aufgezeichnet und nachträglich in enger Absprache mit den beteiligten Forschenden und Lehrenden für die jeweilige Anwendung aufbereitet („Postproduktion"). Begleitmaterial zu den Videos wurde nicht systematisch erhoben.

Viele Videos wurden mit einem klassischen zwei Kamera-Aufbau und vier bis fünf Mikrofonen realisiert (funkgestütztes Lavaliermikrofon für die Lehrkraft und drei bis vier Grenzflächenmikrofone für die Aufzeichnung der Sprache der Schülerinnen und Schüler) (Herrle & Breitenbach 2016). Eine Kamera wurde dabei handgeführt und fokussiert die Interaktionen der Lehrkraft, die andere Kamera beinhaltet ein Weitwinkelobjektiv und zeigt die Schülerinnen und Schüler in einer stationären Totale. Neben diesem Standardaufbau fanden jedoch auch Aufzeichnungen mit einer höheren (seltener auch niedrigeren) Kamera- und Mikrofonanzahl statt. Dies hauptsächlich, wenn es darum ging, einzelne Gruppen genauer zu beobachten. Die daraus in einem aufwändigen Postproduktionsprozess generierten „Gruppenvideos" (gekennzeichnet mit den Kürzeln G1–G9) sind ein Alleinstellungsmerkmal von VIGOR. In diesen Videos wird in Phasen der Gruppenarbeit, Einzelarbeit oder Partnerarbeit eine spezielle Gruppe audiovisuell fokussiert, entweder durch Erzeugung eines Bildausschnittes oder durch die Verwendung einer separaten Gruppenkamera; häufig beides, abhängig davon, welche Gruppe in den Fokus genommen wird. Während dieser Phasen ist nur das Mikrofon in der Nähe der jeweiligen Gruppe aktiviert und das Lehrkraftmikrofon nur dann, insofern mit der Gruppe kommuniziert wird. Dieses Vorgehen macht eine Mikroanalyse der Lehr-/Lernprozesse während Gruppenphasen möglich.

Neben der Produktion dieser Gruppenvideos werden in der Postproduktion hauptsächlich alle aufgezeichneten Audiospuren händisch bearbeitet und sogenannte Schnittversionen der Videos angefertigt. Bei den Schnittversionen handelt es sich um Videos, bei denen die Perspektive zwischen Lehrkraft und Schülerinnen und Schülern automatisch in Abhängigkeit vom jeweiligen Aktivitätsfokus wechselt, um dieses Material für die Verwendung in der Lehre zu optimieren. Daneben existieren dieselben Aufzeichnungen auch als Videos mit durchgängig singulären, getrennten Perspektiven wie Lehrkraftkamera (LK) und Schülerinnen- und Schülerkamera (SK). Bei der Bearbeitung der Audiospuren wurde darauf geachtet, die soziale Realität, die durch die Schlüssellochperspektive der Mikrofonaufzeichnung verzerrt wird, wiederherzustellen. Dabei wurden Audiopegel künstlich angehoben (z. B. wenn eine Schülerin/ein Schüler weit entfernt von einem Mikrofon saß) oder abgesenkt (z. B. wenn eine Schülerin/ein Schüler Störgeräusche produziert, die ex-trem deutlich auf einem Mikrofon, jedoch wenig im Raum zu hören sind – etwa wenn jemand mit einem Stift am Mikrofon herumspielt). Der Synchronisierungsprozess der Audiospuren wurde weitestgehend technisch automatisiert, aber in bestimmten Situationen, z. B. bei Raumwechsel, war auch eine manuelle Synchronisation erforderlich (Breitenbach 2016).

Alle Videos liegen in einer Grundqualität von 1920x1080 Pixeln vor, encodiert wurde in H.264 und AAC mit einer variablen Bitrate von durchschnittlich etwa 11.000 kb/s. Im Verlauf des Dateiauslieferungsprozesses, d. h. der Übertragung der Videodateien in den VIGOR-Videobereich nach Vollendung der Postproduktion, werden diese Videos aktuell erneut vom System des VIGOR-Videobereichs automatisch in etwas kleinerer Auflösung rekodiert, wobei hier in Zukunft mit einer variablen Auflösungsauswahl, ähnlich wie man es von bekannten Videodiensten kennt, zu rechnen ist.

2.3 Online-Lerneinheiten und -Kurse

Online-Lerneinheiten sind eine Sammlung webbasierter Inhalte zum Zweck der Distribution von Video-Material, PowerPoint-ähnlichen Informationsfolien und verschiedenen Fragen und Tests an Lernende.

Die Erstellung der Lerneinheiten durch die Lehrenden erfolgt mit der Windowsapplikation LernBar Studio (VIGOR Edition). Die erstellten Lerneinheiten können durch die Lernenden in jedem modernen Browser abgespielt werden, und die erstellten Lerneinheiten bestehen aus mehreren Seiten, die in mehreren Lektionen strukturiert sein können. Die Seiten verfügen über ein einheitliches Layout. Neben Texten, Bildern und Medien können auch Webinhalte eingebunden werden. Ebenso ist die Integration von beliebigen Dateien wie PDFs oder Worddokumenten möglich. Die projektinternen Videoaufzeichnungen spielen hier eine Sonderrolle. Diese werden aus dem Videobereich mittels eines Embed-Codes verlinkt und stehen nur auf der VIGOR-Plattform zur Verfügung. Neben passiv zu rezipierenden Inhalten (Texte, Bilder, Videos) können mit mehreren verschiedenen Fragetypen auch interaktive Inhalte erstellt werden, die den Kern der aktiven Auseinandersetzung der Lernenden mit den Videofallsequenzen durch entsprechende Aufgabenstellungen bilden. Es werden geschlossene Frageformate wie Single- und Multiple-Choice, Reihenfolgen und Lückentexte angeboten. An offenen Frageformaten stehen Freitexte, Likert-Skalen und das sogenannte Induktive Kategorisieren (Definition und iterative Schärfung von Kategorien zur Beschreibung ausgewählter Sequenzen im Video) zur Verfügung. Die (Weiter-)Entwicklung der bestehenden und neuen Fragetypen orientiert sich an den Bedürfnissen der Autorinnen und Autoren. Aber auch andere Funktionalitäten wie beispielsweise der Export der Eingaben bei der Nutzung aus Teilnehmendensicht (Druckfunktion) ist aus Wünschen der Autorinnen und Autoren hervorgegangen.

Die Eingaben der Nutzerinnen und Nutzer werden in den Lerneinheiten gespeichert, sodass deren Bearbeitung auch unterbrochen und zu einem späteren Zeitpunkt fortgesetzt werden kann. Die Nutzerinnen und Nutzer können sich zudem ihre Eingaben oder auch den kompletten Inhalt der Lerneinheiten exportieren, und auch die Lehrenden können die Eingaben aller Lernenden direkt in gängigen Formaten wie *.xls oder *.csv exportieren, um diese Daten etwa für Rückmeldungen oder die weitere Kursplanung zu nutzen.

Diese Lerneinheiten können in Kursen des VIGOR-Portals den Teilnehmenden und Lernenden zur Verfügung gestellt werden. Da das VIGOR Portal Moodle-basiert ist, können auch viele didaktisch relevante Funktionalitäten von Moodle in den Kursen verwendet werden. Neben Foren und Möglichkeiten der Dateiablage sind das beispielsweise auch Testinstrumente, Aufgaben/Abgaben und Feedback-Möglichkeiten. Durch die Unterstützung von vielfältigen Plugins kann die Funktionalität der Plattform leicht mit wenig Aufwand erweitert werden. VIGOR-Kurse bilden in der Regel jeweils eine Lehrveranstaltung ab, innerhalb der mehrere videobasierte Online-Lerneinheiten angeboten und mittels der genannten Funktionen in einen didaktisch sinnvollen Zusammenhang gebracht werden können. Zur Erleichterung der Lehrorganisation im Allgemeinen, aber auch der fächer- und phasenübergreifenden Zusammenarbeit, können solche Kurse parallel in mehreren, je nach inhaltlichen Erfordernissen adaptierten Kopien ablaufen oder semesterweise wiederholt angeboten werden. Dies ermöglicht z. B. die Realisierung von Kontrollgruppendesigns oder die Übernahme von ganzen Lehrveranstaltungsteilen für andere Fächer- oder Ausbildungskontexte. Lerneinheiten haben jedoch erfahrungsgemäß eine höhere Wiederverwendungshäufigkeit, da sie kleinere, meist in sich abgeschlossene inhaltliche Einheiten abbilden, die sich damit flexibler in der Lehre einsetzen lassen und sich stärker für die interdisziplinäre Nutzung anbieten.

2.4 Rechtemanagement und Kooperationsmodell

Wie beschrieben wurde der Großteil der im Videobereich der VIGOR-Plattform enthaltenen Videos von dem Projektteam in enger Abstimmung mit den beteiligten Lehrenden bzw. Forschenden an kooperierenden Schulen, Studienseminaren und der Goethe-Universität mit Genehmigung des Hessischen Kultusministeriums und in Abstimmung mit den zuständigen Datenschutzbeauftragten aufgezeichnet. Die Teilnahme zur Erhebung ist immer freiwillig und sowohl Eltern als auch Schülerinnen und Schüler und beteiligte Lehrkräfte unterzeichnen Einverständniserklärungen zur Verwendung ihrer personenbezogenen Daten. Diese Einverständniserklärung erfüllen die Bestimmungen des hessischen und bundesdeutschen Datenschutzes, orientieren sich zudem an forschungsethischen Prinzipien und wurden im Rahmen einer Kooperation mit dem Forschungsdatenzentrum Bildung am DIPF (Leibniz-Institut für Bildungsforschung und Bildungsinformation) durch ein externes Rechtsanwaltsbüro begutachtet (Häder 2009, Verbund Forschungsdaten Bildung 2019). Unter anderem sind folgende Kriterien bei der Nutzung der Daten zu beachten:

- Die Videodaten dürfen nur im Kontext von Forschung und Lehre zur Lehrkräftebildung verwendet werden.
- Die Videodaten dürfen nicht an Dritte weitergeben werden und Vertraulichkeitserklärungen müssen von Personen, die die Daten verarbeiten, signiert werden. In den Vertraulichkeitsvereinbaren sind weitere, detaillierte Bedingungen zur Verwendung der Videodaten kodifiziert.
- Nicht alle erhobenen Videodaten sind für externe Kooperierende freigegeben.
- Die Videodaten dürfen nur dann von externen Personen genutzt werden, wenn diese Kooperationspartnerinnen oder -partner des Projektes Level/The Next Level sind. Dies erfordert, dass sich der Einsatzzweck mit den Projektzielen deckt.

Besondere Aufmerksamkeit sei auf den letzten Punkt gelenkt: Um dies gewährleisten zu können, muss nach Auswahl der Videos im Meta-Videoportal unterrichtsvideos.net zusätzlich ein (weitestgehend automatisiertes) Formular ausgefüllt werden, damit Zugriff auf die Videos gewährt werden kann. Während für die meisten Nutzerinnen und Nutzer ein Zugriff über das Meta-Videoportal der einfachste und sinnvollste Weg ist, um Videomaterial zu beziehen, macht es für bestimmte Forschungsfragen Sinn, in eine direkte Kooperation mit einem der vier Fächerverbünde (s. Abschnitt 1.1) des Projektes zu treten, um ggf. Zugang zu Begleitmaterialien, Untersuchungsinstrumenten oder detaillierten Lehrplanungen zu erhalten. Vor der vollständigen Implementierung des Meta-Videoportals war dies bislang der einzige Zugangsweg für externe Nutzerinnen und Nutzer. Der Vorteil liegt hierbei darin, dass bei einer direkten Freischaltung auf VIGOR und anschließender verpflichtender Schulung zur Erlangung der Rolle als vollwertige/r Autorin bzw. Autor auch sämtliche anderen Features von VIGOR genutzt werden können. Nachdem Kontakt zu einem Level-Mitarbeitenden aufgenommen wurde und dieser die Kooperation befürwortet, wird externen Personen zunächst der Status einer/eines Junior-Autorin/-Autors gewährt. Diese dürfen einen bereits bestehenden Kurs in VIGOR verwalten und diesen beispielsweise in der Lehre einsetzen. Videos und Lerneinheiten müssen allerdings von den betreffenden Level-Mitarbeitenden gestellt werden, z. B. über die Integration in den entsprechend freigegebenen Kurs. Wünscht man die Nutzung sämtlicher VIGOR-Funktionalitäten, wie (1) die Schnittfunktion, die es Nutzerinnen ermöglicht, Videoausschnitte zu definieren und in VIGOR einzubinden, (2) den vollständigen Zugriff auf das für Kooperierende freigegebene Videoarchiv und (3) die Nutzung der Software Lernbar zur Erstellung eigener Lerneinheiten, so muss eine Schulung absolviert werden, nach welcher die Nutzerin oder der Nutzer den Status eines/einer vollwertigen Autorin/Autors erlangt. Im Gegensatz zur reinen Bereitstellung von einzelnen Videos, für die der Zugang über das Meta-Videoportal optimal geeignet ist, eignet sich der Zugangsweg als Junior-/Autorin bzw. Autor vor allem für umfangreichere Einsatzzwecke, die einen Austausch mit den Forschenden und Lehrenden in den beteiligten Teilprojekten erfordern.

3 Einsatz der videobasierten Online-Materialien in der Lehre

Um einen Einblick in die konkrete Anwendung der videobasierten Online-Plattform VIGOR in der Lehrkräftebildung zu gewähren, werden in diesem Abschnitt drei beispielhafte Lehrszenarien aus dem Kontext der Projekte Level/The Next Level an der Goethe-Universität vorgestellt, in denen VIGOR im Rahmen von Blended Learning-Formaten zur Schulung professioneller Unterrichtswahrnehmung und zur Förderung von Kompetenzen im Umgang mit Heterogenität von Lernenden genutzt wird[6].

---

6 Neben den hier exemplarisch dargestellten Szenarien gibt es viele weitere Anwendungsformen. Für eine Übersicht weiterer Arbeiten hierzu empfehlen wir die online verfügbaren Publikationslisten der Projekte Level bzw. The Next Level (https://www.uni-frankfurt.de/84830164/Publikationen, https://www.uni-frankfurt.de/65762374/Publikationen).

Szenario A: Förderung reflexiver Wahrnehmung von Geschichtsunterricht mit einem videobasierten Blended Learning-Format

Ziel des ersten vorgestellten Blended Learning-Szenarios unter Verwendung von VIGOR ist die Förderung einer reflexiven Wahrnehmung der fachlichen und fachdidaktischen Dimension von Geschichtsunterricht im Rahmen von geschichtsdidaktischen Lehrveranstaltungen im Lehramtsstudium (Jehle & McLean, 2020). Bei McLean (2021) sind das Lehrkonzept, der Aufbau der Lerneinheiten und dessen Evaluation ausführlich dargestellt. Im Zentrum des Blended Learning-Formats stehen mehrere videobasierte VIGOR-Lerneinheiten, die von den Studierenden im Laufe eines Semesters individuell bearbeitet werden.

Die Grundlage für die Lerneinheiten bilden zwei authentische Videoaufzeichnungen einer Geschichtsstunde in einer gymnasialen Jahrgangsstufe 11, die beide im Abstand von etwa einem Jahr an derselben hessischen Schule unter möglichst realitätsnahen Unterrichtsbedingungen aufgezeichnet wurden. Beide Stunden waren hinsichtlich des Themas, des Aufbaus sowie ihrer Position in der Unterrichtsreihe vergleichbar. Die Lehrkraft war in beiden Stunden dieselbe und ihr wurden für die Durchführung der Unterrichtsstunden keine Vorgaben gemacht. Im Anschluss an die Aufzeichnung der ersten Unterrichtsstunde nahm die Lehrerkraft jedoch an einem sogenannten Videoclub (Sherin & van Es 2009) teil, bei dem gemeinsam mit Expertinnen und Experten auf der Grundlage des Unterrichtsvideos über die Unterrichtsstunde reflektiert wird. Als Ergebnis der gemeinsamen Reflexion änderte die Lehrkraft für die Aufzeichnung der zweiten Unterrichtsstunde ein Jahr später das intendierte Lernziel der Unterrichtsstunde und passte die gestellten Fragen sowie die verwendeten Materialien entsprechend an.

Für die Lerneinheiten wurden jeweils kurze Sequenzen aus den beiden aufgezeichneten Unterrichtsstunden mit passenden Aufgabenstellungen zu Videovignetten zusammengefasst und mit fachdidaktischer Literatur, zusätzlichen (Kontext-)Informationen und Materialien (z. B. die in den Unterrichtsstunden verwendeten Materialien) ergänzt. Die Videovignetten wurden so in VIGOR-Lerneinheiten organisiert, dass im Laufe eines Semesters alle Elemente des Modells der reflexiven Wahrnehmung von Unterricht (Jehle & McLean 2020) beschrieben sowie exemplarisch an ausgewählten Unterrichtssequenzen durchlaufen werden. Am Ende einer jeden Lerneinheit werden die Studierenden aufgefordert, ihre jeweiligen Erkenntnisse in einem ePortfolio festzuhalten.

Die zentrale Idee der Lerneinheiten besteht darin, dass die Studierenden beim Durcharbeiten der Lerneinheiten im Semesterverlauf einen ähnlichen Reflexionsprozess durchlaufen, wie ihn auch die Lehrkraft zwischen den beiden Unterrichtsaufzeichnungen durchlaufen hat. Der Vergleich zwischen der ersten und der zweiten Unterrichtsstunde kann so zum einen dazu genutzt werden, um den möglichen Erkenntnisprozess der Lehrkraft nachzuzeichnen und zum anderen, um mögliche Handlungsoptionen der Lehrkraft zu diskutieren. Zudem werden die angehenden Lehrkräfte dazu angeregt, eigene zukünftige bzw. mögliche Handlungsoptionen reflexiv in den Blick zu nehmen, indem sie sich vor dem Hintergrund der gegebenen Situation fragen, worin Handlungsmöglichkeiten liegen und wie sie (möglicherweise) handeln würden.

Szenario B: Fachübergreifende Kooperation zur Förderung der Auseinandersetzung mit Inklusion im Fachkontext sowie über Fachgrenzen hinaus

Die Qualifizierung zum inklusiven Unterrichten, also zur Ermöglichung einer Teilhabe aller Schülerinnen und Schüler am Unterricht, gehört zu den zentralen Aufgaben der Lehrkräftebildung, die sowohl fachspezifisch und zugleich als Querschnittsaufgabe aller Fächer umgesetzt werden müssen (Amrhein & Dziak-Mahler, 2014). Im Rahmen des Projekts The Next Level wurde deshalb eine fächerübergreifende Arbeitsgruppe (Sport, Englisch, Naturwissenschaften, Mathematik, Geographie sowie Bildungswissenschaften) gegründet, um gemeinsam eine digitale, videobasierte Lerneinheit zu entwickeln, welche über die VIGOR-Plattform in verschiedenen Modulen der fünf oben genannten Fächer in Blended Learning-Szenarien eingesetzt wird. Bei Adl-Amini et al. (2020) sind das Lehrkonzept, der Aufbau der Lerneinheiten und dessen Evaluation ausführlich dargestellt. Die entwickelte Lerneinheit „Inklusion in verschiedenen Fächerkontexten" soll die Studierenden dazu anregen, Verbindungen zwischen den disziplinär geprägten Wissensbeständen zu Inklusion herzustellen und diese an konkreten Beispielen einer komplexen und z. T. widersprüchlichen Unterrichtspraxis zu reflektieren. Ziel ist es, eine inhaltliche Vernetzung sowie ein gemeinsames Verständnis über die Disziplinen hinweg zu ermöglichen und somit die Professionalisierung (angehender) Lehrkräfte für den inklusiven Fachunterricht zu fördern.

Abbildung 1: Screenshot einer Seite des Abschnitts Inklusion im Sportunterricht aus der fächerübergreifenden VIGOR-Lerneinheit zur Inklusion (Adl-Amini et al., 2021)

Die VIGOR-Lerneinheit dient als Einstieg in das Thema Inklusion und wird von den Studierenden zeitlich und örtlich flexibel außerhalb der Präsenzveranstaltungen individuell bearbeitet. Sie gliedert sich in einen einführenden, bildungswissenschaftlichen Abschnitt, welcher von allen Studierenden bearbeitet wird, sowie Abschnitte zu fünf Fächern, von denen die Studierenden jeweils zwei auswählen sollen. Jeder Abschnitt enthält fachwissenschaftliche Texte, Bilder, Internetlinks sowie Praxisbeispiele oder Videoaufzeichnungen von Unterrichts- und Lehr-Lern-Situationen (Abbildung 1). Darüber hinaus sind in allen Abschnitten schriftliche Arbeitsaufträge und Reflexionsaufgaben zu bearbeiten, welche innerhalb des Lernpakets in ein offenes Antwortfeld eingefügt und dort automatisch gespeichert werden.

Die Antworten können von den Lehrenden eingesehen werden. Teilweise können die Studierenden Beispielantworten oder Textausschnitte anklicken, um ihre Antworten zu überprüfen. Ein zentrales Aufgabenformat sind Aufgaben zur theoriegeleiteten Analyse des Unterrichtshandelns zur Förderung einer professionellen Unterrichtswahrnehmung (Sherin, 2002). Am Ende der Lerneinheit werden die Studierenden dazu aufgefordert, Gemeinsamkeiten und Unterschiede von Teilhabebarrieren und -strategien in den von ihnen bearbeiteten Fächern in einem offenen Aufgabenformat schriftlich zu reflektieren. Im Anschluss an die Bearbeitung der Lerneinheit wird in Präsenzsitzungen das erarbeitete Wissen vertieft und es werden individuelle Arbeitsergebnisse diskutiert.

Szenario C: Videofeedback für Studierende in den Praxisphasen.

Im Rahmen des Projekts *Digitales Coaching in den Praxisphasen* (DigiCoP) wird VIGOR eingesetzt, um Lehramtsstudierende in den Praxisphasen durch ein videobasiertes, digitales Lehr-Lernangebot zu unterstützen, welches die praxisbezogenen Begleitveranstaltungen sowie die Nachbesprechungen der Unterrichtsbesuche an den Praktikumsschulen um zusätzliche digitale Feedbackanlässe ergänzt (Stehle et al., 2020). Über die DigiCoP-Ergänzung werden die Begleitseminare zu Blended Learning-Seminaren: Ein in die Seminarstruktur eingebetteter VIGOR-Kurs ermöglicht es den Studierenden, videographierte Sequenzen der eigenen Unterrichtsversuche mit spezifischen Feedback-Fragen zu versehen und dazu von ausgewählten Personen (Dozierende und Kommilitoninnen oder Kommilitonen, potentiell auch universitätsexterne Expertinnen und Experten wie z. B. Lehrkräfte an Schulen) Feedback zu erhalten. Der Ablauf der DigiCoP-Begleitseminare ist wie folgt: Zur inhaltlichen Vorbereitung auf das eigene unterrichtliche Handeln der Studierenden vermitteln die Dozierenden zunächst in Präsenzsitzungen oder über digitale Lerneinheiten theoretisches Wissen zu unterschiedlichen Themen (z. B. Stundeneinstieg, Differenzierung, individuelle Förderung etc.). In den folgenden Sitzungen üben die Dozierenden mit den Studierenden mit Hilfe der VIGOR-Plattform, Unterrichtsvideos theoriebezogen und im Hinblick auf die Lern- und Denkprozesse der Schülerinnen und Schüler zu analysieren (z. B. nach dem Lesson-Analysis-Framework nach Santagata & Guarino, 2011). Daraufhin videographieren die Studierenden ihre eigenen Unterrichtsversuche, wählen spezifische Unterrichtssituationen zu den gewählten Beobachtungsanlässen aus, laden diese in einen zugangsbeschränkten Bereich der VIGOR-Plattform hoch und formulieren spezifische Feedbackfragen. Bei der Planung und Aufzeichnung der Unterrichtsversuche werden die Studierenden von technisch geschulten Tutorinnen und Tutoren unterstützt und erhalten das für die Unterrichtsaufzeichnung benötigte Equipment. Die für das Videofeedback freigeschalteten Akteurinnen und Akteure formulieren auf bestimmte Beobachtungsanlässe abgestimmtes, situationsbezogenes Feedback zu den Unterrichtssequenzen und machen es den Studierenden über das VIGOR-Portal zugänglich. Diese haben somit die Möglichkeit, durch den Abgleich zwischen Selbst- und Fremdwahrnehmung eine auf ihre Bedarfe abgestimmte Einschätzung und Rückmeldung zum eigenen Unterrichtshandeln zu erhalten, Aktivitäten von Schülerinnen und Schülern einzuschätzen und letztlich die Passung ihres Unterrichtskonzepts zur Förderung spezifischer Unterrichtsziele zu beurteilen (s. Abbildung 2).

Abbildung 2: Individuelles Feedback über die videobasierte Lernplattform VIGOR (Stehle et al., 2020)

Durch die Integration von VIGOR in die Begleitseminare der Praxisphasen werden somit zusätzliche multiperspektivische Feedbackgelegenheiten geschaffen, die den individuellen Professionalisierungsprozess der Studierenden unterstützen.

4 Evaluationsergebnisse und Erfahrungen

An dieser Stelle werden einige zusammenfassende Erfahrungen und Ergebnisse aus der Entwicklung, der Implementierung und dem Betrieb der Plattform VIGOR aus technischer Perspektive einerseits sowie hinsichtlich der Anwendung der Plattform in der Lehre andererseits dargestellt.

Um einige technische Eckdaten zu nennen, ist festzuhalten, dass auf VIGOR aktuell insgesamt 8.701 Nutzerinnen und Nutzer existieren (Stand September 2021). Die Zahl von im jeweiligen Semester aktiven Nutzerinnen und Nutzern (SS[7] 2021: 2.906, WS2020/2021: 3.628, SS 2020: 2.652, WS 2019/2020: 2.025, SS 2019: 1.840, WS 2018/2019: 1.587) lässt einen stetigen Zuwachs erkennen. Im laufenden Sommersemester 2021 haben 2,4% der Nutzerinnen und Nutzer Autorenrechte und 6% Junior-Autorenrechte in mindestens einem Kurs. Auf der Plattform befinden sich 1.269 Kurse, davon 127 aus dem Sommersemester. Durchschnittlich befinden sich in einem Kurs 23 Teilnehmende und jeweils 1-2 Autorinnen und Autoren sowie Junior-Autorinnen und -Autoren. Einige Kurse weisen eine dreistellige Anzahl von Nutzenden auf. Lerneinheiten wurden insgesamt 3.512 angelegt, auf das laufende Semester entfallen davon 368 (davon wiederum 194 Lerneinheiten als neue, eigenständige, d. h. nicht als Überarbeitung oder Anpassung existierender Lerneinheiten). Mittlerweile wurden insgesamt 20 Schulungen für Autorinnen und Autoren angeboten. Die Gruppe der Nutzerinnen und Nutzer hat sich von zunächst nur Projektmitarbeitenden vermehrt auch zu Hilfskräften und Kooperierenden entwickelt. Allgemein wird die Plattform vermehrt auch von Lehrenden außerhalb des ursprünglichen Kernkontextes und auch der eigenen Universität nachgefragt. In den Schulungen für Anwenderinnen und Anwender, die in der Rolle als vollwertige/r Autorin oder Autor das System nutzen wollen, zeigt sich zudem, dass die meisten Schulungsteilnehmenden keine Probleme im Umgang mit der Plattform haben und diese auch dem empfohlenen Lernmanagementsystem der Universität vorziehen. Auch den Lernenden (in der Systemrolle als „Teilnehmende") scheint der Umgang mit der Plattform leicht zu fallen und insbesondere Studierende arbeiten gerne mit VIGOR, speziell mit den Lerneinheiten, wie Rückmeldungen der Lehrenden und Projektmitarbeitenden einerseits sowie die geringe Anzahl an Supportanfragen von Teilnehmenden andererseits zeigen.

VIGOR profitiert im technischen Bereich insgesamt durch die iterativ angelegten Umsetzungszyklen aus Einsatz, Entwicklung, Support und Schulung von einer Vielzahl an schnellen und direkten Feedbackschleifen zwischen Nutzerinnen und Nutzern sowie Entwicklerinnen und Entwicklern. Auf diese Weise konnte die Plattform im Laufe der Projektlaufzeit immer nutzerfreundlicher gestaltet, häufig aufgetretene Nutzungsfehler schrittweise wirksam reduziert, der Support optimiert und die Schulungen zielgerichteter durchgeführt werden. Ein tiefergehender technischer Einblick in die Plattform und den Entwicklungsprozess kann in einer separaten Veröffentlichung erlangt werden (Gattinger et al., 2020).

Hinsichtlich der Anwendung der Plattform in der Lehre werden alle mit VIGOR realisierten Lehrangebote, wie z. B. jene in Abschnitt 3 beispielhaft vorgestellten Lehrszenarien, hinsichtlich der projektübergreifenden inhaltlichen (professionelle Unterrichtswahrnehmung, Umgang mit Heterogenität in Bildungskontexten) und didaktischen Kernelemente (Analyse von Unterrichtsvideos, Blended Learning-Formate, kooperatives interdisziplinäres Lehren) zentral evaluiert (Stehle et al., 2018). Hinsichtlich der inhaltlichen Kernelemente zeigen sich für die überwiegende Zahl der VIGOR-Lehrangebote die

---

7   SS = Sommersemester, WS = Wintersemester.

intendierten Zuwächse hinsichtlich selbsteingeschätzter professioneller Unterrichtswahrnehmung und/oder hinsichtlich der Selbstwirksamkeitserwartung der Studierenden im Umgang mit Heterogenität. Auch die didaktischen Kernelemente der VIGOR-Veranstaltungen, Analyse von Unterrichtsvideos, Blended Learning-Formate sowie kooperatives interdisziplinäres Lehren, werden von den Studierenden durchweg positiv bewertet (ebd.).

Insgesamt hat sich VIGOR damit als ein wirksames, in einem angemessenen organisatorischen Rahmen realisierbares und gleichzeitig sowohl von Lehrenden als auch Lernenden akzeptiertes Instrument zur Konzeption und Umsetzung von videobasierten Online-Lehr-Lern-Formaten für die Lehrkräftebildung in einem kollaborativen fächer- und phasenübergreifenden Setting erwiesen.

5 Geplante Weiterentwicklungen

Die geplanten Weiterentwicklungen von VIGOR sind zum einen davon geprägt, die Plattform weiterhin für die Nutzung im Kontext von Lehre und Forschung in der Lehrkräftebildung an der Goethe-Universität zu optimieren. Dies beinhaltet zum Beispiel die technische Überarbeitung des Videobereichs, um neuere technologische Entwicklungen wie beispielsweise adaptives Streaming realisieren zu können.

Zum anderen werden Vorbereitungen für die Verstetigung der Plattform über den Zeitraum der Projektförderung hinaus und die potentielle Erweiterung des Kreises an Nutzerinnen und Nutzern getroffen, beispielsweise durch die Implementierung eines umfangreicheren, differenzierteren Rechtemanagements für unterschiedliche Nutzerinnen- und Nutzergruppen, um im Hinblick auf verschiedene Kooperationsszenarien zukunftssicher operieren zu können. Die Stärkung der standortübergreifenden Zusammenarbeit und der stärkere Einbezug von bisher nicht beteiligten Schulen und Studienseminaren sind hierbei wünschenswerte Schwerpunkte. Daher wird daran gearbeitet, den Zugang zu VIGOR als Lehr-/Lernplattform – und nicht nur zu den enthaltenen Videos – allgemein zu vereinfachen und das aktuell bestehende Zugangssystem zukünftig in ein weitestgehend automatisch operierendes System zu überführen. Durch die Anbindung an das Meta-Videoportal für die Lehrkräftebildung und die Zusammenarbeit mit der dahinterstehenden Kooperationsgruppe sind dafür bereits wichtige Voraussetzungen geschaffen.

Ein wichtiger Aspekt hierbei ist es auch, die Entstehung und gemeinschaftliche Nutzung neuen Videomaterials über den Kontext der bestehenden Förderzusammenhänge hinaus zu fördern. Dies kann beispielsweise durch den Transfer entsprechenden technisch-methodischen Wissens rund um die Produktion und Aufbereitung von Videos für die Lehrkräftebildung und deren Verwendung in Plattformen wie VIGOR über Online-Kurse oder Tutorials geleistet werden. Die Erstellung von entsprechenden Angeboten wird an den an VIGOR beteiligten Einrichtungen an der Goethe-Universität bereits geplant.

Literatur

Adl-Amini, K., Burgwald, C., Haas, S., Beck, M., Chihab, L., Fetzer, M., Lorenzen, M., Niesen, H., Sührig, L. & Hardy, I. (2020). Fachdidaktische Perspektiven auf Inklusion. Entwicklung und Evaluation einer digitalen Lerneinheit zur Inklusion als Querschnittsaufgabe im Lehramtsstudium. *k:ON – Kölner Online Journal für Lehrer*innenbildung, 2*, 2/2020, 108–133. https://doi.org/10.18716/ojs/kON/2020.2.06

Adl-Amini, K., Burgwald, C., Haas, S., Beck, M., Chihab, L., Fetzer, M., Niesen, H., Sührig, L. & Hardy, I. (2021, 11.–12. März) *Fachdidaktische Perspektiven auf Inklusion. Videobasierte Schulung der Professionellen Unterrichtswahrnehmung in Bezug auf Teilhabebarrieren und -strategien.* [Posterpräsentation] Tagung Lehren und Forschen mit Videos in der Lehrkräftebildung: Eröffnung des bundesweiten Meta-Videoportals, Münster, Deutschland.

Altrichter, H., Durdel, A., Fischer-Münnich, C., Fittkau, J., Morgenstern, J., Mühleib, M. & Tölle, J. (2020). *Evaluation der „Qualitätsoffensive Lehrerbildung"*. Abschlussbericht. Ramboll. https://www.qualitaetsoffensive-lehrerbildung.de/lehrerbildung/shareddocs/downloads/files/qualitaetsoffensive-lehrerbild-ht-der-evaluation_abschlussbericht.pdf?__blob=publicationFile&v=1

Amrhein, B. & Dziak-Mahler, M. (2014): Fachdidaktik inklusiv. In B. Amrhein & M. Dziak-Mahler (Hrsg.), *Fachdidaktik inklusiv: Auf der Suche nach didaktischen Leitlinien für den Umgang mit Vielfalt in der Schule* (S. 11–13). Waxmann.

Arnold, E. (2010). Kooperationen zwischen der ersten und zweiten Phase der Lehrerausbildung. *Erziehungswissenschaft, 21*(40), 69–77. https://doi.org/10.25656/01:2737

Autorengruppe Bildungsberichterstattung (Hrsg.). (2020). *Bildung in Deutschland 2020. Ein indikatorengestützter Bericht mit einer Analyse zu Bildung in einer digitalisierten Welt*. wbv. https://doi.org/10.3278/6001820gw

Baumert, J. & Kunter, M. (2011). Das Kompetenzmodell von COACTIV. In M. Kunter, J. Baumert, W. Blum, U. Klusmann, S. Krauss & M. Neubrand (Hrsg.), *Professionelle Kompetenz von Lehrkräften: Ergebnisse des Forschungsprogramms COACTIV* (S. 29–53). Waxmann.

Biederbeck, I. & Rothland, M. (2017). Professionalisierung des Umgangs mit Heterogenität. In T. Bohl, J. Budde & M. Rieger-Ladich (Hrsg.), *Umgang mit Heterogenität in Schule und Unterricht* (S. 223–235). Klinkhardt/UTB.

Blomberg, G., Renkl, A., Sherin, M. G., Borko, H. & Seidel, T. (2013). Five research-based heuristics for using video in pre-service teacher education. *Journal of Educational Research Online, 5*(1), 90–114. https://doi.org/10.25656/01:8021

Breitenbach, S. (2016). Post-Production: Häufig genannte Probleme und Lösungsmöglichkeiten (Support-Teil). In U. Rauin, M. Herle & T. Engartner (Hrsg.), *Videoanalysen in der Unterrichtsforschung. Methodische Vorgehensweisen und Anwendungsbeispiele* (S. 332–334). Beltz Juventa.

Bundesministerium für Bildung und Forschung (BMBF) (2016). *Bildungsoffensive für die digitale Wissensgesellschaft*. https://www.kmk.org/fileadmin/pdf/Themen/Digitale-Welt/Bildungsoffensive_fuer_die_digitale_Wissensgesellschaft.pdf

Bundesministerium für Bildung und Forschung (BMBF) (2019). *Digitale Zukunft. Lernen. Forschen. Wissen. Die Digitalstrategie des BMBF*. https://bmbf-prod.bmbfcluster.de/upload_filestore/pub/BMBF_Digitalstrategie.pdf

Dräger, J., Ziegele, F., Thiemann, J., Müller, U., Rischke, M. & Khodaei, S. (2014). *Hochschulbildung wird zum Normalfall – Ein gesellschaftlicher Wandel und seine Folgen*. Centrum für Hochschulentwicklung. www.che.de/downloads/Hochschulbildung_wird_zum_Normalfall_2014.pdf

Gattinger, T., Sacher, P., Weiß, D. & Schiffner, D. (2020). Developing a cooperative platform for researching the use of video-based learning units in university-based teacher education, *EDULEARN20 Proceedings*, 5080–5089. https://doi.org/10.21125/edulearn.2020.1324

Gaudin, C. & Chaliès, S. (2015). Video viewing in teacher education and professional development: A literature review. *Educational Research Review, 16*, 41–67. https://doi.org/10.1016/j.edurev.2015.06.001

Gold, B., Förster, S. & Holodynski, M. (2013). Evaluation eines videobasierten Trainingsseminars zur Förderung der professionellen Wahrnehmung von Klassenführung im Grundschulunterricht. *Zeitschrift für pädagogische Psychologie, 27*(3), 141–155. http://doi.org/10.1024/1010-0652/a000100

Häder, Michael (2009). *Der Datenschutz in den Sozialwissenschaften. Anmerkungen zur Praxis sozialwissenschaftlicher Erhebungen und Datenverarbeitung in Deutschland*. http://www.ratswd.de/download/RatSWD_WP_2009/RatSWD_WP_90.pdf

Hall, R. (2007). Strategies for video recording: fast, cheap, and (mostly) in control. In S. J. Derry (Hrsg.), *Guidelines for Video Research in Education. Recommendations from an Expert Panel*. (S. 4–14) Data Research and Development Center. http://drdc.uchicago.edu/what/video-research-guidelines.pdf

Hardy, I. (2017). Individuelle Förderung von Lernprozessen. Einführung. In U. Hartmann, M. Hasselhorn & A. Gold (Hrsg.), *Entwicklungsverläufe verstehen – Individuelle Förderung wirksam gestalten. Forschungsergebnisse des Frankfurter IDeA-Zentrums* (S. 267–279). Kohlhammer.

Hardy, I., Decristan, J. & Klieme, E. (2019). Adaptive teaching in research on learning and instruction. *Journal of Educational Research Online, 11*(2), 169–191. https://doi.org/10.25656/01:18004

Hellmann, K. (2019). Kohärenz in der Lehrerbildung – Theoretische Konzeptionalisierung. In K. Hellmann, J. Kreutz, M. Schwichow & K. Zaki (Hrsg.), *Kohärenz in der Lehrerbildung – Theorien, Modelle und empirische Befunde* (S. 9–30). Springer VS. https://doi.org/10.1007/978-3-658-23940-4_2

Hellmann, K. Kreutz, J., Schwichow, M. & Zaki, K. (2019). *Kohärenz in der Lehrerbildung – Theorien, Modelle und empirische Befunde*. Springer VS. https://doi.org/10.1007/978-3-658-23940-4

Herrle, M. & Breitenbach, S. (2016). Planung, Durchführung und Nachbereitung videogestützter Beobachtungen im Unterricht. In U. Rauin, M. Herrle & T. Engartner (Hrsg.), *Videoanalysen in der Unterrichtsforschung. Methodische Vorgehensweisen und Anwendungsbeispiele* (S. 30–49). Beltz Juventa.

Hochschulrektoren- und Kultusministerkonferenz (2015). *Gemeinsame Empfehlung für eine Lehrerbildung für eine Schule der Vielfalt*. https://www.kmk.org/fileadmin/Dateien/veroeffentlichungen_beschluesse/2015/2015_03_12-Schule-der-Vielfalt.pdf

Horz, H. & Schulze-Vorberg, L. (2017). Digitalisierung in der Hochschullehre. In Konrad Adenauer Stiftung (Hrsg.), *Digitale Gesellschaft – Gestaltungsräume* (S. 57–71). Konrad Adenauer Stiftung e.V. http://www.kas.de/wf/doc/kas_50782-544-1-30.pdf

Jehle, M. & McLean, P. (2020). Videobasierte Lehrveranstaltungsformate zur Förderung reflexiver Unterrichtswahrnehmung in der sozialwissenschaftlich-historischen Lehrer*innenbildung. In K. Hauenschild, B. Schmidt-Thieme, D. Wolff & S. Zourelidis (Hrsg.), *Videografie in der Lehrer*innenbildung. Aktuelle Zugänge, Herausforderungen und Potenziale* (S. 198–208). Universitätsverlag Hildesheim. https://doi.org/10.18442/116

Kleemann, K., Jennek, J. & Vock, M. (2019). Synopse: Der Sammelband „Kooperation von Universität und Schule fördern". In K. Kleemann, J. Jennek & M. Vock (Hrsg.), *Kooperation von Universität und Schule fördern: Schulen stärken, Lehrerbildung verbessern* (S. 281–302). Verlag Barbara Budrich.

Klieme, E. & Warwas, J. (2011). Konzepte der individuellen Förderung. *Zeitschrift für Pädagogik, 57*(6), 805–818. https://doi.org/10.25656/01:8782

König, J., Gräsel, C. & Decristan, J. (2017). Adaptiver Umgang mit Heterogenität im Unterricht. *Unterrichtswissenschaft, 45*(4), 195–206.

Konferenz der Kultusminister der Länder der Bundesrepublik Deutschland (2004). *Standards der Lehrerbildung – Bildungswissenschaften*. Beschluss der Kultusministerkonferenz vom 16.12.2004 i.d. Fassung vom 16.05.2019. https://www.kmk.org/fileadmin/veroeffentlichungen_beschluesse/2004/2004_12_16-Standards-Lehrerbildung.pdf

Konferenz der Kultusminister der Länder der Bundesrepublik Deutschland (2016). *Strategie der Kultusministerkonferenz „Bildung in der digitalen Welt"*. https://www.kmk.org/fileadmin/Dateien/pdf/PresseUndAktuelles/2018/Digitalstrategie_2017_mit_Weiterbildung.pdf

Kunter, M., Kleickmann, T., Klusmann, U. & Richter, D. (2011). Die Entwicklung professioneller Kompetenz von Lehrkräften. In M. Kunter, J. Baumert, W. Blum, S. Klusmann & M. Neubrand (Hrsg.), *Professionelle Kompetenz von Lehrkräften. Ergebnisse des Forschungsprogramms COACTIV* (S. 55–68). Waxmann.

McElvany, N., Schwabe, F., Bos, W. & Holtappels, H. G. (Hrsg.). (2018). *Digitalisierung in der schulischen Bildung. Chancen und Herausforderungen*. Waxmann.

McLean, P. (2021). Vermittlung von Theorie für die Deutung der Praxis in der Geschichtslehrer- und Geschichtslehrerinnenbildung – konzeptionelle Überlegungen zur Ausbildung und Förderung reflexiver Wahrnehmung von Geschichtsunterricht auf der Grundlage videobasierter Blended-learning-Szenarien. *die hochschullehre, 7/2021*(1). https://doi.org/10.3278/HSL2101W

Moser, V. (2019). Lehrkraftkompetenzen im Kontext inklusiver Lernsettings. In N. McElvany, W. Bos, H. G. Holtappels & A. Ohle-Peters (Hrsg.), *Bedingungen und Effekte von Lehrerbildung, Lehrkraftkompetenzen und Lehrkrafthandeln* (S. 87–104). Waxmann.

Pauli, C. (2006). Aufbereitung der Videodaten. In I. Hugener, C. Pauli, K. Reusser, (Hrsg.), *Dokumentation der Erhebungs- und Auswertungsinstrumente zur schweizerisch-deutschen Videostudie „Unterrichtsqualität, Lernverhalten und mathematisches Verständnis". Teil 3, Videoanalysen* (S. 38–44). GFPF. https://doi.org/10.25656/01:3130

Petko, D. (2006). Kameraskript. In I. Hugener, C. Pauli, K. Reusser, (Hrsg.), *Dokumentation der Erhebungs- und Auswertungsinstrumente zur schweizerisch-deutschen Videostudie „Unterrichtsqualität, Lernverhalten und mathematisches Verständnis". Teil 3, Videoanalysen*. (S. 15–37). GFPF. https://doi.org/10.25656/01:3130

Petko, D. (2020). *Einführung in die Mediendidaktik. Lehren und Lernen mit digitalen Medien*. (2. Aufl.). Beltz.

Prenzel, M., Duit, R., Euler, M., Lehrke, M. & Seidel, T. (2001). *Erhebungs- und Auswertungsverfahren des DFG-Projekts „Lehr-Lernprozesse im Physikunterricht – eine Videostudie"*. IPN.

Santagata, R. & Guarino, J. (2011). Using video to teach future teachers to learn from teaching. *ZDM – The International Journal on Mathematics Education, 43*, 133–145. https://doi.org/10.1007/s11858-010-0292-3

Seidel, T., Blomberg, G. & Renkl, A. (2013). Instructional strategies for using video in teacher education. *Teaching and Teacher Education, 34*, 56–65. https://doi.org/10.1016/j.tate.2013.03.004

Sherin, M. G. (2002). When teaching becomes learning. *Cognition and Instruction, 20*(2), 119–150. https://doi.org/10.1207/S1532690XCI2002_1

Sherin, M. G. & van Es, E. A. (2009). Effects of video club participation on teachers' professional vision. *Journal of Teacher Education, 60*(1), 20–37. https://doi.org/10.1177/0022487108328155

Stehle, S., Appel, J. & Horz, H. (2018, 15.–17. Februar). *Innovative Lehrveranstaltungen in der Lehrerbildung: Ansätze und Evaluationsergebnisse aus dem Projekt Level* [Konferenzbeitrag]. 6. Tagung der Gesellschaft für Empirische Bildungsforschung (GEBF), Basel, Schweiz.

Stehle, S., Mihmat-Jakubzyk, S. & Hardy, I. (2020). Videofeedback und digitales Coaching zur Förderung unterrichtsbezogener Kompetenzen in den Praxisphasen des Lehramtsstudiums. In M. Krämer, J. Zumbach & I. Deibl, (Hrsg.), *Psychologiedidaktik und Evaluation XIII* (S. 121–129). Shaker Verlag. http://dx.doi.org/10.23668/psycharchives.4248

Stürmer, K., Seidel, T. & Schäfer, S. (2013). Changes in professional vision in the context of practice. Preservice teachers' professional vision changes following practical experience: A video-based approach in university-based teacher education. *Gruppendynamik & Organisationsberatung, 44*(3), 339–355. https://doi.org/10.1007/s11612-013-0216-0

Terhart, E. (2004). Struktur und Organisation der Lehrerbildung in Deutschland. In S. Blömeke, P. Reinhold, G. Tulodziecki & J. Wildt (Hrsg.), *Handbuch Lehrerbildung* (S. 37–59). Klinkhardt/Westermann.

van Ackeren, I. (2020). Lehrkräftebildung als gesamtuniversitäre Aufgabe. Erziehungswissenschaft, 31(60), 57–61. https://doi.org/10.3224/ezw.v31i1.06

van Es, E. A. & Sherin, M. G. (2008). Mathematics teachers learning to notice in the context of a video club. *Teaching and Teacher Education, 24*(2), 244–276. https://doi.org/10.1016/j.tate.2006.11.005

Verbund Forschungsdaten Bildung (2019). Checkliste zur Erstellung rechtskonformer Einwilligungserklärungen mit besonderer Berücksichtigung von Erhebungen an Schulen. (Version 2.0), *fdbinfo Nr. 1*. https://www.forschungsdaten-bildung.de/files/fdbinfo_1.pdf

Wilmers, A., Anda, C., Keller, C. & Rittberger, M. (Hrsg.). (2020). *Bildung im digitalen Wandel: Die Bedeutung für das pädagogische Personal und für die Aus- und Fortbildung*. Waxmann. https://doi.org/10.31244/9783830991991

Winkler, I., Gröschner, A., May, M. & Kleinespel, K. (2018). „Das Ganze ist mehr als die Summe seiner Teile": Modellierung inter- und transdisziplinärer Entwicklungsprojekte in der Lehramtsausbildung am Beispiel des Projekts ProfJL. In I. Winkler, A. Gröschner & M. May (Hrsg.), *Lehrerbildung in einer Welt der Vielfalt* (S. 7–26). Klinkhardt.

de Witt, C. (2008). Lehren und Lernen mit Neuen Medien/E-Learning. In U. Sander, F. von Gross & K.-U. Hugger (Hrsg.), *Handbuch Medienpädagogik* (S. 440–448). VS. https://doi.org/10.1007/978-3-531-91158-8

Charlotte Kramer, Johannes König & Kai Kaspar

Das ViLLA-Portal: Die Mischung macht's!
Unterrichtsvideos und -transkripte zur Förderung der situationsspezifischen Fähigkeiten angehender Lehrkräfte

1 Einleitung

Der Einsatz von Unterrichtsfällen ist in der Lehrkräftebildung zu einem wichtigen Ausbildungsbestandteil (Reh & Schelle, 2010) und zum Gegenstand vielfältiger Forschung geworden (Krammer et al., 2008; Pietsch, 2011; Seidel & Thiel, 2017). Unterrichtsfälle können dem oft beklagten Nebeneinanderstehen von Theorie und Praxis (Blömeke, 2002; Korthagen, 2017; Zeichner, 2010) und der Schwierigkeit von Studierenden, das im Rahmen von universitären Veranstaltungen erworbene Wissen mit den schulpraktischen Erfahrungen zu verknüpfen (Munby et al., 2001), entgegenwirken. Sie bieten Einblicke in Situationen, die die Komplexität von Unterricht verdeutlichen und schaffen damit bedeutsame Lernerfahrungen für Studierende, vor allem für den Umgang mit späteren Herausforderungen im professionellen Lehrerinnen- und Lehrerhandeln (Pietsch, 2011). Außerdem bieten sie angehenden Lehrkräften die Möglichkeit, Unterricht vor dem Hintergrund ihres erlernten Wissens zu reflektieren und analysieren und somit lernrelevante Ereignisse wahrzunehmen, diese zu interpretieren und weiterführende Handlungsentscheidungen zu treffen, ohne dabei selbst unter Handlungsdruck zu stehen. Diese Dreiteilung ist aus dem Konzept des Noticing (Santagata et al., 2021) bekannt, im deutschsprachigen Raum oft als professionelle Unterrichtswahrnehmung bezeichnet. Im Fokus stehen das Erkennen von zentralen unterrichtlichen Ereignissen sowie deren Interpretation auf Basis von Wissen und teilweise daran anschließende Handlungsentscheidungen. Unabhängig vom unterschiedlichen theoretischen Hintergrund (Santagata et al., 2021) und den nicht immer trennscharf voneinander abgrenzbaren Systematisierungen wird diesen Fähigkeiten eine zentrale Rolle für die Kompetenzentwicklung angehender Lehrkräfte zugeschrieben (Kaiser & König, 2019; Seidel & Stürmer, 2014). Es scheint daher sinnvoll, Unterrichtsfälle schon in der Lehrkräftebildung intensiv einzusetzen. Gerade Unterrichtsvideos kommt hierbei eine zentrale Rolle zu, da sie eine Möglichkeit bieten, Unterricht realitätsnah und multidimensional abzubilden. Interventionsstudien zeigen, dass der Einsatz von Unterrichtsvideos zu einem Zuwachs in der Wahrnehmungs- und Interpretationskompetenz von Lehramtsstudierenden führen kann (z. B. Gold et al., 2013; Santagata & Guarino, 2011; Sherin, 2007). Um die Arbeit mit Unterrichtsvideos in der universitären und schulpraktischen Lehre zu unterstützten, wurde an der Universität zu Köln das Online-Portal

ViLLA – Videos in der Lehrerinnen- und Lehrerausbildung[1] aufgebaut, in dem Unterrichtsvideos bereitgestellt und inhaltlich aufgearbeitet werden. In der Begleitforschung wird die Wirksamkeit von Unterrichtsvideos gegenüber textbasierten Fällen in den Blick genommen. Die Förderung der situationsspezifischen Fähigkeiten der angehenden Lehrkräfte steht dabei im Fokus aller Bereiche von ViLLA (https://villa.uni-koeln.de/).

2 Situationsspezifische Fähigkeiten mit Unterrichtsfällen fördern

Die Wahrnehmung von lernrelevanten Ereignissen, deren wissensbasierte Interpretation und die weiterführenden Handlungsentscheidungen stellen zentrale Aspekte der Lehrkräfteexpertise dar (Berliner, 2001; Seidel & Stürmer, 2014) und werden auch in aktuellen Kompetenzmodellen verankert (Blömeke et al., 2015; Kaiser et al., 2017; Krauss et al., 2020). Gerade der angenommene prädiktive Zusammenhang dieser situationsspezifischen Fähigkeiten zu dem eigentlichen Handeln der Lehrperson macht die Förderung dieser Fähigkeiten – im Sinne einer gelungenen Verknüpfung von Theorie und Praxis – zu einem vielversprechenden Ausbildungsinhalt. Erste empirische Studien konnten diesen angenommen Zusammenhang bestätigen (Kersting et al., 2012; König & Kramer, 2016). So konnten zum Beispiel bei Lehrerinnen und Lehrern weiterführender Schulen organisatorische Aspekte der Klassenführung, gemessen über Schülerinnen- und Schülerbefragungen (König & Kramer, 2016) oder durch in-vivo Ratings geschulter Beobachterinnen und Beobachter (König et al., 2021), durch ihre situationsspezifischen Fähigkeiten zur Wahrnehmung und Interpretation von Klassenführung vorhergesagt werden. Bei Grundschullehrkräften und der damit einhergehenden Befragung von Grundschülerinnen und Grundschülern konnten diese Zusammenhänge jedoch nicht bestätigt werden (Gold, Junker et al., 2021). Gold, Junker et al. (2021) diskutieren aber die grundsätzliche Fähigkeit von Grundschülerinnen und Grundschülern, eine angemessene Bewertung der Lehrperson abzugeben und raten zu einer Ergänzung um externe Beobachtungen oder Videoaufnahmen. Somit kommen der Wahrnehmung, Interpretation und Entscheidung von unterrichtlich relevanten Ereignissen in der Lehrkräftebildung eine zentrale Rolle zu, deren frühzeitige Förderung mit Unterrichtsfällen – sowohl video- als auch textbasiert – sinnvoll erscheint (Hellermann et al., 2015).

Für die Analyse von Unterrichtssituationen kommen Unterrichtsvideos in der universitären Lehre vermehrt vor und zeigen in Trainingsseminaren mit Lehramtsstudierenden positive Wirkung auf die Förderung der situationsspezifischen Fähigkeiten von fachdidaktischen und allgemeinpädagogischen Anforderungen (Gold et al., 2016; Kersting, 2008; Seidel et al., 2011; Weber et al., 2020). Es wird dabei sowohl mit gestelltem oder realem als auch mit eigenem oder fremdem Unterricht gearbeitet. Gestellte Unterrichts-

---

[1] Ein Teil des in diesem Artikel zugrundeliegenden Vorhabens wird im Rahmen der gemeinsamen „Qualitätsoffensive Lehrerbildung" von Bund und Ländern mit Mitteln des Bundesministeriums für Bildung und Forschung unter dem Förderkennzeichen 01JA1815 gefördert. Die Verantwortung für den Inhalt dieser Veröffentlichung liegt bei den Autorinnen und Autoren.

videos werden mit Hilfe von Drehbüchern und Schauspielerinnen und Schauspielern produziert, während reale Unterrichtsvideos im alltäglichen Unterricht aufgezeichnet werden. Gestellte Unterrichtsvideos bieten die Möglichkeit, ausgewählte Schlüsselmomente von Unterricht vereinfacht oder besonders prägnant darzustellen und so die Gleichzeitigkeit der Unterrichtsgeschehnisse, die bei Novizinnen und Novizen im Gegensatz zu Expertinnen und Experten schnell zu einer Überforderung führen kann (Thiel et al., 2012), zu reduzieren. Unterrichtsvideos, die reale Unterrichtssituationen zeigen, präsentieren hingegen einen ungefilterten Einblick, der die Multidimensionalität und Simultanität (Doyle, 1986) von Unterricht im geschützten Raum erkennbar und zum Gegenstand der Analyse machen kann. Die Arbeit mit eigenen Unterrichtsvideos eröffnet im Gegensatz zu fremden Unterrichtsvideos, die ausschließlich eine Außenperspektive auf den Unterricht ermöglichen, zusätzlich noch eine innere Perspektive, die aus der Erinnerung an den selbst gehaltenen Unterricht resultiert (Gold, Pfirrmann et al., 2021). Die Kombination aus eigenen und fremden Unterrichtsvideos erwies sich gegenüber dem Lernen mit ausschließlich fremden Unterrichtsvideos für die Wahrnehmung und Interpretation von Klassenführung als überlegen (Gold, Pfirrmann et al., 2021; Hellermann et al., 2015). Die Schwierigkeit bei der Verwendung von eigenen Unterrichtsvideos scheint jedoch die Reflexion von kritischem Handeln der Lehrperson zu sein (Kleinknecht & Schneider, 2013). Lehrerinnen und Lehrer bemerken in ihren eigenen Unterrichtsvideos tendenziell zwar mehr relevante Aspekte des Lehrens und Lernens, reflektierten aber weniger kritische Vorfälle als es Lehrerinnen und Lehrer bei der Arbeit mit fremden Unterrichtsvideos taten (Seidel et al., 2011). Die emotionale Erregung, die Menschen wahrnehmen, wenn sie mit einem Video ihrer eigenen Person konfrontiert werden (Leblanca, 2018; Seidel et al., 2011), kann die Analyse gerade von kritischen Unterrichtsvorfällen erschweren.

Im ViLLA-Portal bilden Unterrichtsvideos aus realem Unterricht die Grundlage für unterschiedliche Lernsettings. So kann die Multidimensionalität von Unterricht abgebildet werden und die Unterrichtsvideos sind sowohl in fachdidaktischen als auch allgemeinpädagogischen Lernsettings unter verschiedenen Fragestellungen und Schwerpunktsetzungen nutzbar. Die Unterrichtsvideos zeigen sowohl erfahrene als auch studentische Lehrkräfte und ermöglichen einer großen Anzahl von Nutzenden die Arbeit mit fremden Unterrichtsvideos über das ViLLA-Portal. Die gefilmten Studierenden selbst profitieren zusätzlich durch eine angeleitete und eng betreute Analyse ihres eigenen Unterrichtshandelns.

Unterrichtsvideos erfreuen sich bei der Fallarbeit zwar einer immer größeren Beliebtheit, zeigen im Vergleich zu textbasierten Falldarstellungen bezüglich der Lernwirksamkeit jedoch keinen klaren Vorteil. Studien konnten zeigen, dass sich die Anzahl der wahrgenommenen korrekten Situationen der Klassenführung zwischen Studierenden, die mit Unterrichtsvideos arbeiteten, und jenen, die mit Unterrichtstranskripten arbeiteten, nicht unterschied (Schneider et al., 2016) oder nur bezüglich der gelungenen oder suboptimalen Ereignisse (Gold et al., 2016). Auch bezüglich der Interpretation von Unterrichtsereignissen sind die Ergebnisse uneindeutig: In der Studie von Schneider et al. (2016) zeigten Studierende, die mit Unterrichtstranskripten arbeiteten, bei durchschnittlicher Anwesenheit im Seminar sogar bessere Interpretationen von analysierten Unterrichtssituationen als die Studierenden einer Videogruppe. Hingegen fanden Gold et al. (2016), dass eine Videogruppe bei der Interpretation zwar nicht besser abschnitt, aber mehr Zusammenhänge zwischen den Geschehnissen, den Handlungen der Lehrpersonen und dem Lernen der Schülerinnen und Schüler herstellten, als es eine Textgruppe tat. Es zeigte sich auch, dass der Einsatz von Unterrichtsvideos in der Lehre auf großes Interesse bei den Lehramtsstudierenden stößt, sich dieses Interesse aber nicht signifikant im Vergleich zum Einsatz von textbasierten Fällen unterscheidet (Gold et al., 2016; Syring et al., 2015). Auch die wahrgenommene kognitive Belastung während der Analyse von Unterrichtsfällen unterscheidet sich nicht eindeutig zwischen videobasierten und textbasierten Fällen. Gold et al. (2016) konnten zeigen, dass sich jene Studierenden, die mit Unterrichtstexten arbeiteten, bei einer einmaligen Analyse eines Falls kognitiv belasteter fühlten, als jene Studierenden, die mit Unterrichtsvideos arbeiteten. Syring et al. (2015) konnten hingegen bei wiederholten Messungen an einer Gruppe von Studierenden, die mit Textfällen arbeitete, eine geringere und mit der Zeit abnehmende kognitive Belastung feststellen, während bei Studierenden, die mit Unterrichtsvideos arbeiteten, die kognitive Belastung über die Messzeitpunkte hinweg unverändert blieb. Sowohl Unterrichtsvideos als auch Unterrichtstranskripte scheinen also für die Wahrnehmung lernrelevanter Aspekte und deren Interpretation förderlich. Die unterschiedlichen Forschungsergebnisse zur Lernwirksamkeit und zur kognitiven Belastung lassen jedoch vermuten, dass sie nicht äquivalent funktionieren und damit eventuell unterschiedliche Teilkompetenzen fördern (Gold et al., 2016; Schneider et al., 2016), sodass eine kombinierte Nutzung der beiden Medien sinnvoll erscheint. Im ViLLA-Portal werden deshalb zu ausgewählten Unterrichtsvideos die dazugehörigen Transkripte zur Verfügung gestellt. In der Begleitforschung untersuchen wir unter Einbeziehung der wahrgenommenen kognitiven Aktivierung und kognitiven Belastung von Studierenden die Lernwirksamkeit von Unterrichtsvideos und -transkripten – sowohl im Vergleich zueinander als auch in Kombination miteinander.

3   ViLLA: Lernen mit Unterrichtsvideos

Die Arbeit mit Unterrichtsvideos scheint für die universitäre und schulpraktische Lehrkräftebildung sinnvoll, birgt jedoch in der praktischen Umsetzung für die Lehrenden auch einige Herausforderungen. In Abhängigkeit des Lerninhalts muss ein passendes Unterrichtsbeispiel gefunden oder selbst erstellt werden. Die eigene Erstellung eines Unterrichtsvideos erscheint nicht für viele Lehrende geeignet, denn es gibt eine Vielzahl arbeitsintensiver Facetten (u. a. Zugang zum Feld, Datenschutz, technisches Equipment, Videoschnitt, technische Bereitstellung des Videos) zu beachten. Der Rückgriff auf bereits existierende Unterrichtsvideos ist jedoch je nach Fach bzw. inhaltlichem Schwerpunkt aufgrund der überschaubaren Anzahl qualitativ hochwertiger und frei verfügbarer Unterrichtsvideos oft schwierig. Außerdem ist die Arbeit mit Unterrichtsvideos nicht grundsätzlich sinnvoll, sondern sie ist abhängig von einer angemessenen Einbettung des Unterrichtsfalls in eine didaktische Aufarbeitung (Gaudin & Chaliès, 2015). Während in Seminarstrukturen diese didaktische Aufarbeitung von Lehrenden übernommen werden kann, stellt sich die Frage, wie Studierende mit Unterrichtsvideos selbstständig effektiv arbeiten können. Das ViLLA-Portal greift diese Herausforderungen auf und stellt Unterrichtsvideos aus unterschiedlichen Fächern, Schulformen und Klassenstufen über eine Datenbank zur Verfügung und erweitert das Angebot um videobasierte Selbstlernmodule für das seminarunabhängige Lernen. Zusätzlich wurde die Frage nach der Lernwirksamkeit von Unterrichtsvideos im Vergleich zu textbasierten Fällen im Rahmen eines Trainingsseminars zur Klassenführung untersucht.

3.1 ViLLA-Datenbank mit Unterrichtsvideos

Um die Arbeit mit Unterrichtsfällen in der Lehrkräftebildung sowohl in der Lehre als auch in der Forschung zu unterstützen und den Zugang zu diesen Fällen zu vereinfachen, werden im ViLLA-Portal Unterrichtsvideos aus realen Lehr-Lern-Situationen in einer Datenbank (Abbildung 1) zur Verfügung gestellt. Die Videos zeigen Schulunterricht, Lernsituationen an außerschulischen Lernorten sowie Lerninterviews mit einzelnen Lernenden. Sowohl unterschiedliche Schulformen (Grundschule, Hauptschule, Realschule, Gesamtschule, Gymnasium, Berufskolleg) als auch eine Vielzahl von Fächern (Biologie, Chemie, Deutsch, Englisch, Ethik, Französisch, Mathematik, Physik, Religion, Sachunterricht, Spanisch, Sport) finden sich in den Unterrichtsvideos wieder. Aktuell stehen 210 Unterrichtsvideos über die ViLLA-Datenbank zur Verfügung. Die in den Unterrichtsvideos zu sehenden Lehrenden reichen hierbei von Lehramtsstudierenden bis zu langjährig in der Schulpraxis tätigen Lehrerinnen und Lehrern. Dieser Pool aus Unterrichtsvideos bietet eine breite Einsatzmöglichkeit für unterschiedliche Lernziele und Forschungsfragen. Um das Auffinden von passenden Unterrichtssituationen bestmöglich zu unterstützen, sind alle Unterrichtsvideos in fünf Suchkategorien verschlagwortet. Während sich drei der Suchkategorien auf strukturelle Merkmale (Schulform, Klassenstufe, Schulfach) beziehen, bilden zwei Suchkategorien Aspekte des eigentlichen Unterrichtsprozesses ab und beschreiben (fach-)didaktische Schwerpunkte sowie methodisch-didaktische Realisierungsformen. Die Schlagwörter unter diesen beiden Suchkategorien sind der praxisnahen, unterrichtsbezogenen Umgangssprache und der Fachsprache von Lehrerinnen und Lehrern zuzuordnen und bilden somit die ersten beiden von drei Niveaustufen der Lehrkräftesprache ab (König, 2009). Als praxisnahe, unterrichtsbezogene Umgangssprache gelten Begrifflichkeiten, die u. a. zur Kommunikation zwischen Lehrkräften und Schülerinnen und Schüler bzw. Eltern (z. B. Gruppenarbeit, Lerndiagnose) genutzt werden, somit allen bekannt sind und keinen besonderen Fachsprachecharakter aufweisen. Zu der Fachsprache von Lehrerinnen und Lehrern gehören abstrakte Termini (z. B. innere Differenzierung, Phasenmodelle von Unterricht), die sich aber durch einen starken Professionsbezug vom dritten Niveau, das eine wissenschaftlich-spezifische Terminologie enthält, abgrenzen (König et al., 2015). Diese Fokussierung auf die ersten beiden Niveaustufen erscheint sinnvoll, da die Verschlagwortung nicht nur für Lehrende und Forschende, sondern auch für Lehramtsstudierende in jeder Ausbildungsphase konzipiert wurde. In einer ersten empirischen Prüfung wurden die Suchkategorien und Schlagwörter der

ViLLA-Datenbank von Studierenden als verständlich eingeschätzt, wobei die Begrifflichkeiten, die der praxisnahen unterrichtsbezogenen Umgangssprache zuzuordnen sind, einfacher zu verstehen waren als die der Fachsprache (König et al., 2015). Durch diese sowohl die Form als auch die Inhalte beschreibende Verschlagwortung sind die Unterrichtsvideos für die Nutzenden leicht auffindbar und zielführend einsetzbar. Zusätzlich stehen für eine Vielzahl der ViLLA-Unterrichtsvideos weitere Materialien wie Unterrichtsplanungen, Arbeitsblätter und Lernergebnisse zur Verfügung, um das Lernen ganzheitlicher betrachten zu können und weiterführende Analysemöglichkeiten zu eröffnen. Das ViLLA-Portal steht – nach vorheriger Anmeldung – deutschlandweit Lehramtsstudierenden, Lehramtsanwärterinnen und -anwärtern und deren Lehrenden an Universitäten und schulpraktischen Seminaren zur Verfügung.

Abbildung 1:   Screenshot der ViLLA-Datenbank mit anonymisierten Vorschaubildern (Stand: 08.09.2021)

Durch die Kooperation mit anderen universitären Unterrichtsvideoportalen können die ViLLA-Unterrichtsvideos seit 2021 auch über das Meta-Videoportal (unterrichtsvideos.net) und der dort implementierten Verschlagwortung gefunden werden. Während die Zahl der universitären Lehrenden, die sich für das ViLLA-Portal registriert haben, von 2019 bis 2021 ähnlich geblieben ist, hat sich die Zahl der schulpraktischen Ausbildnerinnen und Ausbildner fast versechsfacht. Ein starker Anstieg bei den Zugriffszahlen konnte ab dem Sommersemester 2020 verzeichnet werden. Der Umstand, dass ein Großteil des Praxisbezugs vor allem in der zweiten Ausbildungsphase aufgrund der COVID-19-Pandemie nicht in Präsenz stattfinden konnte, dürfte neben der zunehmenden Sichtbarkeit über das Meta-Videoportal ursächlich für diese Nutzungsintensivierung des ViLLA-Portals sein und verdeutlicht den Bedarf an stellvertretenden Praxisbeispielen.

3.2 ViLLA-Selbstlernmodule für seminarunabhängiges Lernen

Nicht alleine die Verfügbarkeit von Unterrichtsvideos, sondern die gezielte didaktische Integration dieser in ein Lernsetting scheint für die Lehrkräftebildung wichtig und kann zur Professionalisierung von Studierenden beitragen (Brophy, 2004; Gaudin & Chaliès, 2015; Krammer et al., 2006). Neben dem angeleiteten Einsatz der ViLLA-Videos, wie er zum Beispiel in Seminaren stattfindet, werden ausgewählte Unterrichtsausschnitte aus der ViLLA-Datenbank für ein individualisiertes Lernen in Online-Selbstlernmodulen aufgearbeitet und allen Nutzenden zur Verfügung gestellt. Grundlegend werden hier fallbasierte und themenbezogene Selbstlernmodule unterschieden. In fallbasierten Selbstlernmodulen werden ausgewählte kurze Videosequenzen in den Fokus gerückt, indem sie durch allgemeinpädagogische Fragestellungen (z. B. Störungsprävention, Visualisierung) die Auseinandersetzung mit den jeweiligen exemplarischen unterrichtlichen Situationen anregen. In den themenbezogenen Selbstlernmodulen werden allgemeinpädagogische Themen (z. B. Klassenführung) und fachdidaktische Themen (z. B. Kommunikation und Interaktion im Sportunterricht) theoretisch aufgearbeitet und die zu erlernende Theorie mit Unterrichtsvideos auf konkrete Unterrichtssituationen bezogen. Während im fallbasierten Selbstlernmodul auf bereits bekanntes professionelles Wissen zurückgegriffen werden muss, wird im themenbezogenen Selbstlernmodul das benötigte Wissen explizit aufgebaut. Dies macht es möglich, die Selbstlernmodule sowohl für Studienanfängerinnen und -anfänger als auch für fortgeschrittene Lehramtsstudierende sowie Lehramtsanwärterinnen und -anwärter zu nutzen. Die interaktiven Selbstlernmodule sind in ihrer Konzeption sowie in ihren Fragestellungen zu den Unterrichtsvideos an den Dreischritt der situationsspezifischen Fähigkeiten angepasst, indem sich die Fragen zu den Videos jeweils auf die Wahrnehmung, die Interpretation oder weiterführende Handlungsentscheidungen beziehen. Ein Einführungsmodul stellt diese Vorgehensweise und die theoretischen Hintergründe hierzu vor. Alle Module wurden zusammen mit universitären und schulischen Expertinnen und Experten entwickelt. Bei offenen Fragen können Studierende die eigenen Antworten mit denen von Expertinnen und Experten abgleichen.

3.3 Das ViLLA-Seminar „Klassenführung"

Klassenführung gilt als Basisdimension von Unterrichtsqualität (Klieme, 2019) und ihr kommt für einen gelungenen Lehr-Lernprozess übergreifend in allen Schulformen und Unterrichtsfächern eine zentrale Rolle zu. Ziel ist die Schaffung und Aufrechterhaltung einer Lernumgebung, die durch einen reibungslosen Ablauf und mit klarer Strukturierung optimale Lernbedingungen für die gesamte Lerngruppe herstellt (Evertson & Weinstein, 2006; Kounin, 2006). Effektive Klassenführung führt bei Schülerinnen und Schülern zur Steigerung des Lern- und Leistungsniveaus (Seidel & Shavelson, 2007; Wang et al., 1993) und bei Lehrkräften zur Reduktion von Stress (Evertson & Emmer, 2009). Umso bedeutsamer erscheint der Umstand, dass angehende Lehrpersonen ihre Ausbildung gerade beim Aspekt der Klassenführung nicht als zielgerichtete Vorbereitung auf ihren

Beruf wahrnehmen (Jones, 2006) und es ihnen während der ersten Unterrichtsversuche schwerfällt, eine effektive Klassenführung zu realisieren (Wolff et al., 2017). Ohne eine zielgerichtete Vorbereitung besteht die Gefahr, dass in der Praxis angetroffene Lehrerinnen und Lehrer einen (zu) starken Einfluss auf die angehenden Lehrpersonen haben und ihr Handeln unreflektiert übernommen wird (Chitpin et al., 2008). Daher scheint es für eine gelungene Theorie-Praxis-Verknüpfung sinnvoll, die Wahrnehmung und Interpretation von Klassenführungssituationen schon zu einem frühen Zeitpunkt der Ausbildung zu thematisieren.

Das ViLLA-Trainingsseminar thematisiert Aspekte der Klassenführung, die ohne Rückgriff auf Wissen über vorherrschende Kontexte in Fallbeispielen bearbeitet werden können und hält sich im Wesentlichen an die Ausdifferenzierungen von Kounin (2006) sowie die Bereiche des Teaching Performance Appraisal Instruments (TPAI; Hawk & Schmidt, 1989; Swartz et al., 1990). Die Bereiche des TPAI wurden als handlungsnahe, evidenzbasierte und trainingsrelevante Inhalte entwickelt (für eine Übersicht über die spezifischen Themen siehe Kramer et al., 2017). Das Ziel des ViLLA-Trainingsseminars ist die Förderung der Wahrnehmung von klassenführungsrelevanten Ereignissen, deren wissensbasierte Interpretation und das anschließende Treffen von weiterführenden Entscheidungen. Hierfür wird in jeder Sitzung, nach einer Einführung in die Theorie, das erarbeitete Wissen von den Studierenden unter Rückbezug auf diesen Dreischritt auf konkrete Unterrichtsfälle bezogen und anschließend diskutiert. Die Unterrichtsbeispiele in den Seminaren zeigen keine modellhafte Unterrichtspraxis, um der Gefahr der unreflektierten Nachahmung entgegenzuwirken (Chitpin et al., 2008; Krammer & Reusser, 2005). Sie bieten vielmehr die Möglichkeit, Unterrichtssituationen wissensbasiert zu analysieren und so die von den Universitäten intendierte Rückkopplung der Praxis mit einer wissenschaftlich fundierten Ausbildungsbasis zu stärken (Arnold et al., 2011; Hascher, 2011). Das ViLLA-Trainingsseminar wird im bildungswissenschaftlichen Lehramtsstudium angeboten und richtet sich damit an Studierende aller Schulformen und Unterrichtsfächer. Die Unterrichtsfälle werden je nach Seminar entweder als Unterrichtsvideos, Unterrichtstranskripte oder einer Kombination dieser beiden Medien über das ViLLA-Portal angeboten. Die Kombination der beiden Medien vollzieht sich in einer schrittweisen Annäherung an die Unterrichtsvideos über Unterrichtstranskripte, um einer eventuellen kognitiven Belastung bei der Arbeit mit Unterrichtsvideos entgegenzuwirken (Syring et al., 2015). In den ersten Seminarsitzungen der medienkombinierten Seminare wird daher ausschließlich mit Unterrichtstranskripten, danach mit einer Kombination beider Medien und am Schluss nur noch mit Unterrichtsvideos gearbeitet. Aus dem Vorlesungsverzeichnis ist nicht zu erkennen, mit welchem Medium im jeweiligen Seminar gearbeitet wird, sodass ein quasi-experimenteller Vergleich der eingesetzten Medien möglich wird.

4 ViLLA-Wirksamkeitsstudien zur Förderung der situationsspezifischen Fähigkeiten von Klassenführung

Um die Lernwirksamkeit von Unterrichtsvideos zu untersuchen, analysierten wir die durchgeführten ViLLA-Seminare bezüglich der eingesetzten Medien. In einer ersten Studie (Kramer et al., 2017) mit Bachelorstudierenden verglichen wir video- und transkriptbasierte Seminare sowie Seminare, die ohne Situationsbezug arbeiteten. In einer zweiten Studie (Kramer et al., 2020) mit Masterstudierenden ergänzten wir den Vergleich von Video und Transkript um eine Kombination dieser beiden Medien. Alle Teilnehmenden der Seminare wurden zu Beginn (Prä-Erhebung) und am Ende des Semesters (Post-Erhebung) mit einem videobasierten Instrument zur Messung der situationsspezifischen Fähigkeiten von Klassenführung getestet (König, 2015; König & Kramer, 2016). Dieses umfasst vier kurze Unterrichtsausschnitte (alle unter 3 Minuten) aus realem Unterricht, die typische herausfordernde Situationen der Klassenführung in unterschiedlichen Lerngruppen darstellen (Doyle, 2006): Gestaltung von Übergängen, Organisation zeitlicher Abläufe, Regelung von Verhalten und Erteilung von Rückmeldung. Nach einmaligem Ansehen beantworten die Teilnehmenden im Anschluss an jedes Video vier bis neun Fragen. Insgesamt werden 24 Fragen im Test verwendet, von denen 19 ein offenes und fünf ein geschlossenes Format aufweisen. Die offenen Fragen werden nach einem Kodierungsschlüssel von zwei Personen unabhängig voneinander ausgewertet. 20% der Fragebögen wurden in beiden Studien von je zwei Ratern kodiert. Die Interrater-Reliabilität zeigte eine sehr gute Übereinstimmung (Studie 1: κ = .91, Studie 2: κ = .93).

Die wahrgenommene kognitive Aktivierung und kognitive Belastung durch das jeweils eingesetzte Medium wurden mit einem Fragebogen nach der Intervention erhoben. Die Skala zur kognitiven Aktivierung (Kramer et al., 2017) bezieht sich auf die Aktivierung von kognitiven Prozessen durch das eingesetzte Lernmedium und wird auf einer fünfstufigen Antwortskala (von 1 = „stimmt gar nicht" bis 5 = „stimmt genau") erfasst und wurde in beiden Studien eingesetzt. Die Skala zur kognitiven Belastung (Paas, 1992; Paas et al., 2003) bezieht sich auf die kognitive Anstrengung bei der Wahrnehmung von klassenführungsrelevanten Aspekten, deren Interpretation und der Entwicklung von Handlungsentscheidungen. Die Bewertung wird auf einer siebenstufigen Antwortskala (von 1 = „sehr niedrig" bis 7 = „sehr hoch") vorgenommen und wurde ausschließlich in Studie 2 eingesetzt. Die beobachteten Reliabilitäten der Skalen waren in beiden Studien gut (Cronbach's α > .75). Die detaillierte Beschreibung der Studien und der Ergebnisse können bei Kramer et al. (2017, 2020) nachgelesen werden.

4.1 Lernwirksamkeitsstudie 1: Vergleich zwischen Video und Transkript

Im Rahmen einer quasi-experimentellen Studie zur Lernwirksamkeit von Unterrichtsvideos wurde neben der Förderung des pädagogischen Wissens auch die Entwicklung der situationsspezifischen Fähigkeiten von Klassenführung untersucht. 222 Lehramtsstudierende nahmen dafür an einem von sieben Seminaren aus dem Bachelormodul „Unterrichten" des bildungswissenschaftlichen Begleitstudiums der Universität zu Köln teil. In vier der sieben Seminare wurde das Konzept des ViLLA-Seminars durchgeführt (siehe 3.3). Als Fallmedium arbeiteten die Studierenden in zwei Seminaren, die die erste Experimentalgruppe bildeten, mit Unterrichtvideos (videobasierte EG: $n = 59$), während die Studierenden der zwei anderen fallbasierten Seminare die Fälle in Form von Unterrichtstranskripten bekamen (transkriptbasierte EG: $n = 64$). Als Kontrollgruppe (KG: $n = 99$) dienten drei Seminare aus dem gleichen Bachelormodul, die jedoch ohne Fallmedium arbeiteten. Die teilnehmenden Studierenden waren zu 77% weiblich und zum Zeitpunkt der ersten Erhebung 23,35 Jahre alt ($SD = 3,66$), gerundet im fünften Semester ($M = 4,69$, $SD = 0,97$) und unterschieden sich zwischen den Experimentalgruppen und der Kontrollgruppe nicht bedeutsam voneinander.

Sowohl die Studierenden der videobasierten als auch die Studierenden der transkriptbasierten Seminare erreichten einen, zumindest auf dem 10%-Niveau, signifikanten Zuwachs in den situationsspezifischen Fähigkeiten mit einem kleinen Effekt (videobasierte EG: $p = 0,083$, $d = 0,23$, transkriptbasierte EG: $p = 0,009$, $d = 0,31$). Die Studierenden der Kontrollgruppe konnten keinen Zuwachs verzeichnen ($p = 0,390$, $d = 0,03$), schnitten bei der zweiten Messung nach dem Seminar sogar ein wenig schlechter ab als bei der ersten Messung. Neben dem erreichten Testwert zur ersten Messung vor dem Seminar zeigten sich in Kovarianzanalysen, dass die Gruppenzugehörigkeit einen signifikanten Einfluss mittlerer Effektgröße auf die erreichte Punktzahl zur zweiten Messung hatte, $F(2, 215) = 14,73$, $p < 0,001$, $\eta_p^2 = 0,121$. Post-hoc Tests (Bonferroni-adjustiert) zeigten, dass sowohl die videobasierte Experimentalgruppe als auch die transkriptbasierte Experimentalgruppe signifikant bessere Ergebnisse als die Kontrollgruppe erreichten (beide ps $< 0,001$). Zwischen den beiden Experimentalgruppen gab es jedoch keinen signifikanten Unterschied (Abbildung 2).

Abbildung 2: Zuwachs der prozentualen Lösungshäufigkeiten (Differenzwert von Prä- und Posttestung) im videobasierten Instrument zur Klassenführungsexpertise in den ViLLA-

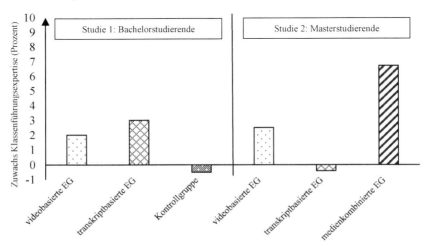

Bei den Angaben zu der empfundenen kognitiven Aktivierung durch das jeweilige Fallmedium (videobasierte EG: $M = 4{,}35$, $SD = 0{,}64$, transkriptbasierte EG: $M = 3{,}75$, $SD = 0{,}72$) zeigte sich ein signifikanter Unterschied mit einem großem Effekt zugunsten der Videos, $t(107) = 4.609$, $p < 0{,}001$, $d = 0{,}88$.

4.2 Lernwirksamkeitsstudie 2: Vergleich zwischen Video, Transkript und einer Kombination beider Medien

In einer zweiten quasi-experimentellen Studie zur Lernwirksamkeit von Unterrichtsvideos zur Förderung der situationsspezifischen Fähigkeiten von Klassenführung wurden video- und transkriptbasierte Experimentalgruppen um eine dritte Gruppe erweitert, die beide Medien kombiniert nutzte. Eine Kontrollgruppe ohne Situationsbezug wurde auf Grund der Ergebnisse von Studie 1, die keinen Zuwachs in dieser Gruppe finden konnte, nicht erneut realisiert. 162 Masterstudierende nahmen an einem von sechs Seminaren im bildungswissenschaftlichen Begleitstudium im Mastermodul „Innovieren" an der Universität zu Köln teil. Alle sechs Seminare arbeiteten nach dem ViLLA-Seminarkonzept (siehe 3.3) und wurden von zwei Lehrenden durchgeführt. Je zwei Seminare arbeiteten mit Unterrichtsvideos (videobasierte EG: $n = 66$), zwei Seminare mit Unterrichtstranskripten (transkriptbasierte EG: $n = 49$) und zwei weitere Seminare mit einer Kombination von Videos und Transkripten (medienkombinierte EG: $n = 47$). Jede Lehrende führte eines von jedem sich in den Medien unterscheidenden drei Seminaren durch. Die teilnehmenden Studierenden waren zu 80% weiblich und zum Zeitpunkt der ersten Erhebung 24,45 Jahre ($SD = 2{,}91$) alt. 80% der Studierenden waren im ersten, 11% im dritten und 9% in einem höheren Mastersemester. Die in der ersten Studie im Post-Test realisierte Erhebung zur empfundenen kognitiven Aktivierung wurde in dieser Studie nun um die wahrgenommene kognitive Belastung durch das jeweilige Fallmedium ergänzt. Hierbei sollte untersucht werden, ob sich die wahrgenommene kognitive Belastung durch eine sukzessive Heranführung an die Unterrichtsvideos über Unterrichtstranskripte (medienkombinierte EG), im Gegensatz zur Arbeit mit ausschließlich Unterrichtsvideos, verringert und zusammen mit der kognitiven Aktivierung den Lernzuwachs in den situationsspezifischen Fähigkeiten erklären kann.

Die videobasierte Experimentalgruppe zeigte, wie auch in Studie 1, einen kleinen Zuwachs in den situationsspezifischen Fähigkeiten ($p = 0{,}085$, $d = 0{,}21$). Die Masterstudierenden, die mit Transkripten arbeiteten, konnten hier im Gegensatz zu den Bachelorstudierenden aus Studie 1 jedoch keinen Zuwachs verzeichnen ($p = 0{,}842$, $d = 0{,}04$). Wie in Abbildung 2 zu sehen, zeigten die Studierenden der medienkombinierten Experimentalgruppe, die sowohl mit Unterrichtsvideos als auch -transkripten arbeiteten, einen auffällig hohen Zuwachs von mittlerer praktischer Bedeutsamkeit ($p < 0{,}001$, $d = 0{,}66$). Beim Vergleich der mittleren Zuwächse der drei Gruppen, $F(2, 159) = 5{,}086$, $p = 0{,}007$; $\eta_p^2 = 0{,}06$, unterschied sich die medienkombinierte Experimentalgruppe signifikant von der transkriptgestützten (Bonferroni-adjustiertes $p = 0{,}006$), nicht aber von der videobasierten Experimentalgruppe (Bonferroni-adjustiertes $p = 0{,}127$). Während die wahrgenommene kognitive Aktivierung, wie auch in Studie 1, relativ hoch und für die Unterrichtsvideos signifikant höher als für die Unterrichtstranskripte eingeschätzt wurde, zeigte sich bei den Studierenden nur eine moderate kognitive Belastung, die sich zwischen den eingesetzten Medien nicht unterschied (Tabelle 1). Zudem konnten weder die kognitive Aktivierung noch die kognitive Belastung in einem Regressionsmodell einen Zuwachs in den situationsspezifischen Fähigkeiten erklären.

Tabelle 1: Mittelwerte (*M*) und Standardabweichungen (*SD*) für die kognitive Aktivierung und die kognitive Belastung durch das jeweils eingesetzte Medium

Experimentalgruppe	Medium	*n*	Kognitive Aktivierung		Kognitive Belastung	
			M	*SD*	*M*	*SD*
videobasierte EG (a)	Video	65	4,32*[d]	0,68	4,82	0,89
medienkombinierte EG (b)	Video	49	4,36*[d]	0,52	4,87	0,69
medienkombinierte EG (c)	Transkript	49	4,08	0,61	4,60	0,84
transkriptbasierte EG (d)	Transkript	47	3,94*[a,b]	0,68	4,48	0,80

Anmerkung: Die Antwortskala der kognitiven Aktivierung ging von 1–5 und die der kognitiven Belastung von 1–7.

5 Diskussion und Ausblick

Unterrichtsvideos sind aus der Lehrkräftebildung nicht mehr wegzudenken (Gröschner, 2021). Ihnen kommt als Mittel der Förderung der situationsspezifischen Fähigkeiten eine zentrale Rolle zu, da sie auf Grund ihrer hohen Informationsdichte ein besonders realitätsnahes Abbild von Unterricht geben. Die Möglichkeit, auf passende Unterrichtsvideos zugreifen zu können, ist daher eine wichtige Ressource für eine gelungene Lehrkräftebildung. Dies wird unterstützt von Videoportalen, in denen Unterrichtsvideos gesammelt, verschlagwortet und teils auch didaktisch aufbereitet werden. Neben der Bereitstellung von Unterrichtsvideos, didaktischem Begleitmaterial und videobasierten Selbstlernmodulen, wurde im ViLLA-Projekt die Lernwirksamkeit von Unterrichtsvideos auf die situationsspezifischen Fähigkeiten von Klassenführung im Vergleich zu und in Kombination mit Unterrichtstranskripten untersucht. Sowohl bei Bachelor- als auch Masterstudierenden im Lehramt konnten die situationsspezifischen Fähigkeiten von Klassenführung durch den Einsatz von Unterrichtsvideos signifikant verbessert werden. Aber auch die

Arbeit mit Unterrichtstranskripten führte zumindest bei Bachelorstudierenden zu einem Zuwachs, der den Unterrichtsvideos nicht unterlegen war. Die Masterstudierenden hingegen profitierten in der hier beschriebenen Studie nicht von dem ausschließlichen Einsatz von Unterrichtstranskripten. Gerade diese Studierenden schnitten aber in der Messung vor dem Trainingsseminar (wenn auch nicht signifikant) besser ab als die Studierenden der Video- bzw. Kombinationsgruppe. Auffällig ist, dass zum Zeitpunkt der ersten Erhebung in der transkriptbasierten Experimentalgruppe 20% der Studierenden schon das Praxissemester absolviert hatten, während in der videobasierten und in der medienkombinierten Experimentalgruppe dies erst auf 10% der Studierenden zutraf. Das Praxissemester macht Studierende mit den vielen gleichzeitig ablaufenden Handlungen im Unterricht vertraut und bietet eine Vielzahl von Lerngelegenheiten, um Theorie auf Praxis zu beziehen. Ob gerade Studierende mit diesen Voraussetzungen besonders von Unterrichtsvideos, die diese Gleichzeitigkeit vieler Handlungen gut abbilden können, profitieren oder Unterrichtsvideos für die Masterstudierenden im Allgemeinen lernwirksamer sind, muss noch genauer untersucht werden. Der deutliche Zuwachs in der Klassenführungsexpertise bei jenen Studierenden, die mit einer Kombination aus Unterrichtsvideos und -transkripten gearbeitet haben, stützt erste vorherige Ergebnisse, nach denen sich eine Kombination von text- und videobasierten Fällen, zumindest im Vergleich zu der Arbeit mit reinen Textfällen, als besonders lernwirksam erwies (Sunder et al., 2016). Diese Ergebnisse rücken den kombinierten Einsatz von video- und textbasierten Fällen nicht nur in den Fokus der Forschung, sondern sie bestätigen auch den bisher eingeschlagenen Weg, das Angebot im ViLLA-Portal um Unterrichtstranskripte zu erweitern. Während in der beschriebenen Studie die Unterrichtstranskripte für eine schrittweise Heranführung an die Arbeit mit Unterrichtsvideos genutzt wurden, ist die Wirksamkeit einer dauerhaften oder einer themenabhängigen Kombination bisher nicht untersucht worden. Insgesamt scheinen Unterrichtstranskripte eine ernstzunehmende Alternative bzw. eine wirksame Ergänzung für Unterrichtsvideos zu sein. Um die Darstellung von Unterrichtsfällen in Abhängigkeit des Lernziels, der Lerngruppe und der (technischen und individuellen) Voraussetzungen wählen zu können, werden die Unterrichtsvideos der ViLLA-Datenbank sukzessiv um die dazugehörigen Transkripte erweitert.

Neben der Intervention bieten auch Instrumente zur Messung von situationsspezifischen Fähigkeiten weitere Forschungsmöglichkeiten. Das in den hier beschriebenen Studien eingesetzte Messinstrument zur Klassenführungsexpertise bezieht sich ausschließlich auf die Wahrnehmung und die Interpretation von Klassenführung, bildet jedoch die Fähigkeit des Treffens von Entscheidungen nicht ab. Gerade beim Entscheidungsprozess spielt die Multidimensionalität und Simultanität von Unterricht (Doyle, 1986), die in Videos besonders gut abgebildet werden kann, eine zentrale Rolle. Denn beim Auswählen zwischen Alternativen (Gerrig, 2015) muss die Passung der gewählten Handlung zum gesamten Handlungsprogramm sowohl auf Individuums- als auch Klassenebene gewährleistet sein (Barth, 2017). Es ist noch offen, welches Medium sich – einzeln oder in Kombination – bei der Förderung dieser Abwägungs- und Entscheidungsfähigkeit als besonders lernwirksam erweist. Hierzu wird im ViLLA-Projekt an einer Weiterentwicklung des eingesetzten Messinstruments gearbeitet.

Gerade in Situationen, in denen wirkliche Einblicke in die unterrichtliche Praxis aufwendig oder schlichtweg nicht möglich sind, steigt der Bedarf, Theorie und Praxis über stellvertretende Praxisbeispiele, wie sie Unterrichtfälle darstellen, zu ermöglichen. Online-Portale bieten hier eine Möglichkeit für die Bereitstellung von Fällen. Auch die auf ihre Lernwirksamkeit geprüften didaktischen Aufarbeitungen und Konzepte für den Einsatz in der Lehre sollten durch solche Portale zukünftig bereitgestellt werden. Selbstlernmodule bieten eine gute Möglichkeit, Unterrichtsfälle zum individuellen Lernen zu nutzen. Die Lernwirksamkeit der Selbstlernmodule sollte dabei grundsätzlich und im Einzelfall geprüft werden. Eine fortlaufende Weiterentwicklung der bestehenden Video-Portale und der (digitalen) videobasierten Lernangebote in Abhängigkeit von Forschungsergebnissen und den Bedürfnissen der Nutzerinnen und Nutzer ist zentral für die gesicherte Wirksamkeit und die Nutzungsakzeptanz dieser Lernform.

Literatur

Arnold, K. H., Hascher, T., Messner, R., Niggli, A., Party, J.-L. & Rahm, S. (2011). *Empowerment durch Schulpraktika*. Klinkhardt.

Barth, V. L. (2017). *Professionelle Wahrnehmung von Störungen im Unterricht*. Springer VS. https://doi.org/10.1007/978-3-658-16371-6

Berliner, D. C. (2001). Learning about and learning from expert teachers. *International Journal of Educational Research, 35*, 463–482. https://doi.org/10.1016/S0883-0355(02)00004-6

Blömeke, S. (2002). *Universität und Lehrerausbildung*. Klinkhardt.

Blömeke, S., Gustafsson, J.-E. & Shavelson, R. (2015). Beyond dichotomies: viewing competence as a continuum. *Zeitschrift für Psychologie, 223*, 3–13. https://doi.org/10.1027/2151-2604/a000194

Brophy, J. (2004). *Using video in teacher education*. Elsevier. https://doi.org/10.1016/s1479-3687(03)10011-9

Chitpin, S., Simon, M. & Galipeau, J. (2008). Pre-service teachers' use of the objective knowledge growth framework for refection during practicum. *Teaching and Teacher Education, 12*, 2049–2058. https://doi.org/10.1016/j.tate.2008.04.001

Doyle, W. (1986). Classroom organization and management. In M. Wittrock (Hrsg.), *Handbook of research on teaching* (S. 392–431). Macmillan.

Doyle, W. (2006). Ecological management and classroom management. In C. M. Evertson & C. S. Weinstein (Hrsg.), *Handbook of classroom management* (S. 97–126). Lawrence Erlbaum.

Evertson, C. M. & Weinstein, C. S. (2006). *Handbook of classroom management. Research, practice, and contemporary issues*. Lawrence Erlbaum.

Evertson, C. M. & Emmer, E. T. (2009). *Classroom management for elementary teaches* (8. Auflage). Pearson Education.

Gaudin, C. & Chaliès, S. (2015). Video viewing in teacher education and professional development: a literature review. *Educational Research Review, 16*, 41–67. https://doi.org/10.1016/j.edurev.2015.06.001

Gerrig, R. J. (2015). *Psychologie* (20., aktualisierte Auflage, begründet von Philip Zimbardo). Pearson.

Gold, B., Förster, S. & Holodynski, M. (2013). Evaluation eines videobasierten Trainingsseminars zur Förderung der professionellen Wahrnehmung von Klassenführung im Grundschulunterricht. *Zeitschrift für Pädagogische Psychologie, 27*(3), 141–155. https://doi.org/10.1024/1010-0652/a000100

Gold, B., Hellermann, C., Burgula, K. & Holodynski, M. (2016). Fallbasierte Unterrichtsanalyse – Effekte von video- und textbasierter Fallanalyse auf kognitive Belastung, aufgabenspezifisches Interesse und die professionelle Unterrichtswahrnehmung von Grundschullehramtsstudierenden. *Unterrichtswissenschaft, 44*(4), 322–338.

Gold, B., Pfirrmann, C. & Holodynski, M. (2021). Promoting professional vision of classroom management through different analytic perspectives in video-based learning environments. *Journal of Teacher Education, 72*(4), 431–447. https://doi.org/10.1177%2F0022487120963681

Gold, B., Junker, R., Wissermann, M., Klassen, C. & Holodynski, M. (2021). Are good observers good classroom managers? Relationship between teachers' professional vision and their students' ratings on classroom management. *International Journal of Educational Research, 109*, 101811.

Gröschner, A. (2021). Lernen aus Unterrichtsvideos? Bildungswissenschaftliche Grundlagen und empirische Befunde der Lehrerbildung. *Journal for Religion in Education, 44*(1), 25–36. https://doi.org/10.20377/rpb-108

Hascher, T. (2011). Forschung zur Wirksamkeit der Lehrerbildung. In E. Terhart, H. Bennewitz, M. Rothland (Hrsg.), *Handbuch der Forschung im Lehrerberuf* (1. Auflage, S. 384–406). Waxmann.

Hawk, P. P. & Schmidt, M. W. (1989). Teacher preparation: a comparison of traditional and alternative programs. *Journal of Teacher Education, 40*(5), 53–58. https://doi.org/10.1177%2F002248718904000508

Hellermann, C., Gold, B. & Holodynski, M. (2015). Förderung von Klassenführungsfähigkeiten im Lehramtsstudium. *Zeitschrift für Entwicklungspsychologie und Pädagogische Psychologie, 47*(2), 97–109. https://doi.org/10.1026/0049-8637/a000129

Jones, V. (2006). How do teachers learn to be effective classroom managers? In C. M. Evertson & C. S. Weinstein (Hrsg.). *Handbook of classroom management: Research, practice, and contemporary issues* (S. 887–907). Erlbaum. https://doi.org/10.4324/9780203874783-45

Kaiser, G., Blömeke, S., König, J., Busse, A., Döhrmann, M. & Hoth, J. (2017). Professional competencies of (prospective) mathematics teachers – cognitive versus situated approaches. *Educational Studies in Mathematics, 94*(2), 161–182. https://doi.org/10.1007/s10649-016-9713-8

Kaiser, G. & König, J. (2019). Competence measurement in (mathematics) teacher education and beyond: Implications for policy. *Higher Education Policy, 32*, 597–615. https://doi.org/10.1057/s41307-019-00139-z

Kersting, N. B. (2008). Using video clips of mathematics classroom instruction as item prompts to measure teachers' knowledge of teaching mathematics. *Educational and Psychological Measurement, 68*(5), 845–861. https://doi.org/10.1177%2F0013164407313369

Kersting, N. B., Givvin, K. B., Thompson, B. J., Santagata, R. & Stigler, J. (2012). Measuring usable knowledge: Teachers' analyses of mathematics classroom videos predict teaching quality and student learning. *American Educational Research Journal, 49*, 568–589. https://doi.org/10.3102%2F0002831212437853

Kleinknecht, M. & Schneider, J. (2013). What do teachers think and feel when analyzing videos of themselves and other teachers teaching? *Teaching and Teacher Education, 33*, 13–23. https://doi.org/10.1016/j.tate.2013.02.002

Klieme, E. (2019). Unterrichtsqualität. In M. Harring, C. Rohlfs & M. Gläser-Zikuda (Hrsg.), *Handbuch Schulpädagogik* (S. 393–408). Waxmann.

König, J. (2009). Zur Bildung von Kompetenzniveaus im Pädagogischen Wissen von Lehramtsstudierenden: Terminologie und Komplexität kognitiver Bearbeitungsprozesse als Anforderungsmerkmale von Testaufgaben? *Lehrerbildung auf dem Prüfstand, 2*(2), 244–262. https://doi.org/10.25656/01:14703

König, J. (2015). Measuring classroom management expertise (CME) of teachers: A video-based assessment approach and statistical results. *Cogent Education, 2*(1), 991178. https://doi.org/10.1080/2331186X.2014.991178

König, J., Blömeke, S., Jentsch, A., Schlesinger, L., Felske, C., Musekamp, F. & Kaiser, G. (2021). The links between pedagogical competence, instructional quality, and mathematics achievement in the lower secondary classroom. *Educational Studies in Mathematics, 107*, 189–212. https://doi.org/10.1007/s10649-020-10021-0

König, J. & Kramer, C. (2016). Teacher professional knowledge and classroom management: On the relation of general pedagogical knowledge (GPK) and classroom management expertise (CME). *ZDM - The International Journal on Mathematics Education, 48*(1), 139–151. https://doi.org/10.1007/s11858-015-0705-4

König, J., Eicken, A., Kramer, C. & Roters, B. (2015). Videos in der Lehrerinnen- und Lehrerausbildung (ViLLA): Konzeptionelle Überlegungen und erste empirische Befunde zu fachsprachlichen Anforderungen beim Lernen mit Unterrichtsvideos durch Lehramtsstudierende. *Lehrerbildung auf dem Prüfstand, 8*(1), 77–102.

Korthagen, F. (2017). Inconvenient truths about teacher learning: towards professional development 3.0. *Teachers and Teaching, 23*(4), 387–405. https://doi.org/10.1080/13540602.2016.1211523

Kounin, J. S. (2006). *Techniken der Klassenführung* (2. Auflage). Waxmann.

Kramer, C., König, J., Kaiser, G., Ligtvoet, R. & Blömeke, S. (2017). Der Einsatz von Unterrichtsvideos in der Lehrerausbildung: Zur Wirksamkeit video- und transkriptgestützter Seminare zur Klassenführung auf pädagogisches Wissen und situationsspezifische Fähigkeiten angehender Lehrkräfte. *Zeitschrift für Erziehungswissenschaft, 20*(1), 137–164. https://doi.org/10.1007/s11618-017-0732-8

Kramer, C., König, J., Strauß, S. & Kaspar, K. (2020). Classroom videos or transcripts? A quasi-experimental study to assess the effects of media-based learning on pre-service teachers' situation-specific skills of classroom management. *International Journal of Educational Research, 103*, 10162. https://doi.org/10.1016/j.ijer.2020.101624

Krammer, K. & Reusser, K. (2005). Unterrichtsvideos als Medium der Aus- und Weiterbildung von Lehrpersonen. *Beiträge zur Lehrerinnen- und Lehrerbildung, 23*(1), 35–50. https://doi.org/10.25656/01:13561

Krammer, K., Ratzka, N., Klieme, E., Lipowsky, F., Pauli, C. & Reusser, K. (2006). Learning with classroom videos: Conception and first results of an online teacher-training program. *Zeitschrift für Didaktik der Mathematik, 38*(5), 422–432. https://doi.org/10.1007/BF02652803

Krammer, K., Schnetzler, C. L., Ratzka, N., Reusser, K., Pauli, C. & Lipowsky, F. (2008). Lernen mit Unterrichtsvideos: Konzeption und Ergebnisse eines netzgestützten Weiterbildungsprojekts mit Mathematiklehrpersonen aus Deutschland und der Schweiz. *Beiträge zur Lehrerbildung, 26*(2), 178–197.

Krauss, S., Bruckmaier, G., Lindl, A., Hilbert, S., Binder, K., Steib, N. & Blum, W. (2020). Competence as a continuum in the COACTIV study: the "cascade model". *ZDM – The International Journal of Mathematics Education, 52*(2), 311–327. https://doi.org/10.25656/01:13674

Leblanca, S. (2018). Analysis of video-based training approaches and professional development. *Contemporary Issues in Technology and Teacher Education, 18*(1), 125–148.

Munby, H., Russel, T. & Martin, A. K. (2001). Teachers' knowledge and how it develops. In V. Richardson (Hrsg.), *Handbook of Research on Teaching* (S. 877–904). American Educational Research Association.

Paas, F. (1992). Training strategies for attaining transfer of problem-solving skill in statistics: A cognitive-load approach. *Journal of Educational Psychology, 84*, 429–434. https://psycnet.apa.org/doi/10.1037/0022-0663.84.4.429

Paas, F., Tuovinen, J., Tabbers, H. & Van Gerven, P. W. M. (2003). Cognitive load measurement as a means to advance cognitive load theory. *Educational Psychologist, 38*, 63–71. https://doi.org/10.1207/S15326985EP3801_8

Pietsch, S. (2011). Praxisnahe Fallarbeit und ihr Beitrag zur Professionalisierung in der universitären Ausbildung angehender GrundschullehrerInnen, *Zeitschrift für Grundschulforschung, 4*(1), 47–59.

Reh, S. & Schelle, C. (2010). Der Fall im Lehrerstudium. In C. Schelle, K. Rabenstein & S. Reh (Hrsg.), *Unterricht als Interaktion. Ein Fallbuch für die Lehrerbildung* (S. 13–23). Klinkhardt.

Santagata, R. & Guarino, J. (2011). Using video to teach future teachers to learn from teaching. *ZDM – The International Journal of Mathematics Education, 43*, 133–145. https://doi.org/10.1007/s11858-010-0292-3

Santagata, R., König, J., Scheiner, T., Nguyen, H., Adleff, A.-K., Yang, X. & Kaiser, G. (2021). Mathematics teacher learning to notice: a systematic review of studies of video-based programs. *ZDM – The International Journal of Mathematics Education, 53*(1), 119–134. https://doi.org/10.1007/s11858-020-01216-z

Schneider, J., Bohl, T., Kleinknecht, M., Rehm, M., Kuntze, S. & Syring, M. (2016). Unterricht analysieren und reflektieren mit unterschiedlichen Fallmedien: Ist Video wirklich besser als Text? *Unterrichtswissenschaft, 44*(4), 474–490.

Seidel, T. & Shavelson, J. R. (2007). Teaching effectiveness research in the past decade: Role of theory and research design in disentangling meta-analysis results. *Review of Educational Research, 77*(4), 454–499. https://doi.org/10.3102%2F0034654307310317

Seidel, T. & Stürmer, K. (2014). Modeling and measuring the structure of professional vision in preservice teachers. *American Educational Research Journal, 51*, 739–771. https://doi.org/10.3102/0002831214531321

Seidel, T. & Thiel, F. (Hrsg.) (2017). Videobasierte Unterrichtsforschung. Analysen von Unterrichtsqualität, Gestaltung von Lerngelegenheiten und Messung professionellen Wissens. *Zeitschrift für Erziehungswissenschaft, Sonderheft 32*. Springer VS.

Seidel, T., Stürmer, K., Blomberg, G., Kobarg, M. & Schwindt, K. (2011). Teacher learning from analysis of videotaped classroom situations: does it make a difference whether teachers observe their own teaching or that of others? *Teaching and Teacher Education, 27*, 259–267. https://doi.org/10.1016/j.tate.2010.08.009

Sherin, M. G. (2007). The development of teachers' professional vision in video clubs. In R. Goldman, R. Pea, B. Barron & S. J. Derry (Hrsg.), *Video Research in the Learning Sciences* (S. 383–395). Erlbaum.

Sunder, C., Todorova, M. & Möller, K. (2016). Förderung der professionellen Wahrnehmung bei Bachelorstudierenden durch Fallanalysen. Lohnt sich der Einsatz von Videos bei der Repräsentation der Fälle? *Unterrichtswissenschaft, 44*(4), 339–356.

Syring, M., Bohl, T., Kleinknecht, M., Kuntze, S., Rehm, S. & Schneider, J. (2015). Videos oder Text in der fallbasierten Lehrerausbildung? Effekte unterschiedlicher Medien auf die kognitive Belastung und die motivational-emotionalen Prozesse beim Lernen mit Fällen. *Zeitschrift für Erziehungswissenschaft, 18*, 667–685. https://doi.org/10.1007/s11618-015-0631-9

Swartz, C. W., White, K. P. & Stuck, G. B. (1990). The factorial structure of the North Carolina teacher performance appraisal instrument. *Educational and Psychological Measurement, 50*, 175–185. https://doi.org/10.1177%2F0013164490501021

Thiel, F., Richter, S. G. & Ophardt, D. (2012). Steuerung von Übergängen im Unterricht. Eine Experten-Novizen-Studie zum Klassenmanagement. *Zeitschrift für Erziehungswissenschaft 15*, 727–752. https://doi.org/10.1007/s11618-012-0325-5

Wang, M. C., Haertel, G. D. & Walberg, H. J. (1993). Toward a knowledge base for school learning. *Review of Educational Research, 63*, 249–294. https://doi.org/10.3102%2F00346543063003249

Weber, K. E., Prilop, C. N., Viehoff, S., Gold, B. & Kleinknecht, M. (2020). Fördert eine videobasierte Intervention im Praktikum die professionelle Wahrnehmung von Klassenführung? – Eine quantitativ-inhaltsanalytische Messung von Subprozessen professioneller Wahrnehmung. *Zeitschrift für Erziehungswissenschaft, 23*, 343–365. https://doi.org/10.1007/s11618-020-00939-9

Wolff, C. E., Jarodzka, H. & Boshuizen, H. (2017). See and tell: Differences between expert and novice teachers' interpretations of problematic classroom management events. *Teaching and Teacher Education, 66*, 295–308. https://doi.org/10.1016/j.tate.2017.04.015

Zeichner, K. M. (2010). Rethinking the connections between campus courses and field experiences in college- and university-based teacher education. *Journal of Education 61*(1-2), 89–99. https://doi.org/10.1177%2F0022487109347671

Juliane Aulinger, Irini Körber & Robert Meyer

UnterrichtOnline.org
Unterrichtsvideos für den Einsatz in der Forschung und Lehre

1 Unsere Geschichte

Seit 1968 filmt die Einrichtung „UnterrichtsMitschau und didaktische Forschung" (im Folgenden „UnterrichtsMitschau" genannt) der Ludwig-Maximilians-Universität München (LMU) Unterricht an Schulen. Früher auf 16mm, dann auf den immer wieder neu entwickelten Videoformaten. Aufgezeichnet wurde immer schon, um Unterricht zu evaluieren und die Lehre und dadurch den Unterricht stetig zu verbessern. Es galt, dem „Komplex Unterricht" näher zu kommen (Schorb, 1970).

Die UnterrichtsMitschau wurde bereits 1963 gegründet, damals noch an der Pädagogischen Hochschule Rheinland, maßgeblich finanziert durch Stiftungsgelder. Videographierte Unterrichtsstunden galten dem Gründer und Leiter Prof. Dr. Alfons Otto Schorb als dokumentarische Dokumente aus der Intention heraus,

> „…Unterricht unverzerrt und möglichst wirklichkeitsgetreu aufzuzeichnen und damit Teile der Schulwirklichkeit beliebig oft und überall verfügbar zu machen."
> (Graf et al., 1977, S. 12)

Nach München kam die UnterrichtsMitschau 1968, als Schorb an die LMU wechselte und die Einrichtung „mitbrachte". Eines der ersten großen Projekte, die Schorb in München forcierte, war das Projekt „Unterricht in Dokumenten". Dabei wurden in einem eigens dafür ausgestatteten Filmstudio Unterrichtsstunden aufgezeichnet und anschließend analysiert. Hierfür kamen die Klassen also extra in das Studio. Schon damals kamen bereits mehrere Kameras zum Einsatz: Eine, welche die Lehrkraft im Blick behielt und eine für die Schülerinnen und Schüler. Diese Aufzeichnungen wurden im Nachhinein zu einem Unterrichtsfilm mit Ton zusammengeschnitten (weiter unten beschreiben wir, wie wir heute aufzeichnen). Insgesamt entstanden so 140 Unterrichtsdokumente (schwarz-weiß, 16 mm), die alle transkribiert und mit Kommentaren versehen wurden. Zusätzlich gab es ein Beiheft mit Informationen zu jedem Film. Diese Filme konnten ausgeliehen werden, z. B. für den Einsatz in der Lehrkräftebildung. Momentan werden diese alten Aufzeichnungen nach und nach aufwendig digitalisiert, um diese zukünftig auf UnterrichtOnline.org bereit stellen zu können.

Zahlreiche weitere Projekte folgten, z. B. auch in Kooperation mit dem Lehrerkolleg des Bayerischen Rundfunks, bis ab Mitte der 80er Jahre das Interesse an videographiertem Unterricht abflaute. Erst die großen Videosurveys der 90er Jahre sowie der technische Fortschritt durch die Entwicklung von Camcordern, welche die Erstellung von Videos deutlich einfacher machten, brachten das Interesse an videographiertem Unterricht wieder zurück (z. B. Seidel, 2014). Dies lässt sich insbesondere an der Ausrichtung und Entwicklung der Qualitätsoffensive Lehrerbildung in den letzten Jahren erkennen: Das Interesse an videographiertem Unterricht und dessen Einsatz in Forschung und Lehre ist im Rahmen der QLB deutlich gestiegen, z. B. im Schwerpunkt der Theorie-Praxis-Verzahnung (BMBF, 2020).

2   Unser Portal

2.1   UnterrichtOnline.org

Neben den oben erwähnten älteren Aufzeichnungen verfügt die UnterrichtsMitschau inzwischen über eine recht breite Palette an Videos von Unterrichtsstunden über alle Schularten und (nahezu) alle Fächer sowie Klassenstufen. Der Großteil der neueren Aufzeichnungen entstand zwischen 2014 und heute.

Um diesen Fundus an videographiertem Unterricht in Lehre und Forschung zum Einsatz zu bringen, entstand 2019 an der LMU UnterrichtsMitschau das Portal UnterrichtOnline.org (https://UnterrichtOnline.org), eine Weiterentwicklung eines bereits an der LMU bestehenden Videoportals für Vorlesungsaufzeichnungen (VideoOnline). UnterrichtOnline.org ist eine auf dem OpenSource Content-Management-System „Drupal" basierende Inhouse-Entwicklung von Mitarbeitern der UnterrichtsMitschau der LMU München. Dies hat den großen Vorteil, dass das Portal jederzeit nach Bedarfen der Nutzerinnen und Nutzer weiterentwickelt werden kann. Durch Personalkonsolidierung der letzten Jahre kann zudem der dauerhafte Betrieb des Portals sichergestellt werden; keine Selbstverständlichkeit im sehr volatilen Umfeld einer Universität.

Unser Portal bietet vielfältige innovative Möglichkeiten, um mit Unterrichtsaufzeichnungen zu arbeiten. Das Portal geht damit über das reine Präsentieren der Videos hinaus. Durch das Entwickeln diverser Tools kann mit den Unterrichtsvideos interaktiv und kollaborativ gearbeitet werden. Dies wird zum einen dadurch ermöglicht, dass die Unterrichtsaufzeichnungen in mehreren Kameraperspektiven vorliegen (Schülerperspektive, Lehrkraftperspektive, Gesamtschau des Klassengeschehens), zum anderen können die Videos mit Hilfe von privaten bzw. öffentlichen Annotationen und Kommentaren inhaltlich mit eigenen Anmerkungen und Metainformationen angereichert werden.

UnterrichtOnline.org wird über die LMU München hinaus inzwischen deutschlandweit von verschiedenen Hochschulen genutzt, um eigene Unterrichtsvideos im Forschungs- und Lehrkontext einzusetzen. Dabei stellt die UnterrichtsMitschau den anderen Hochschulen das UnterrichtOnline.org-Portal mit allen oben beschriebenen Funktionalitäten zur Verfügung und sorgt für den technischen Betrieb sowie die Einbindung der projektspezifischen Videos, während die Projekte ihren Fokus auf inhaltliche und didaktische Fragen legen können. Forschungs- und Weiterbildungsprojekte können so deutlich schneller und kosteneffizienter durchgeführt werden, da der Aufbau und die Pflege einer eigenen Infrastruktur entfallen. UnterrichtOnline.org ist zudem als langfristiges Angebot konzipiert, womit eine nachhaltige Nutzung der projektspezifischen Videos auch nach Abschluss des Projektes möglich ist.

2.2 Die Unterrichtsvideos

Damit die auf UnterrichtOnline.org verfügbaren Unterrichtsstunden möglichst vielseitig in Forschung und Lehre eingesetzt werden können, wird Unterricht durch die Unterrichts-Mitschau seit jeher dokumentarisch videographiert. Im Gegensatz zum oben kurz dargestellten Projekt „Unterricht in Dokumenten" findet dabei heute kein Zusammenschnitt der verschiedenen Perspektiven zu einem Video mehr statt, lediglich Bild und Ton werden optimiert. Es gibt keinen speziellen thematischen Fokus, die Unterrichtsstunden sind nicht geskriptet (gestellt). Gefilmt wird authentischer Unterricht, wie er täglich an Schulen stattfindet: mit allen Facetten, in vollem Umfang. Das Ziel ist dabei nicht, nur Best-Practice-Unterricht zu dokumentieren. Auch Unterricht, der nicht durchgehend optimal läuft, kann einen wichtigen Beitrag liefern. Den gefilmten Lehrkräften wird – außer es handelt sich um Filmaufnahmen im Rahmen besonderer Projekte mit inhaltlichen Schwerpunkten – keine Vorgabe zur Ausgestaltung ihres Unterrichts gemacht.

Abbildung 1: Filmteam bei Dreharbeiten im Klassenzimmer (eigene Darstellung)

Unser Augenmerk liegt vielmehr auf der hochprofessionellen Erstellung der Videos, um dem Anspruch an exzellente Bild- und Tonaufnahmen zu genügen. Vor allem eine sehr gute Tonqualität ist von großer Bedeutung, wenn der videographierte Unterricht in Forschung und Lehre sinnvoll verwendbar zum Einsatz kommen soll (z. B. Draghina et al., 2018). Die UnterrichtsMitschau arbeitet daher schon immer mit professionellen Filmteams, die große Erfahrung mit der besonderen (Film-)Situation an Schulen haben, sowohl die Bild- als auch die Tonqualität betreffend. Üblicherweise sind bei uns drei Kameras im Einsatz: Eine verfolgt immer die Lehrkraft, eine den Schüler oder die Schülerin, der oder die mit der Lehrkraft interagiert und eine dritte Kamera auf fester Position filmt das gesamte Unterrichtsgeschehen in einer Übersicht. Lehrkraft- und Schülerkamera werden dabei von ausgebildeten Kamerafrauen und -männern geführt, die dritte Kamera für die Übersicht ist fest und wird nicht gesondert geführt. Der Ton der Lehrkraft wird per Funkmikrofon abgenommen, der Ton der Schülerinnen und Schüler wird von einem/einer Tonassistenten/-in ‚geangelt'.

Unserer Erfahrung nach erzielt man so die besten Tonergebnisse für dieses Szenario. Insgesamt ist die Tonsituation in Klassenzimmern eine Herausforderung und keineswegs zu vergleichen beispielsweise mit der Aufzeichnung von geskriptetem Unterricht. Entsprechend wichtig ist es, hier auch immer wieder neue technologische Entwicklungen mit einzubeziehen.

2.3 Differenziertes Arbeiten mit den Unterrichtsaufzeichnungen

Mittels einer von Mitarbeiterinnen und Mitarbeitern der UnterrichtsMitschau selbst entwickelten Webanwendung, welche zusätzlich zum reinen Betrachten der Unterrichtsvideos weitere Funktionalitäten direkt im Webbrowser zur Verfügung stellt, kann mit den Unterrichtsvideos interaktiv und kollaborativ gearbeitet werden. Dies wird zum einen dadurch ermöglicht, dass die Webanwendung mehrere Kameraperspektiven einer Unterrichtsaufzeichnung gleichzeitig streamen kann. Zum anderen können die Videos mit Hilfe von privaten bzw. öffentlichen Annotationen und Kommentaren inhaltlich mit eigenen Anmerkungen und Metainformationen angereichert werden. Dies erlaubt unter anderem eine eigene Verschlagwortung des Unterrichts, in dem an den relevanten Stellen eigene Beobachtungen hinterlegt werden. Diese selbst gesammelten Inhalte sind durch eine differenziert integrierte Such- und Filterfunktion einfach wieder auffindbar. Durch die zeitliche Verknüpfung mit dem Video kann jederzeit wieder die betreffende Szene direkt adressiert und aufgerufen werden. Dies eignet sich beispielsweise für eine qualitative Analyse der Unterrichtsstunde oder für einen Einsatz in einem Lehr-Lernszenario. Ebenso kann diese Funktionalität dazu verwendet werden, Fragen für die Teilnehmenden eines Kurses zu hinterlegen, die dann direkt am Video von den Lernenden beantwortet und diskutiert werden können – ähnlich wie bei einem Lernmanagement-System, mit dem Unterschied, dass die betreffende Stelle des Videos jederzeit aufrufbar ist. Dies ermöglicht so einen deutlich fokussierteren Meinungsaustausch.

Des Weiteren können Zusatzmaterialien zeitgesteuert zu dem Video eingeblendet werden. Somit ist es möglich, beispielsweise ergänzende Informationen, Aufgabenstellungen, Transkriptionen, Arbeitsmaterialien und beliebige andere Inhalte direkt zum Video hinzuzufügen und beispielsweise den Teilnehmenden einer Lehrveranstaltung direkt an den relevanten Stellen einzublenden. Diese Zusatzmaterialien können so gestaltet werden, dass die nutzenden Personen interaktiv oder geskriptet durch das Unterrichtsvideo geleitet werden. Kontextmaterialien können zusätzlich auch so eingebaut werden, dass diese von den Lernenden unabhängig vom Zeitpunkt des Videos verwendet werden können.

So bietet UnterrichtOnline.org optimale Möglichkeiten, um in Forschung und Lehre mit den Unterrichtsvideos sinnvoll arbeiten zu können.

Abbildung 2: Arbeiten mit Kategorien und Annotationen in der Webanwendung (eigene Darstellung)

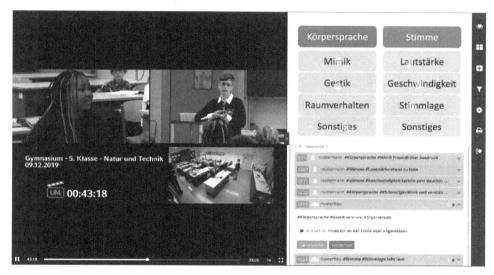

3 Rechtelage – was gilt es zu beachten?

Neben dem hohen Stellenrang, den wir der Erstellung der Videos einräumen, ist es mindestens genauso wichtig (wenn nicht sogar wichtiger), dass rechtliche Rahmenbedingungen eingehalten werden. Sehr ausführlich mit der Thematik befasst haben sich die Kolleginnen und Kollegen der Universität Regensburg, auf deren Veröffentlichung wir hier gerne verweisen (z. B. Manthey, 2018 oder Sonnleitner et al., 2018). Nichts desto trotz möchten wir zumindest einen kurzen Überblick geben zu den Punkten, die auf jeden Fall zu beachten sind.

3.1 Vor dem Dreh allgemein

Vor einem geplanten Dreh gilt es immer, das Einverständnis der zuständigen Behörde (variiert nach Bundesland), der Schulleitung sowie natürlich des aufzuzeichnenden Lehrers bzw. der Lehrerin einzuholen. Dazu gehört einmal die Erlaubnis, überhaupt an der Schule zu einem konkreten zu benennenden Zweck drehen zu dürfen (Drehgenehmigung), aber auch das Einholen des Rechts am persönlichen Bild. Letzteres muss von allen zu filmenden Personen im Vorfeld eingeholt werden (Lehrkräfte, Schülerinnen und Schüler), bei Minderjährigen von deren Erziehungsberechtigten. Auch müssen diese Personen zustimmen, dass Video und Audio (diese gelten als personenbezogene Daten gemäß DSGVO-EU, § 6 und 9) gespeichert und verarbeitet werden dürfen.

3.2 Vor und nach dem Dreh einer konkreten Unterrichtseinheit

Wenn der Unterricht einer Lehrerin oder eines Lehrers einer Schule mit der Zustimmung der Schulleitung und der zuständigen Behörde gefilmt werden darf, erhalten diese eine Einverständniserklärung, die sowohl die Lehrerinnen und Lehrer vor der Kamera als auch die Eltern der Schülerinnen und Schüler dieser Klasse unterschreiben müssen, bevor gefilmt werden kann. Hierbei können Schülerinnen und Schüler ab 12 Jahre mitentscheiden und mitunterschreiben. In der Einverständniserklärung können verschiedene Optionen des Einverständnisses ausgewählt werden: keine Aufnahme gewünscht, nur Tonaufnahmen oder Bild- und Tonaufnahmen. Die Eltern bekommen zu der Einverständniserklärung noch ein Merkblatt mit Erklärungen zu den Inhalten der Einverständniserklärung sowie zu datenschutzrechtlichen Informationen.

Vor den Dreharbeiten muss sehr penibel geprüft werden, von welchen zu filmenden Personen Drehgenehmigungen vorliegen. Liegt keine Erlaubnis vor, dürfen die Schülerinnen und Schüler nicht gefilmt werden! Je nach Situation vor Ort werden diese Schülerinnen und Schüler dann so gesetzt, dass sie von den Kameras und/oder dem Ton nicht mehr erfasst werden. Sollte es trotz aller Maßnahmen dennoch einmal vorkommen, dass Personen gefilmt werden, die kein Einverständnis gegeben haben (z. B. bei Störungen des Unterrichts durch Personen von außen), werden diese im Filmmaterial unkenntlich und unhörbar gemacht. Dies geschieht im Übrigen auch mit gesprochenen oder geschriebenen Hinweisen auf den Ort, die konkrete Schule oder auf konkrete Personen (z. B. durch Nennung von Nachnamen) in den Videos. Diese werden in der Nachbearbeitung ‚gepiepst'. Eine besondere Herausforderung stellt auch immer wieder der Einsatz von Musikstücken im Unterricht dar: Hier gilt es, gegebenenfalls eine Meldung bei der GEMA zu machen oder, wenn dies vermieden werden soll, auch diese Passagen nicht mehr hörbar zu machen.

3.3 Bei Forschungsprojekten oder Projekten in der Lehre

Hier werden die Inhalte der Einverständniserklärungen an die jeweiligen Erfordernisse der Forschungsprojekte angepasst, sowohl hinsichtlich der Geltungszeiträume als auch hinsichtlich der Veröffentlichungs- und Urheberrechte. Dies gilt auch für Projekte in der Ausbildung, bei denen sich beispielsweise Studentinnen und Studenten zum Zwecke der Ausbildung beim Unterrichten filmen lassen. Dies kann unter Umständen zu Einschränkungen der Sichtbarkeit der Videos auf UnterrichtOnline.org führen. Gerade bei Videos, die von anderen Einrichtungen produziert wurden und über UnterrichtOnline.org lediglich verfügbar gemacht werden, sind Rechte oft nicht so eingeholt worden, dass die

Videos beispielsweise über das konkrete Projekt hinaus nutzbar sind. Diese Videos sind dann auch nur von Angehörigen der jeweiligen Einrichtungen nutzbar. Teilweise kann eine Sondererlaubnis zur Sichtung dieser Unterrichtsvideos bei den Projektleitungen beantragt werden, dies ist aber leider nicht immer der Fall.

4   Unsere Videoressourcen und Begleitmaterialien

Die auf UnterrichtOnline.org aktuell für alle Nutzerinnen und Nutzer verfügbaren Videos haben die im vorherigen Abschnitt genannten rechtlichen Hürden genommen. Doch vor jeder rechtlichen Klärung stellt sich immer die Frage: Wie bekommen wir überhaupt die Möglichkeit, an Schulen zu drehen?

Zum einen sprechen wir regelmäßig Schulen aller Schularten und Klassenstufen, von der Grundschule bis hin zu Berufsschulen und Oberschulen, an mit der Bitte, Unterricht drehen zu dürfen. Eine gute Vernetzung innerhalb der Fachdidaktiken, aber auch mit lehrerbildenden Zentren an Universitäten ist hier außerordentlich bedeutsam, verfügen doch diese Einrichtungen oft über Kontakte zu Schulen, die für solche Anfragen offener sind als vielleicht andere.

Zum anderen treten Wissenschaftlerinnen und Wissenschaftler verschiedener Forschungsprojekte an uns heran, die für konkrete Forschungsvorhaben Unterrichtsaufzeichnungen benötigen. Entweder bestehen in solchen Fällen schon Kontakte zu Schulen seitens der Projekte, oder die UnterrichtsMitschau recherchiert Schulen, Lehrende und Klassen, welche bereit sind, sich für dieses Forschungsprojekt filmen zu lassen. Wird im Rahmen von Forschungsprojekten gedreht, ist es wahrscheinlich, dass der Unterricht dann eher einem bestimmten Fokus unterliegt. Wird rein für die UnterrichtsMitschau gedreht, gibt es keine Vorgaben an Schulart, Fach oder Klassenstufe.

Insgesamt werden auf UnterrichtOnline.org momentan circa 100 hochwertige, aktuelle und zeithistorische Unterrichtsvideos Forschenden und Lehrenden für die Aus-, Fort- und Weiterbildung von Lehrerinnen und Lehrern angeboten und laufend ergänzt. Vertreten sind nahezu alle Schulformen, mit einem Schwerpunkt auf Grundschul-, Mittelschul- und Gymnasialunterricht. Momentan noch nicht verfügbar sind Unterrichtsaufzeichnungen aus dem Förderschulbereich. Schwerpunkte des verfügbaren Fachunterrichts bilden Sprachen (inklusive Deutschunterricht) sowie MINT-Fächer. Aber auch Religions-, Geographie- oder Musikunterricht liegen in videographierter Form vor. Gedreht wurde in nahezu allen Jahrgangsstufen von der zweiten bis zur 11. Klasse.

Wie schon erwähnt, soll der auf UnterrichtOnline.org verfügbare Unterricht möglichst alltäglich sein, mit allen gelungenen und manchmal vielleicht auch weniger gelungenen Unterrichtsmomenten. Um das zu erreichen, geben wir zum einen keine Vorgaben an die Lehrkräfte (außer es handelt sich um konkrete Projektbedarfe), zum anderen zeichnen wir den Unterricht aus verschiedenen Perspektiven mit mehreren Kameras auf, so dass das Unterrichtsgeschehen später realitätsnah auf UnterrichtOnline.org dargestellt werden kann. Diese verschiedenen Kameraperspektiven werden in der Nachbearbeitung so aufgearbeitet und bereitgestellt, dass sowohl alle Perspektiven gleichzeitig in einer Übersicht angesehen werden können (Splitscreen) als auch jeweils einzeln im Vollbildmodus unmittelbar abrufbar sind. Dies ermöglicht ein nutzergesteuertes Hin- und Herspringen zwischen den einzelnen Perspektiven (ähnlich einer Sportübertragung). Die Inhalte der Tonaufnahmen werden den jeweiligen Perspektiven so angepasst, dass der *wichtige Ton in der richtigen Kameraperspektive* zu hören ist. Das hat sich vor allem bei Gruppenarbeiten in verschiedenen Situationen sehr bewährt.

Abbildung 3:   Übersichtsseite Unterrichtsstunden auf UnterrichtOnline.org (eigene Darstellung)

Bei vielen Unterrichtsaufzeichnungen stehen *Begleitmaterialien* wie Unterrichtsskizzen, Arbeitsblätter, Transkripte, Fotos der Tafelanschriebe und mehr zur Verfügung, die in der Lehre und Forschung herangezogen werden können. Diese Begleitmaterialien sind, soweit die Rechtslage es zulässt, auch zum Download verfügbar – im Gegensatz zu den Videos selber, die ausschließlich gestreamt werden können.

Um sicher (siehe Abschnitt 5) mit den Aufzeichnungen arbeiten zu können, gibt es auf UnterrichtOnline.org zudem die Möglichkeit, geschlossene virtuelle Kursräume einzurichten. Diese werden von den Kursleiterinnen und -leitern selbstständig verwaltet. In diesen Kursräumen sind nicht alle auf der Plattform verfügbaren Unterrichtsaufzeichnungen sichtbar, sondern nur die von den Kursleiterinnen und -leitern ausgewählten Videos. Auch können die Lehrenden Aufgabenstellungen und Kategoriensysteme für ihre Teilnehmerinnen und Teilnehmer bereitstellen, die zu den geplanten Lerninhalten und Lernszenarien passen (siehe auch Abschnitt 2.3). Ausgewählte Beispiele für Nutzungsszenarien werden weiter unten in Abschnitt 6 erläutert.

5 Unsere Zielgruppen und Zugangsmöglichkeiten

Die auf UnterrichtOnline.org verfügbaren Unterrichtsvideos sind ein Angebot für Lehrende und Forschende im Bereich der Lehreraus-, -fort- und -weiterbildung und Unterrichtsforschung (Schulpädagogik, Allgemeine Pädagogik, Fachdidaktiken etc.) sowie für alle weiteren Akteure im Bereich der Lehrkräftebildung, z. B. auch für Angehörige von Einrichtungen für die zweite und dritte Phase.

Die Unterrichtsvideos auf UnterrichtOnline.org sind aus rechtlichen Gründen zugriffsgeschützt. Zugriff bekommen nur Forschende, Dozierende und Lehrende, die ein fachliches Interesse im Lehr- und Lernbereich nachweisen können. Die Registrierung und der Nachweis der Rechte erfolgt dabei zentral am Unterrichtsvideo-Metaportal „unterrichtsvideos.net". Der Login bei UnterrichtOnline.org funktioniert dann in der Regel mit der Kennung der eigenen Heimateinrichtung. Dabei wird beim Einloggen automatisch überprüft, ob sich die betreffende Person bereits bei unterrichtsvideos.net authentifiziert hat und ob sie zu den bei UnterrichtOnline.org zulässigen Personengruppen zählt. Wenn dem so ist, steht sofort der Katalog an frei verwendbaren Unterrichtsaufzeichnungen zur Verfügung.

Wie unter Abschnitt 4 beschrieben ist es möglich, Kursräume auf UnterrichtOnline.org einrichten zu lassen. Dadurch ist es auch möglich, dass Studierende und Lehrkräfte in Aus-, Fort- und Weiterbildung auf ausgewählte Unterrichtsaufzeichnungen für einen beschränkten Zeitraum zugreifen können. Das Einloggen der Teilnehmenden läuft in der Regel auch über die Kennung der Heimateinrichtung, der Kurszugang erfolgt entweder per Selbsteinschreibung mit Passwort oder durch manuelles Hinzufügen durch die Lehrpersonen, welche den Kurs leiten. Diese garantieren dabei dafür, dass alle Personen in dem Kurs die Aufzeichnungen nur in einem entsprechenden fachlichen Kontext verwenden.

6 Unsere Ziele und Nutzungsbeispiele

6.1 Verbesserung von Lehre und Unterricht

Das Ziel unseres Angebots ist heute letztendlich immer noch dasselbe wie schon 1963 bei Gründung der UnterrichtsMitschau: Einen Einblick zu geben in realen Schulunterricht. Einen Einblick, der sonst nur wenigen Personen möglich und mit großem Aufwand verbunden ist. Ergänzt wird diese Einsichtnahme in Unterricht dabei durch die Vorteile, die das Medium Video bietet: Wiederholbarkeit, Fokussierung, Sequenzierung sind nur einige davon. Ergänzendes Material wird genauso bereitgestellt wie auch weitere Features, wie zum Beispiel die Möglichkeit, die Videos zu annotieren oder durch ein Kategoriensystem zu ergänzen (nähere Erläuterungen dazu weiter oben). Insgesamt wurde so eine Webanwendung geschaffen, die eine deutlich differenziertere Bearbeitung von videographiertem Unterricht ermöglicht – ein Alleinstellungsmerkmal gegenüber anderen Portalen.

Damit soll ein Beitrag geleistet werden, Unterricht vertieft analysieren und reflektieren zu können, was wiederum Teil einer fundierten Basis für eine qualitativ hochwertige Lehrkräftebildung sein kann. Professionelle Unterrichtswahrnehmung und Unterrichtsbeurteilung können geschult werden, die Flüchtigkeit der „reinen" Beobachtung im Klassenzimmer wird verhindert (Dinkelaker, 2016). Plakativ formuliert: Wir möchten dabei unterstützen, Unterricht noch besser zu machen. Ganz klar sind aber auch Grenzen zu ziehen. Die Arbeit mit Unterrichtsvideos kann keinesfalls den praktischen Unterricht in den Schulen ersetzen, dieser Anspruch wird nie erhoben. Ermöglicht werden soll vielmehr eine zusätzliche praktische Erfahrung im ergänzenden Sinne.

6.2 Nutzungsszenarien

UnterrichtOnline.org kann durch seine Funktionalitäten ein Fundament für diverse Lehr/Lernszenarien sein:

In der *Lehre*, bspw. im Lehramtsstudium, wurden und werden Unterrichtsvideos im Rahmen von Seminaren eingesetzt, indem Studierende zum Beispiel aufgabengeleitet eine Unterrichtsstunde analysieren, die vorab durch den Dozenten oder die Dozentin ausgewählt wurde. Diese Videos können Studierende dann durch das Hinzufügen von privaten Annotationen analysieren, ohne sich gegenseitig in ihren Beobachtungen zu beeinflussen, denn diese sind nur für die Lehrperson und den oder die Studierende, die die Annotation erstellt hat, zu sehen. Vor dem zugehörigen Seminar bzw. der zugehörigen Seminarsitzung werden die Annotationen dann veröffentlicht, damit die Beobachtungen entweder online – beispielsweise von den Mitstudierenden – kommentiert oder in Präsenz verglichen und diskutiert werden können (z. B. Lenord, 2020). Die Lernenden können zudem durch das Vergeben von „Sternchen" signalisieren, dass die Annotation einer anderen Person als besonders relevant eingeschätzt wird. Dies erlaubt der Lehrperson in Präsenz die für die Teilnehmenden wichtigsten Beiträge einfach zu identifizieren und gemeinsam zu diskutieren.

In Rahmen von *Forschungsprojekten* können Unterrichtsstunden zur Sichtung bereitgestellt werden, die dann z. B. mit Hilfe von neben dem Video eingeblendeten Kategoriensystemen in einer qualitativen Videoanalyse ausgewertet werden, z. B. auch wieder über das Anlegen von Annotationen, die durch das Klicken auf die entsprechende identifizierte Kategorie angelegt werden. Die Beobachtungen werden so inhaltlich kodiert und gleichzeitig zeitlich auf dem Video referenziert. Durch eine farbige Kodierung der Annotationen kann die Zugehörigkeit zu einer bestimmten Kategorie sehr schnell optisch ermittelt werden. Zur weiteren intensiven Auswertung können dann sämtliche zum Video erstellte Metadaten exportiert und mit beliebigen externen Programmen, welche die Verarbeitung von Exceldaten ermöglichen, weiterverarbeitet werden. Da der von uns videographierte Unterricht, wie oben schon erwähnt, immer dokumentarisch gefilmt ist, unterliegen die Aufzeichnungen nie einem bestimmten Fokus und können zu diversen

Forschungsfragen herangezogen werden. Auch für nicht von uns erstellte Unterrichtsaufzeichnungen gibt es die Möglichkeit, diese über UnterrichtOnline.org zu nutzen. Eine nachhaltige Nutzung und Sicherung der jeweiligen Aufzeichnungen können so sichergestellt werden, die einzelnen Hochschulen können so sicher mit ihren Videos arbeiten. Denkbar ist dabei auch, dass Unterrichtsaufzeichnungen von unterschiedlichen Projekten genutzt werden (so die rechtlichen Vorgaben erfüllt sind, vgl. dazu Abschnitt 3). Letzteres ist aus unserer Sicht sehr begrüßenswert, bekämen doch so Forschungseinrichtungen aus dem gesamten deutschsprachigen Raum die Möglichkeit, Unterricht, der nicht nur aus dem eigenen regionalen Kontext stammt, zu betrachten und zu analysieren.

In der *Fort- und Weiterbildung in der 2. und 3. Phase* der Lehrkräftebildung sind es momentan vor allem Mitarbeiterinnen und Mitarbeiter von nachgeordneten Behörden, die Lehrkräfte aus- und weiterbilden, z. B. wenn diese neue Aufgaben übernehmen (Mitarbeit in der Schulleitung, Seminarlehrerinnen und -lehrer, Schulevaluation etc.). Die Aufzeichnungen kommen in den Fortbildungsveranstaltungen zum Einsatz, teilweise schon angereichert mit dazugehörigem Material. Der Einsatz kann sich dabei auf das reine Präsentieren von Unterrichtsbeispielen beschränken, kann aber genauso auch wie im oben beschriebenen Lehrsetting erfolgen. Großen Wert wird dabei auf eine sensible Vorgehensweise der Dozentinnen und Dozenten gelegt, gerade wenn es auch einmal um das Veranschaulichen von Bad-Practice-Beispielen geht.

7 Unsere Perspektiven für die kommenden Jahre

Kurzfristiges, aber auch dauerhaftes Ziel ist es, den bereits vorhandenen Pool an Aufzeichnungen weiter auszubauen, damit die bestehenden und zukünftigen Nutzerinnen und Nutzer von UnterrichtOnline.org weiterhin hochwertig produzierten und aktuellen videographierten Unterricht für ihre Bedarfe in Forschung und Lehre zur Verfügung haben. Weitere Kooperationen mit Forschungs- und Lehreinrichtungen sind zudem wünschenswert, auch um das Arbeiten mit Unterrichtsvideos noch stärker bekannt zu machen und hierfür Unterstützung zu gewinnen. Die UnterrichtsMitschau hat hier schon erste Aktivitäten zur Vernetzung einzelner Standorte in Bayern angestoßen. Das Metaportal unterrichtvideos.net, an dem auch die UnterrichtsMitschau partizipiert, bietet hier natürlich auch großes Potential (s. Junker et al. in diesem Band). Wünschenswert wäre zudem, dass auch auf politischer Seite das Potential, das Unterrichtsvideos für Lehre und Forschung haben – gerade auch angesichts des zunehmenden Bedarfs an digitaler Lehre – noch stärker erkannt und anerkannt wird und entsprechend gefördert und forciert würde. Noch gibt es hier doch sehr unterschiedliche Perspektiven auf die Thematik insgesamt, sei es in der Bewertung der grundsätzlichen Sinnhaftigkeit und dadurch begründet aber auch in der Schaffung von Rahmenbedingungen, die für einen Ausbau von Videographie von Unterricht förderlich wären.

Um am Ende noch einmal Alfons O. Schorb zu zitieren:

„Filmdokumente aus der Unterrichtsmitschau können kein Ersatz direkter Beobachtung sein, wohl aber deren notwendige Ergänzung. Beide Formen haben ihre spezifischen Eigenarten und Möglichkeiten. Lehrerbildung, Lehrerweiterbildung und didaktische Forschung werden künftig mit beidem arbeiten." (Schorb, o. J., S.11)

Diese Hypothese hat sich erfüllt, dies zeigt auch dieser Band, in dem dieser Beitrag erscheint. Ein noch stärkerer Ausbau und eine noch stärkere Implementierung in Forschung und Lehre sind anzustreben.

Literatur

BMBF (2020). *Evaluation der „Qualitätsoffensive Lehrerbildung". Abschlussbericht*. Ramboll Management Consulting GmbH.

Draghina, M., Haider, M., Allary M. & Prock, S. (2018). Mit Kamera und Mikrofon im Klassenzimmer – einige Grundregeln. In M. Sonnleitner, S. Prock, A. Rank & P. Kirchhoff (Hrsg.), *Video- und Audiografie von Unterricht in der LehrerInnenbildung* (S. 61–78). Verlag Barbara Budrich.

Dinkelaker, J. (2016). Datengewinnung und -formate in der videobasierten Unterrichtsforschung. In U. Rauin, M. Herrle & T. Engartner (Hrsg), *Videoanalysen in der Unterrichtsforschung. Methodische Vorgehensweisen und Anwendungsbeispiele* (S. 50–75). Beltz Juventa.

Graf, P., Kuckuk, K., Weber, A. (1977). Institut für Unterrichtsmitschau und didaktische Forschung. *Schulreport, 03/77*, 12–13.

Lenord, C. (2020). Professionelle Wahrnehmung von Musikunterricht durch Unterrichtsvideos – kreativ und strukturiert. In K. Kaspar, M. Becker-Mrotzek, S. Hofhues, J. König & D. Schmeinck (Hrsg.), *Bildung, Schule, Digitalisierung* (S. 247–251). Waxmann Verlag.

Manthey, B. (2018). Datenschutzrechtliche Aspekte der Planung und Durchführung von Video- und Audiografien im Schulunterricht. In M. Sonnleitner, S. Prock, A. Rank & P. Kirchhoff (Hrsg.), *Video- und Audiografie von Unterricht in der LehrerInnenbildung* (S. 123–144). Verlag Barbara Budrich.

Schorb, A. O. (o. J.). *Was ist eine Unterrichtsmitschau?* Institut für Film und Bild in Wissenschaft und Unterricht. München.

Sonnleitner, M., Prock, S. & Dietl, D. (2018). Die Beteiligten informieren – aber wie? Informationsschreiben und Einwilligungserklärungen konkret. In M. Sonnleitner, S. Prock, A. Rank & P. Kirchhoff (Hrsg.), *Video- und Audiografie von Unterricht in der LehrerInnenbildung* (S. 145–173). Verlag Barbara Budrich.

Seidel, T. (2014). Lehrerhandeln im Unterricht. In E. Terhart, H. Bennewitz & M. Rothland (Hrsg.). *Handbuch der Forschung zum Lehrerberuf* (2. Aufl., S. 781–806). Waxmann Verlag.

Doris Lewalter, Annika Schneeweiss, Jürgen Richter-Gebert, Kerstin Huber & Maria Bannert

Mit Unterrichtsvideos praxisnah und disziplinverbindend lehren und lernen
Die Lernplattform Toolbox Lehrerbildung

1 Kurzdarstellung und Kernpunkte der Toolbox Lehrerbildung

Seit 2015 nehmen vier Arbeitsbereiche im Rahmen der Qualitätsoffensive Lehrerbildung im Projekt Teach@TUM an der TUM School of Social Sciences and Technology kontinuierlich Verbesserungen an zentralen Handlungsfeldern der Lehrkräftebildung vor. Hauptanliegen des Projekts ist die Qualitätsentwicklung der Lehrkräftebildung durch eine Intensivierung der Abstimmung von Fach, Fachdidaktik, Erziehungswissenschaft und Schulpraxis (Seidel et al., 2016). Dazu werden verschiedene Lehr-Lern-Materialien entwickelt, die auf eine praxisorientierte Kompetenz- und Evidenzbasierung in der Lehramtsausbildung abzielen und auch von anderen Standorten und Institutionen aller Phasen der Lehrkräftebildung genutzt werden können (Lewalter et al., 2018, 2020). Ein Ergebnis dieser Bemühungen ist die digitale und interaktive Lernplattform *Toolbox Lehrerbildung*[1], die im Folgenden genauer vorgestellt wird.

Die *Toolbox Lehrerbildung* (www.toolbox.edu.tum.de) ist eine interdisziplinäre und öffentlich zugängliche Lehr-Lernplattform für die gymnasiale und berufliche Lehrkräftebildung. Sie besteht aus aktuell sieben Lehr-Lernmodulen, die ausgehend von einem konkreten Unterrichtsszenario jeweils ein relevantes Thema aus den drei Säulen der Lehramtsausbildung – Fachwissenschaft der MINT-Fächer an allgemeinbildenden und beruflichen Gymnasien, Fachdidaktik und Erziehungswissenschaft/Psychologie – aufbereiten. So bilden beispielsweise die Themen *Der Satz des Pythagoras* (Fach), *Beweisen und Argumentieren* (Fachdidaktik) und *Feedback* (Erziehungswissenschaft/Psychologie) ein interdisziplinäres Modul. Die Themen werden mithilfe von Texten und Videotutorials zu relevanten Theorien und empirischen Forschungsbefunden sowie interaktiven Visualisierungen und Lernaufgaben für die Plattform aufbereitet. Die in die Module eingebetteten gescripteten Unterrichtsvideos sind das Herzstück der Lernplattform und setzen die jeweiligen Themen des Moduls im Rahmen einer konkreten Unterrichtseinheit praktisch um. Aktuell stehen 48 Unterrichtsszenen aus dem Mathematik-, Informatik- und Biologieunterricht zur Verfügung. Didaktische Begleitmaterialien liefern Anregungen zur Nut-

---

[1] Die Toolbox Lehrerbildung wird im Rahmen der gemeinsamen „Qualitätsoffensive Lehrerbildung" von Bund und Ländern aus Mitteln des Bundesministeriums für Bildung und Forschung gefördert.

zung der aufbereiteten Inhalte (u. a. Lehren und Arbeiten mit Unterrichtsvideos, Seminarverlaufspläne) für die Hochschullehre und den Schulunterricht (Unterrichtsverlaufspläne). Die *Toolbox Lehrerbildung* basiert auf Open Edx, einer browserbasierten Lernplattform für Massive Open Online Courses (MOOCs).

Abbildung 1: Übersicht über die aktuellen Themen der Module und zugehörigen Unterrichtsvideos

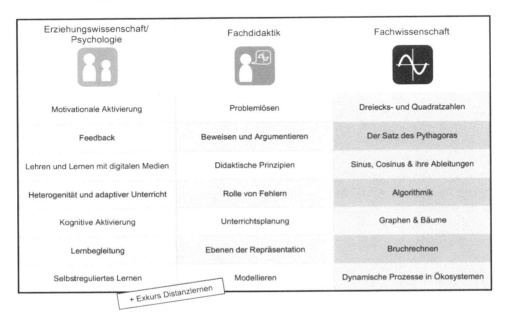

Die Lernplattform ist in erster Linie für (angehende) Lehrkräfte sowie Dozierende der verschiedenen Phasen der Lehrkräftebildung gedacht, sie ist aber ohne Nutzungsbeschränkungen für alle interessierten Nutzerinnen und Nutzer nach einer einmaligen Registrierung nutzbar. Das Projekt wird von Doris Lewalter (Professur für formelles und informelles Lernen), Jürgen Richter-Gebert (Lehrstuhl für Geometrie und Visualisierung) sowie Maria Bannert (Lehrstuhl für Lehren und Lernen mit digitalen Medien) geleitet.

2 Konzeption und Entwicklung der Toolbox Lehrerbildung

2.1 Theoretische Ausgangsüberlegungen und Bedarfe

In den Diskussionen und Bemühungen zur Reform der Lehrkräftebildung der vergangenen Jahre werden häufig die Stärkung der Kompetenzorientierung und der Evidenzbasierung sowie die Erhöhung der Praxisorientierung in der ersten Phase der Lehramtsausbildung als zentrale Herausforderungen benannt (KMK, 2014; Kunter et al., 2011; Kunter et al., 2015). Diese Herausforderungen gründen in dem wiederholt formulierten Defizit, dass die universitäre Lehramtsausbildung häufig nur unzureichend auf die Berufspraxis vorbereite (u. a. Blömeke, 2009). Als eine Ursache für den mangelhaften Bezug der universitären Ausbildung zur Schulpraxis sieht u. a. Blömeke (2009) die fehlende Vernetzung der drei Disziplinen der Lehrkräftebildung – Fachwissenschaft, Fachdidaktik und Erziehungswissenschaften/Psychologie an den Hochschulen. In der Schule und im Unterricht kommen jedoch die Kompetenzen aus allen drei Disziplinen gleichzeitig zum Einsatz. Neben dieser fehlenden horizontalen Vernetzung (Kleickmann & Hardy, 2019) trägt auch die unzureichende Verknüpfung der verschiedenen Phasen der Lehramtsausbildung dazu bei, dass das Wissen der (angehenden) Lehrkräfte fragmentiert bleibt (Kleickmann & Hardy, 2019). Die Separierung von Theorie und Praxis trägt dazu bei, dass wichtige Proceduralisierungsschritte von Wissen erschwert werden (Blömeke, 2009). Angehende Lehrkräfte tendieren häufig dazu, ihr in der ersten Phase der Lehramtsausbildung erworbenes theorie- und forschungsbasiertes Wissen nicht anzuwenden, sondern kehren zu ihrem intuitiven Wissen zurück. Somit ist das theoretische und wissenschaftliche Wissen zwar vorhanden, aber für das eigene Unterrichten nicht handlungsleitend (Blomberg et al., 2013).

Ziel der Lehramtsausbildung muss es daher sein, die Anforderungen des Lehrerberufs und die Schulpraxis von Beginn an in die Ausbildung zu integrieren (KMK, 2014; Kunter et al., 2011; Kunter et al., 2015). Dazu bedarf es einer genauen „Abstimmung der fachlichen, fachdidaktischen und erziehungswissenschaftlichen Qualifizierung unter gezieltem Einbezug des Berufsfelds Schule" (Lewalter et al., 2018, S. 331). Dieser Zielsetzung liegt als strukturelle theoretische Basis das COACTIV-Modell zu Lehrerkompetenzen zugrunde (Baumert & Kunter 2013; Terhart, 2013). Ziel von Reformbemühungen soll es daher sein, (angehende) Lehrkräfte zu qualifizieren, ihren Unterricht inhaltlich anspruchsvoll, kognitiv unterstützend und motivational anregend zu gestalten (Lewalter et al., 2018). Basierend auf dem COACTIV-Vernetzungsansatz, der Bezug nimmt auf die Definition des Professionswissens nach Shulman (1987), soll vernetztes Lernen der drei Disziplinen der Lehrkräftebildung unterstützt werden.

Zudem ist es Aufgabe der Lehrkräftebildung, praxisorientierte Kompetenzen zu vermitteln (Bauer & Prenzel, 2012; Grossmann & MacDonald, 2008; Blomberg et al., 2013): Die Lehrkräftebildung hat laut Blomberg et al. (2013) die Aufgabe, Studierenden dabei zu unterstützen, Wissen und Kompetenzen auf eine Weise zu erwerben, dass diese im Klassenzimmer Anwendung finden können. Dabei spielt auch der Einsatz digitaler Medien eine zentrale Rolle. Sie bieten vielfältige Möglichkeiten, Lehr-Lernprozesse berufsfeldbezogen zu gestalten und authentisches, fallbezogenes sowie individualisiertes Lernen zu ermöglichen (Petko & Honegger, 2011). Gerade in pandemiebedingten Zeiten digitaler Lehre können online zugängliche Lehr-Lernumgebungen sowohl für synchrone als auch asynchrone Lehr- und Lernsettings eine zentrale Rolle einnehmen. Zudem erlaubt der Einsatz digitaler Medien in der Lehre den Studierenden, Erfahrungen aus verschiedenen Perspektiven zu machen – sowohl aus der Perspektive des Lernenden als auch des Lehrenden. Dass dies dringend notwendig ist, zeigen unter anderem Sekundäranalysen aus dem Nationalen Bildungspanel (NEPS) zu digitalen Kompetenzen und Fertigkeiten von Senkbeil et al. (2019): Ein substanzieller Anteil der angehenden (20%) sowie fortgeschrittenen Studierenden (52%) erreichen bezogen auf ihre Kompetenzen und Fertigkeiten im Umgang mit digitalen Medien, die sie für eine erfolgreiche Bewältigung ihres Studiums sowie künftige berufliche Anforderungen benötigen, nicht die erforderlichen Mindeststandards. Analysen, die sich speziell auf Lehramtsstudierende beziehen, weisen dabei für diese Gruppe etwas größere Kompetenzdefizite auf als für Studierende anderer Fachrichtungen (Senkbeil et al., 2021).

Ein möglicher, digital unterstützter Ansatz für den Erwerb praxisorientierter Kompetenzen liegt im Einsatz von (gescripteten/*staged*) Unterrichtsvideos (Santagata et al., 2005). Mit ihrer Hilfe können „Teile einer komplexen, professionellen Praxis modellhaft, exemplarisch und didaktisch aufbereitet" in die Lehrkräftebildung transportiert werden (Gartmeier, 2014, S. 242). Sie eignen sich daher als ideales Lernmedium, um die Fähigkeit zur Wahrnehmung, Interpretation und Handlungsentscheidung in konkreten (Unterrichts-)Situationen zu fördern sowie die Reflexions- und Analysefähigkeit der angehenden Lehrkräfte zu verbessern (König et al., 2015).

Ausgehend von den genannten theoretischen Ansätzen und empirischen Befunden wurde an der TU München die öffentlich zugängliche Lernplattform *Toolbox Lehrerbildung* entwickelt, die konkrete Antworten auf die genannten Bedarfe der Lehrkräftebildung liefert: Sie stellt Wissen zu allen drei Disziplinen der Lehramtsausbildung zur Verfügung und schafft damit ein interdisziplinäres Angebot, das vernetztes Lernen ermöglicht. Die *staged videos* innerhalb der Lernplattform schaffen nicht nur einen disziplinverbindenden Anker, sondern beziehen auch in unmittelbarer Verknüpfung zu den Lerninhalten die Schulwirklichkeit mit ein. Dadurch können theoretische, wissenschaftliche und praxisorientierte Perspektiven gleichermaßen auf realitätsnahe und professionsorientierte Situationen bezogen, entsprechend analysiert (Lewalter et al., 2018) sowie die professionelle Unterrichtswahrnehmung geschult werden (Seidel et al., 2010; Sherin, 2002). Zudem stellt die Lernplattform Lehr- und Lernmaterialien bereit, die sich sowohl für synchrone als auch asynchrone Lernphasen eignen, den instruktionalen Umgang mit digitalen Medien im Schulunterricht fördern und darüber hinaus standortübergreifend und flexibel genutzt werden können. Auf die theoretischen Vorüberlegungen und Grundlagen für die Konzeption speziell der Unterrichtsvideos in der Plattform soll nun ein besonderes Augenmerk gelegt werden.

2.2 Konzeption der Unterrichtsvideos in der *Toolbox Lehrerbildung*

Die empirische Forschung der vergangenen Jahre zeigt, dass Unterrichtsvideos für den Erwerb praxisrelevanter Kompetenzen förderlich sind und die theoriegeleitete Analyse von Unterrichtsvideos im Hinblick auf die professionelle Unterrichtswahrnehmung und Reflexion relevanter Ereignisse im Unterricht fördern (u. a. Gold et al., 2020; Stürmer et al., 2012; Stürmer et al., 2016; Sherin & van Es, 2009). So stellen Videos gerade im Hinblick auf die in der *Toolbox Lehrerbildung* angestrebte Verzahnung von Theorie und Praxis ein geeignetes Tool dar, mit dem praxisrelevante Kompetenzen trainiert werden können. Unterrichtsvideos können damit ein tieferes Verständnis von Lehren und Lernen und einen stärkeren Bezug zwischen Theorie und konkreter Anwendung fördern (Blomberg et al., 2013): Sie liefern geeignete Praxisrepräsentationen und haben gegenüber realen Unterrichtssituationen den Vorteil, dass sie die Komplexität von Unterrichtsgeschehen reduzieren. Sie bieten damit geeignete „approximations of practice" (Grossmann et al., 2009). Für die konkrete Entwicklung der Unterrichtsvideos in der *Toolbox Lehrerbildung* sind – neben den oben bereits genannten Überlegungen für die Gestaltung der Lernplattform – vor allem fünf forschungsbasierte Heuristiken für den Einsatz von Unterrichtsvideos in der Lehrkräftebildung handlungsleitend. Sie wurden von Blomberg et al. (2013) aus dem aktuellen Stand der Forschung zum Einsatz von Videos in der Lehre abgeleitet. Diese fünf Heuristiken sollen deshalb zunächst beschrieben werden. Darauf aufbauend werden die Videos der *Toolbox Lehrerbildung* charakterisiert und ihre Implementation in der Lernplattform erläutert.

„Video is but a tool" (Seago, 2004) – Dieses Zitat bringt die erste der fünf zentralen Daumenregeln, die Blomberg et al. (2013) in ihren „five research-based heuristics for using video in pre-service teacher education" entwickelt haben, auf den Punkt: Videos sind nur im Zusammenhang mit definierten Lernzielen bzw. eingebettet in ein Lerndesign effektiv und nützlich (Blomberg et al., 2013; Sherin & van Es, 2009). Dazu gehören Lernziele wie beispielsweise die Fähigkeit, relevante Unterrichtsereignisse zu erkennen, der Aufbau von Faktenwissen oder fachbezogenem Wissen, Wissen über instruktionale Ansätze, oder das Ziel, Lernende zu einem produktiven Austausch über Interaktionen im Klassenzimmer anzuregen (Blomberg et al., 2013).

Ausgehend von definierten Lernzielen sollte entsprechend der zweiten Heuristik ein geeigneter Instruktionsansatz gewählt werden, in den die Unterrichtsvideos implementiert sind. Kognitive Ansätze setzen dabei zunächst auf die Vermittlung wichtiger Prinzipien, um diese im Anschluss auf die Praxisbeispiele zu beziehen. Um die kognitive Überlastung bei der Auseinandersetzung mit komplexen Unterrichtssituationen zu vermeiden, wird die Aufmerksamkeit der Lernenden deshalb auf Basis der zuvor vermittelten Prinzipien gezielt durch verschiedene Formen der instruktionalen Unterstützung auf relevante Aspekte im Video gelenkt (Grossman et al., 2009), wodurch die Komplexität des Unterrichtsgeschehens reduziert werden kann. Bei diesem Ansatz haben Videos die Funktion, bestimmte Theorien zu illustrieren, deklarativ-konzeptuellen Wissenserwerb zu fördern und das Faktenwissen anzuwenden, das im Vorfeld erarbeitet wurde (*rule-example*-Prinzip). Situierte Instruktionsansätze hingegen setzen eher auf problembasiertes Lernen und reflexive Fähigkeiten, indem sie Lernende komplexen Situationen aussetzen, um daraus in der gemeinsamen Reflexion spezifische Herausforderungen zu identifizieren und adaptiv Schlussfolgerungen für die eigene Unterrichtsplanung abzuleiten (*example-rule*-Prinzip; Seidel et al., 2013). Bei beiden Ansätzen sind jedoch eine gezielte Unterstützung und Anleitung mithilfe von Fragestellungen oder Prompts oder durch indirekte Unterstützung – etwa durch eine fokussierte Moderation von Diskussionen (Seidel et al., 2013) – von zentraler Bedeutung.

Die dritte Heuristik bezieht sich auf die Auswahl des Video-Materials selbst, eine Entscheidung, die eng mit den ersten beiden Regeln verknüpft ist. Dabei wird einerseits zwischen eigenen (aufgezeichneten) Unterrichtsvideos und fremden Videos unterschieden. Während eigene Videos von den Lernenden als besonders relevant empfunden werden, erlauben Fremdvideos mehr kritische Distanz und wissensbasierte Analyse (Blomberg et al., 2013). Des Weiteren können Videos authentischen Unterricht aufzeichnen, oder nachgestellten Unterricht (*staged videos* bzw. gescriptete Videos). Außerdem ist zwischen *Best Practice* und *Typical Practice* zu unterscheiden: Während *Best-Practice*-Szenarien die Vielfalt möglichen und qualitätsvollen Handelns im Unterricht illustrieren, ermöglichen *Typical-Practice*-Beispiele eine höhere Identifikation von angehenden Praktikerinnen und Praktikern – indem Schwierigkeiten aufgezeigt und mögliche Handlungsalternativen entwickelt werden können, um diese zu überwinden (Seidel et al., 2013). Gleichzeitig halten die Autorinnen und Autoren im Rahmen der vierten Heuristik fest, dass auch Limitationen von Videos angemessen berücksichtigt werden müssen, etwa die Kameraperspektive, die Wahl der Ausschnitte sowie fehlende Kontextinformationen, die etwa durch Begleitmaterialien ergänzt werden können. Die letzte Heuristik zielt schließlich auf ein an die Lerninhalte und -ziele angepasstes Assessment ab, um etwa die erworbenen Fähigkeiten zur professionellen Unterrichtswahrnehmung zu überprüfen.

2.3 Konsequenzen für Aufbau und Implementation der Videos in der Lernplattform

Um zu illustrieren, wie und auf welchen Ebenen die Unterrichtsvideos nach diesen Prinzipien in die Lernplattform integriert sind, müssen zunächst der Aufbau der Lernplattform und ihre Konzeption veranschaulicht werden. Das zentrale Strukturelement der Lernplattform sind digitale, didaktisch aufbereitete interdisziplinäre Lehr-Lernmodule. Innerhalb eines Moduls wird jeweils ein Thema aus jeder Disziplin aufbereitet, woraus sich für jedes Modul ein thematisches Dreigespann aus Fachwissenschaft, Fachdidaktik und Erziehungswissenschaft/Psychologie ergibt. Die Grobgliederung über alle disziplinspezifischen Themen hinweg folgt stets derselben Struktur und gewährleistet so die Einheitlichkeit der Lernmodule. Basis für die Entwicklung der Modulthemen und Inhalte sowie auch für die Konzeption der Unterrichtsvideos sind klar definierte Lernziele für alle drei Disziplinen des Moduls.

Die Festlegung der Lernziele beruht auf den Überlegungen von zwei theoretischen Rahmenmodellen: Zum einen wurde das Modell zur Professionellen Unterrichtswahrnehmung herangezogen, das von Goodwin (1994) entwickelt und in der Folge mit unterschiedlichen Schwerpunkten bzw. Konzeptualisierungen weiterentwickelt wurde (Sherin & van Es, 2009; Seidel et al., 2010; Seidel & Stürmer, 2014; Jacobs et al., 2010; sowie in einem größeren Kontext von Lehrerkompetenzen u. a. Blömeke et al., 2015). Diesem Modell liegt die Annahme zugrunde, dass neben der Vernetzung der drei Disziplinen der Lehrkräftebildung mit Hilfe von Unterrichtsvideos und Lernmaterialien die drei Komponenten bzw. Entwicklungsstufen umfassende professionelle Wahrnehmung von Unterricht ein wesentlicher Bestandteil von Lehrerexpertise ist (Sherin, 2002). Daher sind folgende Stufen zur Entwicklung dieser professionellen Unterrichtswahrnehmung in der *Toolbox Lehrerbildung*, in Anlehnung an Sherin & van Es (2009) und der Definition von

Seidel und Stürmer (2014), Bestandteil der formulierten Lernziele (Lewalter et al., 2018): Die erste relevante Komponente ist das sogenannte *noticing*: Die Fähigkeit, für das Lehren und Lernen relevante Situationen und Ereignisse im Unterrichtsgeschehen zu identifizieren. Die zweite Komponente, die eng mit der ersten zusammenhängt, ist das *knowledge-based reasoning*, das heißt, die wissensbasierte Analyse und Verarbeitung der identifizierten Situationen und Ereignisse. Diese Komponente wird häufig nochmals ausdifferenziert in drei Bestandteile (Borko, 2004; Borko et al., 2008; Seidel & Stürmer, 2014): Die Fähigkeit, relevante Ereignisse auf Basis des eigenen professionellen Wissens zunächst einmal wertneutral beschreiben zu können, sie mithilfe von Prinzipien und Konzepten erklären bzw. auf diese zurückführen zu können sowie auf dieser Basis mögliche Konsequenzen für das Lernen von Schülerinnen und Schülern vorhersagen zu können (Seidel & Stürmer, 2014). Der letzte Aspekt wird in anderen Konzeptualisierungen häufig auch unter dem Stichwort des *decision-making* verortet – das heißt, einerseits das Antizipieren von Reaktionen der Lehrperson auf bestimmtes Schülerhandeln oder das Entwickeln von Handlungsalternativen (Jacobs et al., 2010; Kaiser et al., 2017).

Dieses Modell wird ergänzt durch das zweite Rahmenkonstrukt für kompetenzorientierte Lehre, die Bloom'schen Taxonomiestufen bzw. hierarchisch geordneten *Thinking skills* Erinnern, Verstehen, Anwenden, Analysieren, Bewerten und Entwickeln (Anderson & Krathwohl, 2001; Churches, 2008). So lassen sich sowohl zwischen der Stufe des *Noticing* und der Stufe des Erinnerns Parallelen ziehen als auch zwischen dem Konstrukt des *knowledge-based-reasoning* und den Taxonomiestufen Verstehen, Anwenden, Analysieren und Bewerten (Lewalter et al., 2018). Für die *Toolbox Lehrerbildung* wurden als Konsequenz daraus und angelehnt an die Ergebnisse des Projekts Observe (Seidel et al., 2010) die beiden ersten Lernzielstufen abgeleitet, die auf die folgenden Kompetenzen abzielen (Lewalter et al., 2018):

Lernziel 1: Erkennen und Beschreiben
Lernziel 2: Erklären und Vorhersagen

Ergänzend soll in der *Toolbox Lehrerbildung* im Sinne des *decision-making* das aktive Entwickeln und Reflektieren von Sachverhalten in der Arbeit mit den implementierten Unterrichtsszenen gezielt gefördert und somit das aktive Einnehmen der Rolle des Lehrenden bei den Nutzerinnen und Nutzern angeregt werden (Lewalter et al., 2018), indem reflexive sowie Problemlösekompetenzen im Hinblick auf die eigene Unterrichtspraxis angeregt werden. Daher werden die beiden genannten Kompetenzstufen noch um die Folgende ergänzt:

Lernziel 3: Entwickeln und Reflektieren

Ausgehend von diesen jeweils definierten Lernzielen innerhalb der einzelnen Module wird, basierend auf einer intensiven Literaturrecherche sowie einer eingehenden Sichtung von Lehr- und Studienplänen, ein Überblick über den aktuellen Forschungsstand zur jeweiligen Thematik zusammengestellt. Aus diesen Inhalten entstehen die Schwerpunktsetzung und Gliederung des dargestellten Grundlagenwissens für alle drei Themen eines Moduls. Die Module sind wie folgt aufgebaut: Zu Beginn befindet sich ein Überblick zu den Inhalten, gefolgt von zentralen Begriffsklärungen. Die theoretischen Grundlagen werden im anschließenden Kapitel aufbereitet. Diese Texte werden durch selbst erstellte Grafiken veranschaulicht. Videotutorials zu komplexeren theoretischen Konzepten und Modellen ergänzen den Theorieteil. Im erziehungswissenschaftlichen und fachdidaktischen Bereich schließt sich dann je ein Kapitel zu Praxistipps und eines, das dem Realitätscheck dient, an. Im Kapitel Praxistipps werden theoretisch und empirisch fundierte Anwendungstipps für die Unterrichtsgestaltung aufgearbeitet, d. h. es erfolgt eine Übersetzung des theoretischen Hintergrunds auf die Unterrichtspraxis. Im Realitätscheck werden aktuelle empirische Forschungsbefunde zu den theoretischen Inhalten und zur Wirksamkeit bestimmter Ansätze und Methoden in der Praxis fokussiert vorgestellt.

Analog zu den aufbereiteten theoretischen Inhalten des Dreigespanns steht schließlich anhand einer konkreten Unterrichtseinheit in einer MINT-Fachwissenschaft ein Unterrichtsvideo zur Verfügung, das aus sechs bis sieben Einzelszenen besteht. Diese Szenen haben insgesamt die Länge von etwa eineinhalb Unterrichtsstunden und enthalten verschiedene Unterrichtsphasen und Sozialformen, wie Lehrerinstruktion, Schüleraktivitäten oder Ergebnissicherungsphasen im Klassenverband. Die Unterrichtsszenen greifen jeweils zentrale Aspekte aus dem theoretischen Teil der drei aufbereiteten Themenbereiche (Fach, Fachdidaktik und Erziehungswissenschaft/Psychologie) auf, und setzen sie praktisch um. So wiederholen und festigen die Schülerinnen und Schüler im Video beispielsweise ihr Verständnis zum Satz des Pythagoras (Fach), lernen währenddessen mögliche Beweisführungen kennen und haben die Möglichkeit, sie im Unterricht selbst anzuwenden (Fachdidaktik: Beweisen und Argumentieren). Außerdem liegt ein besonderer Fokus dieser Unterrichtssequenzen auf der Art und Weise, wie die Lehrkraft oder Mitschülerinnen und Mitschüler den Lernenden Feedback (Erziehungswissenschaft/Psychologie) geben und wie sich das auf die Interaktion und das Verhalten der Schülerinnen und Schüler auswirkt. Die Videoszenen sind sowohl in einem eigenen Modulkapitel jeweils am Ende der Module zu finden als auch an vielen verschiedenen Stellen im Modul selbst integriert. Dafür werden zumeist gekürzte Ausschnitte verwendet, die auf den jeweiligen Themenfokus hin zugeschnitten sind. Die im Modul eingebetteten Szenen sind jeweils mit entsprechenden Impulsfragen versehen. Sie lenken die Aufmerksamkeit auf die relevanten Ereignisse im Video oder regen zur Gruppendiskussion und Reflexion an. Zu jedem Modulteil gibt es zudem eine Reihe begleitender Lernaufgaben. Sie sind unterteilt in Aufgaben für das Selbststudium – welche im Wesentlichen der Überprüfung des eigenen Lernstands dienen –, für Seminareinheiten (häufig in Verbindung mit einer Videoszene), sowie im fachwissenschaftlichen Bereich auch Aufgaben für den Schulunterricht, da hier enge Bezüge zu den in den Videos entwickelten Unterrichtssequenzen bestehen.

In Rückbindung an die fünf genannten Heuristiken lassen sich folgende Schlussfolgerungen für die Konzeption und Nutzungsintentionen der Unterrichtsvideos ziehen: Wie bereits beschrieben, beruhen nicht nur die Videos selbst, sondern die Module als Ganzes auf klar definierten Lernzielen. Im Hinblick auf die zweite Daumenregel lässt sich festhalten, dass die Unterrichtsvideos für verschiedene Instruktionsansätze geeignet sind: Zum einen wird Wissen zu einschlägigen Theorien und Konzepten durch die Lernplattform als Grundlage gelegt (*rule*), um auf Basis dieses (neu-)erworbenen oder aktualisierten Wissens alltagsnahe und geeignete Unterrichtsrepräsentationen zu analysieren – das heißt, Ereignisse im Unterrichtsgeschehen (*example*) zu erkennen (*noticing*), das Beobachtete mit den erlernten Konzepten und Begrifflichkeiten zu verknüpfen und zu beschreiben (*explanation*) sowie Vorhersagen treffen zu können, inwiefern sich das Unterrichtshandeln auf das weitere Lernverhalten der Schülerinnen und Schüler auswirkt (Seidel & Stürmer, 2013). Durch die unmittelbare Einbettung der Videoausschnitte ins Modul wird der Fokus der Aufmerksamkeit gezielt auf diese spezifischen Aspekte gelenkt (durch sogenanntes *scaffolding;* Schworm & Renkl, 2007). Durch die Transkripte und die Möglichkeit, innerhalb der Videoszenen mithilfe der Zeitleiste bzw. des Transkripts vor- und zurückzuspringen (s. Abbildung 3) sowie Szenen wiederholt anzusehen, können auch unterschiedliche Aspekte in ein und derselben Situation nacheinander thematisiert und damit die Komplexität des Geschehens reduziert werden (Grossmann et al., 2009). Bei der Arbeit mit den Videos in der Lernplattform kommt der Rolle des Lehrenden als *Facilitator* entsprechend eine entscheidende Bedeutung zu (Blomberg et al., 2013).

Abbildung 2: Überblick über die verschiedenen medialen Lerntools in der Lernplattform

Da die Videos aber in einem eigenen Kapitel „Unterrichtsvideos" auch unabhängig vom Modulinhalt zur Verfügung stehen, ermöglicht die Gestaltung der Lernplattform auch situierte Instruktionsansätze (*example-rule*; Korthagen & Kessels, 1999; Seidel et al., 2013). Die Videos stellen gezielt gestaltete Komplexität von Unterrichtsgeschehen her, indem der gezeigte Unterricht parallel Aspekte aus allen drei Disziplinen veranschaulicht und entsprechend immer in ihrer Multiperspektivität zeigt. Zudem werden bedeutungsvolle Ereignisse und Konzepte in den Videos auf den unterschiedlichen Ebenen verdichtet und relativ eng aufeinanderfolgend in kurzer Zeit dargestellt, was die zeitliche Intensität der lernrelevanten Inhalte erhöht.

Um eine solch enge Verknüpfung von Theorien und Praxisrepräsentationen zu gewährleisten, wie sie in der *Toolbox Lehrerbildung* zum Prinzip erhoben wird, bieten sich gescriptete Videos oder *staged videos* in besonderer Weise an: Gescriptete Videos erlauben es, das komplexe Unterrichtsgeschehen zu verdichten und bedeutungsvolle Ereignisse und Konzepte im Unterricht besonders salient darzustellen (Seidel, 2021). Die Videoszenen folgen einem Drehbuch, in das von Anfang an wichtige Themen aus allen drei Disziplinen eingearbeitet werden. Die Umsetzung der Videodrehs erfolgt mit Lehrkräften und Schülerinnen und Schülern von Schultheater-AGs. Dabei werden unterschiedliche Kameraperspektiven in den Drehs berücksichtigt, sodass neben Totalaufnahmen auch durch wechselnde Nahaufnahmen oder *Over-Shoulders* gezielt die verbalen und nonverbalen Verhaltensweisen und Reaktionen von Lehrkraft und Schülerinnen und Schülern sowie die generelle Atmosphäre im Raum sichtbar werden (Reusser, 2005). Damit ist ein detaillierterer Einblick in das Unterrichtsgeschehen möglich, als dies bei realen Unterrichtsaufnahmen, die häufig lediglich ein oder zwei Kameraperspektiven erlauben, möglich wäre. Um das Authentizitätsempfinden der Nutzerinnen und Nutzern der *Toolbox Lehrerbildung* als einen wichtigen Faktor für die wahrgenommene Relevanz der Videos und die Möglichkeit zur Immersion zu gewährleisten, wird das Drehbuch vor den Dreharbeiten nochmals von einem externen Drehbuchautor überarbeitet.

Abbildung 3: Exemplarische Darstellung eines Unterrichtsvideos mit Funktionalitäten

Ein weiteres Designmerkmal der Unterrichtsvideos in der Lernplattform ist die überwiegende Gestaltung der Szenen als *Typical* oder *Normal Practice*: Gelungenes Lehrerhandeln wechselt sich dabei mit weniger gelungenen Momenten ab, wie beispielsweise problematische Lehrer-Schüler-Interaktionen oder Hürden in der Vermittlung von Unterrichtsstoff – etwa bei lernschwächeren Schülerinnen und Schülern in der Klasse. Durch diese problemorientierte Darstellung und die Möglichkeit, Akteurinnen und Akteure aus multiplen Perspektiven zu betrachten – etwa die Reaktion einer Schülerin auf problematisches Feedback durch die Lehrkraft –, können das Geschehen kritisch reflektiert und Handlungsalternativen entwickelt werden. Damit kann ein tieferes Verständnis für Lehr- und Lernprozesse angeregt werden (Krammer & Reusser, 2005).

Die Unterrichtsvideos der *Toolbox Lehrerbildung* unterliegen jedoch auch einer Reihe an Limitationen, die sich einerseits durch das Medium an sich, andererseits durch die gewählte Konzeption ergeben. Da Unterrichtsvideos nur einen (fingierten) Ausschnitt aus der Realität liefern und nicht alle notwendigen Hintergrundinformationen mitliefern können, werden sie in der Lernplattform um verschiedene Zusatzinformationen (z. B. kurze Szenenbeschreibungen vor oder im Video) und didaktische Begleitmaterialien ergänzt: Detaillierte Unterrichtsverlaufspläne, Übersichtslisten über verschiedene Unterrichtsphasen und Sozialformen in den jeweiligen Videoszenen sowie die Arbeitsmaterialien aus den Unterrichtsstunden – wie interaktive Visualisierungen bzw. Simulationen oder Arbeitsblätter – liefern wichtiges didaktisches Hintergrundwissen und -material und ermöglichen es gleichzeitig, die Unterrichtsstunden selbst in der Schule zu replizieren oder weiterzuentwickeln. Seminarverlaufspläne zeigen zudem auf, wie die jeweiligen Videos in der Lehrkräftebildung eingesetzt und bearbeitet werden können.

Die verschiedenen Formen von Lernaufgaben, auf die die jeweiligen Modulteile verlinken, unterstützen sowohl die Lernenden als auch die Lehrenden im Sinne der fünften Daumenregel – des Assessments – dabei, das Erreichen von wichtigen Lernzielen zu überprüfen bzw. im Seminar zu diskutieren.

3 Szenarien für die Nutzung der Unterrichtsvideos in der Hochschullehre

3.1 Offenheit und flexible Anwendungsdimensionen

Wie der Name „Toolbox" bereits sagt, ist die Lernplattform als digitaler Werkzeug- oder Baukasten zu verstehen. Die Materialien und der Aufbau der Module sind auf eine möglichst hohe Flexibilität und Ökonomie in der Anwendung ausgelegt (Lewalter et al., 2018). Ziel der Lernplattform und ihrer größtenteils als *Open Educational Ressources* gestalteten Inhalte ist es, sowohl standort- als auch phasenübergreifend in der Aus- und Fortbildung von Lehrkräften genutzt zu werden. Die Materialien der *Toolbox Lehrerbildung* und damit auch die Unterrichtsvideos selbst können grundsätzlich einerseits im Rahmen der Modulstruktur in der Lernplattform bearbeitet werden. Die modulare Struktur erlaubt es andererseits aber auch, nach individuellem Bedarf einzelne Teilbereiche und Inhalte – und so auch die Unterrichtsvideos – ohne theoretische Rahmung in anderen Kontexten zu nutzen. Trotz dieser Vielfalt an Nutzungsoptionen und der grundsätzlichen Offenheit liegen der Schwerpunkt und der Fokus der Unterrichtsvideos in Verbindung mit den Lerninhalten auf der Verknüpfung von Theorie und Praxis sowie auf der disziplinverbindenden Vermittlung und Anwendung der einzelnen Inhaltsbereiche (Lewalter et al., 2018).

Die vielfältigen Nutzungsmöglichkeiten dieser digitalen Lernplattform erlauben sowohl synchrone als auch asynchrone sowie hybride Lehr-Lernsettings: So kann zum Beispiel im Rahmen der *Flipped Classroom*-Methode theoretisches Wissen aus der Lernplattform im Selbststudium erarbeitet und anhand von Lernaufgaben eigenständig überprüft werden. Für die sich anschließende Analyse und Reflexion der Unterrichtsvideos bieten sich hingegen synchrone Settings in Lehrveranstaltungen oder Kleingruppenarbeit an.

Ein weiteres Szenario ist die disziplinübergreifende Vermittlung bzw. der disziplinübergreifende Einsatz der Unterrichtsvideos in gemeinsamen (Team-Teaching) oder separaten, idealerweise aufeinander abgestimmten Veranstaltungen. So erlauben ein und dieselben Videosequenzen die Analyse von Unterricht aus den unterschiedlichen Perspektiven der jeweiligen Disziplin. Dies trägt zu einem tieferen Verständnis der Inhalte, zur Vernetzung von Wissen und zur Wahrnehmung komplexen Unterrichtsgeschehens bei. Der Vorteil der disziplinübergreifend konzipierten Unterrichtsvideos ist dabei, dass sie auch in voneinander unabhängigen Veranstaltungen ihre Wirksamkeit entfalten, da die Disziplinverbindung im Material selbst enthalten ist und damit den *Missing Link* zwischen den verschiedenen Disziplinen herstellt.

Auch wenn die Unterrichtsvideos der *Toolbox Lehrerbildung* im fachwissenschaftlichen Bereich nur Themen der MINT-Fächer abdecken, können die erziehungswissenschaftlich-psychologischen Inhalte wie Feedback, Lernbegleitung oder Selbstreguliertes Lernen und in gewissem Maße auch die fachdidaktischen Inhalte unabhängig von der fachlichen Ausrichtung der angehenden Lehrkräfte genutzt werden.

3.2 Nutzungsszenarien für unterschiedliche Zielgruppen in der Lehrkräftebildung

Die *Toolbox Lehrerbildung* spricht Akteurinnen und Akteure aus allen drei Phasen der Lehrkräftebildung an und kann dabei mit unterschiedlichen Zielsetzungen gewinnbringend eingesetzt werden. Dabei ist die Art und Weise des Einsatzes von Videos in der Lehrkräftebildung stark von den jeweiligen Voraussetzungen der Nutzerinnen und Nutzer abhängig (Blomberg et al., 2013).

In der *ersten Phase der Lehrkräftebildung* haben – wie bereits verdeutlicht – das Kennenlernen theoretischer Modelle und der Erwerb von Basiswissen einen zentralen Stellenwert, der durch die frühe Anbindung an die Schulpraxis unter anderem mit Hilfe von Unterrichtsvideos unterstützt werden kann. Bei Novizen bzw. Studierenden des Lehramts spielen also verschiedene Instruktionsansätze eine wichtige Rolle, in denen Vorwissen in Form von theoretischen Grundlagen aktiviert (*rule*) und auf dieser Basis das Erkennen und wissensbasierte Analysieren und Vorhersagen relevanten Unterrichtsgeschehens gefördert wird (*example*). Anhand der in der Lernplattform aufbereiteten multimedialen Materialien können so zum Beispiel die Grundlagen eines einzelnen theoretischen Konzepts von Studierenden selbstständig erarbeitet werden – zum Beispiel im erziehungswissenschaftlichen Modulteil *Motivationale Aktivierung* die Theorien zur Kausalattribution. Die zugehörigen Lernaufgaben dienen der Überprüfung des eigenen Lernstands. In einer darauffolgenden Lehrveranstaltung sollen die Studierenden dann im entsprechenden Unterrichtsvideo zu diesen Gesichtspunkten relevante Ereignisse erkennen – in unserem

Beispiel etwa motivationsförderliches und hinderliches Handeln der Lehrkraft. In Gruppen oder unter Anleitung des Dozierenden können diese Ereignisse beschrieben, auf die zuvor erlernten Prinzipien bezogen sowie aufgrund der als *Typical Practice* dargestellten Unterrichtsszenen Aussagen getroffen werden, wie sich das Verhalten auf den Fortgang der Stunde und das Lernen der Schülerinnen und Schüler auswirken könnte. Mit zunehmendem Wissensstand der Studierenden bzw. im Rahmen von Begleitveranstaltungen während des Schulpraktikums bieten sich zusätzlich auch situierte Instruktionsansätze (*example-rule*) an, die eher auf das Erkennen von situationsspezifischen Herausforderungen im jeweilgen Unterrichtsgeschehen zielen und die Fähigkeit von angehenden Lehrkräften fördern, diese Erkenntnisse adaptiv in ihre eigene Unterrichtsplanung zu integrieren (Seidel et al., 2013).

In universitären Einführungsveranstaltungen an der TUM School of Education hat sich zudem ein Instruktionsansatz bewährt, der die beiden genannten Ansätze zusammenführt, bisher aber noch nicht empirisch untersucht wurde – das sogenannte *Example-Rule-Example*-Prinzip: Hier sollen Novizinnen und Novizen zunächst ohne explizit vermitteltes Vorwissen z. B. motivationsrelevante Ereignisse in den Unterrichtsvideos erkennen. Anschließend werden die Theorien und Prinzipien zum jeweiligen Thema (z. B. Attribution) in der *Toolbox Lehrerbildung* erarbeitet. Mit diesem Wissen ausgestattet, sollen die Studierenden das entsprechende Videomaterial erneut ansehen und relevante Ereignisse identifizieren. Dabei hat sich in bisherigen Lehrveranstaltungen gezeigt, dass die Studierenden beim zweiten Mal deutlich mehr und besser begründet solche Ereignisse erkennen und sich ihrer verbesserten Wahrnehmungsfähigkeiten gleichzeitig auch bewusstwerden. Dieses Vorgehen kann gerade Studienanfängerinnen und -anfänger dabei unterstützen, die Relevanz und Nützlichkeit von Theorien für die eigene Unterrichtspraxis selbst zu erfahren und gleichzeitig das eigene Kompetenzerleben fördern.

In der zweiten Phase der Lehrkräftebildung verlagert sich die Gewichtung stärker auf die konkrete Umsetzung des an der Universität erworbenen Wissens auf die eigene Unterrichtsdurchführung. Nicht nur in Pandemiezeiten sind hier möglichst authentische Unterrichtssituationen im Sinne von virtuellen Unterrichtshospitationen (Mühlhausen, 2005) als konkrete Beispiele von Konzepten und Handlungsabläufen eine wichtige Ressource, um diese in gemeinsamen Sitzungen zu beschreiben, zu reflektieren und wissensbasiert zu analysieren, um die eigene professionelle Handlungskompetenz zu verbessern. Die Beispiele in den Videos können mit den ersten eigenen Unterrichtserfahrungen abgeglichen und Überlegungen zur Verbesserung des unterrichtlichen Handelns oder professioneller Entscheidungen können unmittelbar in eigene Unterrichtsversuche einfließen und gezielt eingeübt werden (Gruber et al., 2019). Da der Diskussionsgegenstand aufgrund der geskripteten Videos nicht das eigene Handeln der Referendarinnen und Referendare darstellt und damit weniger selbstkritischen Bewertungen ausgesetzt ist, erlauben die Videos eine intensivere Auseinandersetzung mit möglichen Handlungsalternativen (Cortina et al., 2018). Der in den Unterrichtsvideos dargestellte Unterricht kann gerade in der zweiten Phase als Vorlage genutzt werden, um ihn zu replizieren oder für den eigenen Unterricht anzupassen, da sowohl die Materialien und Tools, die in den Unterrichtsszenen eingesetzt werden – wie etwa Arbeitsblätter, Visualisierungen und Simulationen – als auch detaillierte Unterrichtsverlaufspläne und weitere Hintergrundinformationen zur Verfügung stehen.

Auch in der dritten Phase der Lehrkräftebildung bleibt die Professionelle Unterrichtswahrnehmung ein zentrales Thema – nicht zuletzt im Hinblick auf die professionelle Beurteilung von Unterricht, etwa im Rahmen von Unterrichtsbesuchen. Hier können die Grundlagentheorien und Forschungsbefunde in der Lernplattform einerseits dazu dienen, sich auf den aktuellen wissenschaftlichen Stand zu bringen, Theoriewissen zu aktualisieren und, wo nötig, in das eigene professionellen Erfahrungswissen zu integrieren (Gruber et al., 2019). Die Unterrichtsvideos bieten in ihrer multidimensionalen Konzeption in dieser Phase unter anderem die Gelegenheit für die reflexive Auseinandersetzung mit komplexeren Praxisrepräsentationen und bieten Anreize, fallbezogenes Wissen (im Gegensatz zu deklarativem Wissen bei Novizen; Gruber et al., 2019) zu aktivieren sowie eigene Handlungsroutinen im Unterricht bewusst zu machen und damit neue Anregungen für den eigenen Unterricht zu liefern. So bieten die Videos nicht nur Gelegenheit, wertneutrales Beschreiben, Analysieren und Reflektieren zu praktizieren, sondern ermöglichen auch den sozialen Austausch in professionellen Gruppen als wichtigem Bestandteil von Expertise (Gruber et al., 2019) sowie die Entwicklung und Förderung einer gemeinsamen professionellen Sprache (Seidel, 2021; Seidel, 2022, in diesem Band), auch über verschiedene Phasen und Akteurinnen und Akteure der Lehrkräftebildung hinweg.

4 Evaluation und Begleitforschung

Die empirische Begleitforschung dient zum einen der Qualitätssicherung der *Toolbox Lehrerbildung*, zum anderen der Analyse des Nutzungsverhaltens der Lehrenden und Lernenden sowie des Kompetenzerwerbs der Lernenden. Um Auskunft über die Lernwirksamkeit und das Nutzungserlebnis zu erhalten, wurde ein umfassendes Evaluationskonzept entwickelt. Dieser iterative Analyseprozess umfasst ein anfängliches Prototyping sowie darauffolgende Evaluationen. Ergänzend werden mithilfe des Tracking-Tools Matomo Nutzerdaten (z. B. Aufenthaltsdauer auf lernrelevanten Seiten und Anzahl der Besuche) erhoben. Mithilfe eines Prototyping-Verfahrens werden die einzelnen multimedialen Komponenten der *Toolbox Lehrerbildung* im Entstehungsprozess analysiert und gegebenenfalls vor der Veröffentlichung überarbeitet und adaptiert. Die anschließenden Evaluationsszenarien bestehen aus drei aufeinanderfolgenden Phasen. Zunächst wird das Vorwissen der Lernenden erfasst. Anschließend wird die *Toolbox Lehrerbildung* innerhalb eines individuell gewählten Zeitraumes als Lernmaterial genutzt. Danach erfolgt die Erhebung des inhaltlichen Wissens, um den Lernzuwachs zu ermitteln sowie die Erfassung des Erlebens der Nutzenden und die Bewertung der Plattform.

Im Rahmen der Evaluation werden elaborierte Fragebögen in einem Prä-Post-Test-Design eingesetzt, wobei das Erleben der Nutzenden im Rahmen der Post-Befragung erhoben wird. Das Wissen über das jeweilige in der Lehrveranstaltung behandelte Thema (z. B. *Feedback*) wird anhand eines selbstentwickelten Wissenstest abgefragt. Dieser beinhaltet je nach Thema zwischen acht und 12 Multiple-Choice-Items mit unterschiedlicher Schwierigkeit, welche anhand der Bloom'schen Taxonomie generiert wurden (Bloom et al., 1956) und den in Abschnitt 2.3 beschriebene Lernzielstufen der *Toolbox Lehrerbildung* entsprechen. Die im Posttest enthaltenen 5-stufigen Likert-Skalen erfassen die Wahrnehmung der Disziplinverbindung sowie Akzeptanz, Nutzerfreundlichkeit, Motivation, Interesse und Gestaltung. Die Navigationsdaten der Lernenden zeichnen den individuellen Umgang mit der Plattform objektiv und implizit auf. Ziel hierbei ist es, Muster im Navigationsverhalten zur Vorhersage des Lernerfolgs zu ermitteln. Zudem können in Verbindung mit den Fragebogendaten umfassende Informationen über das Lernverhalten gewonnen werden.

Es wurden bereits 17 Evaluationen mit insgesamt 491 Studierenden durchgeführt. Diese zeigen einen signifikanten Lernzuwachs (im Durchschnitt 27.23%), insbesondere im Bereich der Lernzielstufe 1 (siehe Abschnitt 2.3) mit 42.19%. Nutzerfreundlichkeit ($M = 3.63$; $SD = 0.32$) und Gestaltung ($M = 4.06$; $SD = 0.23$) der *Toolbox Lehrerbildung* werden als sehr gut befunden. Die Skalen zu Akzeptanz ($M = 3.32$; $SD = 0.35$), Interesse ($M = 3.30$; $SD = 0.43$) und Motivation ($M = 3.14$; $SD = 0.29$) weisen durchweg gute Werte auf (Beispielevaluation siehe Lewalter et al., 2018). Weiterführende Analysen erfolgen derzeit unter Einbezug sowohl längsschnittlicher Daten als auch Navigationsdaten.

5 Fazit und Ausblick

Die aktuell sieben interdisziplinären Lehr- Lernmodule der *Toolbox Lehrerbildung* umfassen derzeit fachwissenschaftliche Inhalte aus Mathematik, Informatik und Biologie. Pandemiebedingt wurde das Unterrichtsvideo zum neuesten Modul komplett im Distanzformat realisiert – in Form von Videokonferenzen und Selbstlernphasen sowie mithilfe von zahlreichen Lernmaterialien zum eigenständigen Lernen, wie Lernvideos und Simulationen. Derzeit wird ein weiteres Modul entwickelt, das in der Fachwissenschaft und in der Fachdidaktik im Bereich der Chemie angesiedelt ist.

Im Hinblick auf die Nutzung der Unterrichtsvideos in der Lernplattform wird aktuell ein Annotationstool getestet, das es erlaubt, Kommentare und Anmerkungen in unmittelbarer Anbindung an das Video festzuhalten. Damit können der Lern- und Analyseprozess dokumentiert und der Lernfortschritt nachgezeichnet sowie die Möglichkeiten von Assessment und instruktionaler Unterstützung im Hinblick auf die Arbeit mit Videos erweitert werden. Dieses Tool läuft derzeit noch in der Betaphase und kann von Nutzerinnen und Nutzern bereits auf der Plattform getestet werden.

Darüber hinaus soll in der verbleibenden Förderphase ein Schwerpunkt auf die weitere Vernetzung mit Akteurinnen und Akteuren aus den verschiedenen Phasen der Lehrkräftebildung, insbesondere auch in der zweiten und dritten Phase, gesetzt werden, um eine möglichst breite standort- und institutionsübergreifende Nutzung der Videos und der Lerninhalte der Plattform zu gewährleisten. Parallel laufen in enger Absprache mit den weiteren Teilbereichen des QLB-Projekts Teach@TUM an der TU München intensive Überlegungen zur nachhaltigen Implementierung der Lernplattform und weiterer *educational technologies* im Rahmen des Gesamtprojekts. Zudem ist geplant, in Kooperation mit Dozierenden der verschiedenen Fachbereiche disziplinübergreifende Lehrkonzepte mithilfe der *Toolbox Lehrerbildung* zu entwickeln und zu erproben.

Literatur

Anderson, L. W. & Krathwohl, D. R. (2001). *A taxonomy for learning, teaching, and assessing: A revision of Bloom's taxonomy of educational objectives*. Addison Wesley Longman, Inc.

Bauer, J. & Prenzel, M. (2012). European teacher training reforms. *Science, 336*, 1642–1643. https://doi.org/10.1126/science.1218387

Baumert, J. & Kunter, M. (2013). Cognitive activation in the mathematics classroom and professional competence of teachers. *Mathematics Teacher Education, 8*, 25–48. https://doi.org/10.1007/978-1-4614-5149-5_2

Bloom, B. S., Englehart, M., Furst, E., Hill, W. & Krathwohl, D. (1956). *Taxonomy of Educational Objectives: Handbook I Cognitive Domain*. David McKay Company, S. 144–145.

Blomberg, G., Renkl, A., Sherin, M. G., Borko, H. & Seidel, T. (2013). Five research-based heuristics for using video in pre-service teacher education. *Journal for Educational Research Online, 5*(1), 90–114. https://doi.org/10.25656/01:8021

Blömeke, S. (2009). Lehrerausbildung. In S. Blömeke, T. Bohl, L. Haag, G. Lang-Wojtasik & W. Sacher (Hrsg.), *Handbuch Schule. Theorie – Organisation – Entwicklung* (S. 483–490). Klinkhardt/UTB.

Blömeke, S., Gustafsson, J.-E. & Shavelson, R. I. (2015). Beyond dichotomy. Competence viewed as a continuum. *Zeitschrift für Psychologie, 223*(1), 3–13. https://doi.org/10.1027/2151-2604/a000194

Borko, H. (2004). Professional development and teacher learning: Mapping the terrain. *Educational Researcher, 33*(8), 3–15. https://doi.org/10.3102%2F0013189X033008003

Borko, H., Roberts, S. A. & Shavelson, R. (2008). Teachers' decision making: from Alan J. Bishop to today. In P. Clarkson & N. Presmeg (Hrsg.), *Critical issues in mathematics education* (S. 37–67). Springer. https://doi.org/10.1007/978-0-387-09673-5_4

Churches, A. (2008). Bloom's taxonomy blooms digitally. *Tech & Learning, 1*, 1–6.

Cortina, K. S., Müller, K., Häusler, J., Stürmer, K., Seidel, T. & Miller, K. F. (2018). Feedback mit eigenen Augen: Mobiles Eyetracking in der Lehrerinnen- und Lehrerbildung. *Beiträge zur Lehrerinnen- und Lehrerbildung, 23*(2), 208–222. https://doi.org/10.25656/01:17097

Gartmeier, M. (2014). Fiktionale Videofälle in der Lehrerinnen- und Lehrerbildung. *Beiträge zur Lehrerinnen- und Lehrerbildung, 32*(2), 235–246. https://doi.org/10.25656/01:13868

Gold, B., Pfirrmann, C. & Holodynski, M. (2020). Promoting professional vision of classroom management through different analytic perspectives in video-based learning environments. *Journal of Teacher Education, 72*(4), 431–447. https://doi.org/10.1177/00224871 20963681

Goodwin, C. (1994). Professional vision. *American Anthropologist, 96*, 606–633. https://doi.org/10.1525/aa.1994.96.3.02a00100

Grossman, P., Compton, C., Igra, D., Ronfeldt, M., Shahan, E. & Williamson, P. W. (2009). Teaching practice: A cross-professional perspective. *Teachers College Record, 111*(9), 2055–2100. https://doi.org/10.1177%2F016146810911100905

Grossmann, P. & McDonald, M. (2008). Back to the future: Directions for research in teaching and teacher education. *American Educational Research Journal, 45*(1), 184–205. https://doi.org/10.3102%2F0002831207312906

Gruber, H., Scheunemann, M. & Krauss, S. (2019). Problemlösen und Expertiseerwerb. In D. Urhahne, M. Dresel, F. Fischer (Hrsg.), *Psychologie für den Lehrberuf.* Springer. https://doi.org/10.1007/978-3-662-55754-9_3

Jacobs, V. R., Lamb, L. L. C. & Philipp, R. A. (2010). Professional noticing of children's mathematical thinking. *Journal for Research in Mathematics Education, 41*(2), 169–202. https://doi.org/10.5951/jresematheduc.41.2.0169

Kaiser, G., Blömeke, S., König, J., Busse, A., Döhrmann, M. & Hoth, J. (2017). Professional competencies of (prospective) mathematics teachers – cognitive versus situated approaches. *International Journal of Science and Mathematics Education, 13*, 369–387. https://doi.org/10.1007/s10649-016-9713-8

Kleickmann, T. & Hardy, I. (2019). Vernetzung professionellen Wissens angehender Lehrkräfte im Lehramtsstudium. *Unterrichtswissenschaft, 47*, 1–6. https://doi.org/10.1007/s42010-018-00035-2

KMK. (2014). *Standards für die Lehrerbildung: Bildungswissenschaften.* Kultusministerkonferenz.

König, J., Eicken, A., Kramer, C. & Roters, B. (2015). Videos in der Lehrerinnen- und Lehrerausbildung (ViLLA): Konzeptionelle Überlegungen und erste empirische Befunde zu fachsprachlichen Anforderungen beim Lernen mit Unterrichtsvideos durch Lehramtsstudierende. *Lehrerbildung auf dem Prüfstand, 8*(1), 77–102.

Korthagen, F. A. J. & Kessels, J. P. A. M. (1999). Linking theory and practice: Changing the pedagogy of teacher education. *Educational Researcher, 28*(4), 4–17. https://doi.org/10.3102/0013189X028004004

Kunter, M., Baumert, J., Blum, W., Klusmann, U., Krauss, S. & Neubrand, M. (Hrsg.). (2011). *Professionelle Kompetenz von Lehrkräften: Ergebnisse des Forschungsprogramms COACTIV.* Münster: Waxmann. https://doi.org/10.1007/s35834-011-0017-x

Kunter, M., Seidel, T. & Artelt, C. (2015). Pädagogisch-psychologische Kompetenzen von Lehrkräften (Editorial). *Zeitschrift für Entwicklungspsychologie und Pädagogische Psychologie, 47*(2), 59–61. https://doi.org/10.1026/0049-8637/a000123

Krammer, K. & Reusser, K. (2005). Unterrichtsvideos als Medium der Aus- und Weiterbildung von Lehrpersonen. *Beiträge zur Lehrerinnen- und Lehrerbildung, 23*(1), 35–50. https://doi.org/10.25656/01:13561

Lewalter, D., Schiffhauer, S., Richter-Gebert, J., Bannert, M., Engl, A.-T., Maahs, M. et al. (2018). Toolbox Lehrerbildung – berufsfeldbezogene Vernetzung von Fach, Fachdidaktik und Bildungswissenschaft. In I. Glowinski, A. Borowski, J. Gillen, J. von Meien & S. Schanze (Hrsg.), *Kohärenz in der Universitären Lehrerbildung. Vernetzung von Fachwissenschaft, Fachdidaktik und Bildungswissenschaften* (S. 331–353). Universitätsverlag Potsdam.

Lewalter, D., Titze, S., Bannert, M. & Richter-Gebert, J. (2020). Lehrer*innenbildung digital und disziplinverbindend. Die Toolbox Lehrerbildung. *Journal für LehrerInnenbildung, 20*(2), 76–85. https://doi.org/10.35468/jlb-02-2020_06

Mühlhausen, U. (2005). Multimediale Unterrichtsdokumente. Reflexion und Analyse von Unterricht. *Journal für Lehrerinnen- und Lehrerbildung, 2*(5), 19–25.

Petko, D. & Honegger, B. (2011). Digitale Medien in der schweizerischen Lehrerinnen- und Lehrerbildung: Hintergründe, Ansätze und Perspektiven. *Beiträge zur Lehrerinnen- und Lehrerbildung, 29*(2), 155–171. https://doi.org/10.5167/uzh-170319

Reusser, K. (2005). Situiertes Lernen mit Unterrichtsvideos. *Journal für Lehrerinnen- und Lehrerbildung, 2*, 8–18.

Santagata, R., Gallimore, R. & Stigler, J. W. (2005). The use of videos for teacher education and professional development: Past experiences and future directions. In C. Vrasidas & G. V. Glass (Hrsg.), *Current perspectives on applied information technologies: Preparing teachers to teach with technology* (Vol. 2, S. 151–167). Information Age Publishing.

Schworm, S. & Renkl, A. (2007). Learning argumentation skills through the use of prompts for self-explaining examples. *Journal of Educational Psychology, 99*(2), 285–296. https://doi.org/10.1037/0022-0663.99.2.285

Seago, N. (2004). Using videos as an object of inquiry for mathematics teaching and learning. In J. Brophy (Hrsg.), *Using Video in Teacher Education* (S. 259–286). Elsevier. https://doi.org/10.1016/s1479-3687(03)10010-7

Seidel, T. (2021). Videobasierte Lehr-Lernforschung: Wie trägt sie zu einer verbesserten Lehrerbildung in Deutschland bei? *Paper presented at the Eröffnungstagung des Meta-Videoportals für die LehrerInnenbildung*, Universität Münster.

Seidel, T., Blomberg, G. & Renkl, A. (2013). Instructional strategies for using video in teacher education. *Teaching and Teacher Education, 34*, 56–65. https://doi.org/10.1016/j.tate.2013.03.004

Seidel, T., Blomberg, G. & Stürmer, K. (2010). „Observer": Validierung eines videobasierten Instruments zur Erfassung der professionellen Wahrnehmung von Unterricht. In E. Klieme, D. Leutner & M. Kenk (Hrsg.), *Kompetenzmodellierung. Zwischenbilanz des DFG-Schwerpunktprogramms und Perspektiven des Forschungsansatzes* (56. Beiheft der Zeitschrift für Pädagogik) (S. 296–306). Beltz. https://doi.org/10.25656/01:3438

Seidel, T., Reiss, K., Bauer, J., Bannert, M., Blasini, B., Hubwieser, P., Jurik, V. et al. (2016). Kompetenzorientierte und evidenzbasierte Lehrerinnen- und Lehrerbildung: Didaktische Weiterentwicklungen im Projekt Teach@TUM. *Beiträge zur Lehrerinnen- und Lehrerbildung, 34*(2), 230–242. https://doi.org/10.25656/01:13946

Seidel, T. & Stürmer, K. (2014). Modeling and measuring the structure of professional vision in preservice teachers. *American Educational Research Journal, 51*(4), 739–771. https://doi.org/10.3102%2F0002831214531321

Senkbeil, M., Ihme, J.M. & Schöber, C. (2019). Wie gut sind angehende und fortgeschrittene Studierende auf das Leben und Arbeiten in der digitalen Welt vorbereitet? Ergebnisse eines Standard Setting-Verfahrens zur Beschreibung von ICT-bezogenen Kompetenzniveaus. *Zeitschrift für Erziehungswissenschaften, 22*, 1359–1384. https://doi.org/10.1007/s11618-019-00914-z

Senkbeil, M., Ihme, J. M. & Schöber, C. (2021). Schulische Medienkompetenzförderung in einer digitalen Welt: Über welche digitalen Kompetenzen verfügen angehende Lehrkräfte? *Psychologie in Erziehung und Unterricht, 68*, 4–22. https://doi.org/10.2378/peu2020.art12d

Sherin, M. G. (2002). When teaching becomes learning. *Cognition and Instruction, 20*(2), 119–150. https://doi.org/10.1207/S1532690XCI2002_1

Sherin, M. G. & van Es, E. A. (2009). Effects of video club participation on teachers' profesional vision. *Journal of Teacher Education, 60*(1), 20–37. https://doi.org/10.1177%2F0022487108328155

Shulman, L. (1987). Knowledge and teaching: Foundations of the new reform. *Harvard Education Review, 57*(1), 1–22. https://doi.org/10.17763/haer.57.1.j463w79r56455411

Stürmer, K., Könings, K. D. & Seidel, T. (2012). Declarative knowledge and professional vision in teacher education: effect of courses in teaching and learning. *British Journal of Educational Psychology, 83*(3), 467–483. https://doi.org/10.1111/j.2044-8279.2012.02075.x

Stürmer, K., Seidel, T. & Holzberger, D. (2016). Intra-individual differences in developing professional vision: preservice teachers' changes in the course of an innovative teacher education program. *Instructional Science, 44*, 293–309. https://doi.org/10.1007/s11251-016-9373-1

Terhart, E. (2013). *Erziehungswissenschaft und Lehrerbildung*. Waxmann.

*Verena Zucker, Cornelia Sunder, Sabrina Konjer, Till Rauterberg, Robin Junker,
Nicola Meschede, Manfred Holodynski & Kornelia Möller*

Das Videoportal ViU: Early Science
Lernunterstützung und Klassenführung im naturwissenschaftlichen und technischen Sachunterricht professionell wahrnehmen

1 Einführung

Das Videoportal *ViU: Early Science*[1] (www.uni-muenster.de/koviu) zeichnet sich durch seinen Schwerpunkt auf den naturwissenschaftlich-technischen Sachunterricht in der Grundschule aus. Zudem fokussiert es zwei zentrale Unterrichtsqualitätsmerkmale: Klassenführung und Lernunterstützung (Klieme et al., 2001; Lipowsky et al., 2009). Das Videoportal wurde bereits im Jahr 2013 online geschaltet und ist damit eines der ersten deutschen Videoportale, welches Personen der Aus-, Weiter- und Fortbildung von Lehrkräften (nach Registrierung) umfassendes Video- und Begleitmaterial für die Analyse von Unterricht zur Verfügung stellt. Seitdem wurde es fortlaufend aktualisiert und um weitere Unterrichtsvideos mit u. a. verbesserter Tontechnik sowie um zusätzliches didaktisches Material ergänzt.

Ziel des Portals ist es, Nutzerinnen und Nutzern aller Phasen der Lehrkräftebildung einen anwendungsbezogenen und theoretisch fundierten Zugang zum Erwerb professioneller Kompetenzen bezüglich Klassenführung und Lernunterstützung mittels der Analyse von Unterrichtsvideos zu ermöglichen. Das Portal ist im Rahmen des BMBF-Schwerpunktprogramms „Entwicklung von Professionalität des pädagogischen Personals in Bildungseinrichtungen" an der Westfälischen Wilhelms-Universität Münster entstanden und wird von den Instituten für Didaktik des Sachunterrichts sowie für Psychologie in Bildung und Erziehung verantwortet. Die Konzeption des Portals beruht auf empirischen Befunden zur Förderung der professionellen Unterrichtwahrnehmung (Gold et al., 2013; Hellermann et al., 2015; Sunder et al., 2016a, b) von (angehenden) Lehrkräften.

Im Folgenden wird zunächst die Konzeption des Portals *ViU: Early Science* vorgestellt und anschließend werden konkrete Nutzungsmöglichkeiten des Portals zur Förderung der professionellen Unterrichtswahrnehmung von Klassenführung und Lernunter-

---

[1] Das Projekt „Videobasierte Unterrichtsanalyse (ViU): Early Science – Theoretische Modellierung und empirische Erfassung der Kompetenzen zur Analyse der Lernwirksamkeit von naturwissenschaftlichem Grundschulunterricht" der WWU Münster wurde im Rahmen des Programms „Entwicklung von Professionalität des pädagogischen Personals in Bildungseinrichtungen" aus Mitteln des Bundesministeriums für Bildung und Forschung gefördert (Förderkennzeichen: 01JH0916 und 01JH1202A).

stützung durch videobasierte Lehrmodule beschrieben. Der Beitrag schließt mit einem Ausblick zur Weiterentwicklung des Videoportals.

2 Klassenführung und Lernunterstützung – zwei zentrale Merkmale von Unterrichtsqualität

Das Portal *ViU: Early Science* fokussiert auf die Unterrichtsqualitätsmerkmale der Klassenführung und der Lernunterstützung im Kontext des naturwissenschaftlich-technischen Sachunterrichts. Denn nur wenn sich die Wahrnehmung von Unterrichtsereignissen auch auf relevante Merkmale des Unterrichts bezieht, kann sie als Bestandteil von Unterrichtsexpertise verstanden werden (Sherin, 2007). Sowohl eine effektive Klassenführung als auch eine angemessene Lernunterstützung gelten als relevante Unterrichtsqualitätsmerkmale, da sie sich in zahlreichen Studien als bedeutsam für das Lernen von Schülerinnen und Schülern erwiesen haben (Hattie, 2009; Kunter & Ewald, 2016; Kunter & Voss, 2011; Lipowsky et al., 2009; Pianta & Hamre, 2009; Seidel & Shavelson, 2007). Sie werden deshalb auch als Basisdimensionen der Unterrichtsqualität bezeichnet (Kleickmann et al., 2020; Klieme et al., 2001).

Während es sich bei der Klassenführung um ein fachübergreifendes Merkmal der Unterrichtsqualität (Praetorius et al., 2016) handelt, stellt die Lernunterstützung eher ein fachspezifisches Merkmal dar. Das Portal *ViU: Early Science* ermöglicht dadurch auch, eine interdisziplinäre Perspektive auf Unterricht einzunehmen.

2.1 Das Konzept der Klassenführung

Unter dem Begriff der Klassenführung werden Maßnahmen von Lehrkräften verstanden, die der Herstellung eines lernförderlichen Unterrichtsklimas und der Reduzierung von Unterrichtsstörungen dienen – mit dem Ziel, die zur Verfügung stehende Lernzeit aller Schülerinnen und Schüler einer Klasse optimal zu nutzen (Wild & Möller, 2015). Klassenführung ist damit eine wesentliche Voraussetzung, um eine störungsarme Lernumgebung für eine Gruppe von Lernenden zu schaffen (Gold & Holodynski, 2011; Ophardt & Thiel, 2013). In Metaanalysen konnte die Bedeutung der Klassenführung für den Lernerfolg von Schülerinnen und Schülern eindeutig bestätigt werden (Seidel & Shavelson, 2007; Wang et al., 1993). Zudem gelten Klassenführungskompetenzen als ein Schutzfaktor für Lehrkräfte gegen Burnout und Belastung (Friedman, 2006; Klusmann et al., 2012; Lauermann & König, 2016).

Wichtig für eine effiziente Klassenführung sind insbesondere prozessorientierte Unterrichtsmaßnahmen. Dazu gehört eine effiziente Ablaufsteuerung der Unterrichtsaktivitäten sowie die Prävention und angemessene, prompte Auflösung von Unterrichtsstörungen (Kounin, 1976, 2006; Ophardt & Thiel, 2013). Zu den Facetten der Klassenführung gehören (Gold & Holodynski, 2017; Kounin 1976/2006):

1. *Monitoring der Schüleraktivitäten.* Dies umfasst die positive Präsenz einer Lehrkraft gegenüber den Lernenden sowie ihre Fähigkeit zur Überlappung, mehrere Unterrichtsprozesse zeitgleich steuern zu können, und ihre Allgegenwärtigkeit, über die Mitarbeit der Klasse jederzeit informiert zu sein und sie dies auch wissen zu lassen.
2. *Strukturierung der Unterrichtsaktivitäten.* Hierzu zählen eine schwungvolle Strukturierung der Unterrichtsaktivitäten durch Maßnahmen der Gruppenmobilisierung und Rechenschaftseinholung sowie reibungslose Übergänge.
3. *Etablierung von lernförderlichen Regeln und Routinen im Unterricht.* Etablierte Regeln und Routinen unterstützen auf lange Sicht ein lernförderliches Klassenklima und eine effektive Nutzung der Lernzeit, indem viele nützliche Lernaktivitäten für die Lernenden zur Routine geworden sind und daher von der Lehrkraft nicht immer wieder aufs Neue angeleitet werden müssen (Emmer et al., 1980; Gold & Holodynski, 2017).

2.2 Das Konzept der Lernunterstützung

Aus naturwissenschaftsdidaktischer Perspektive wird Lernen häufig als Differenzierung, Integration und Umstrukturierung vorhandener Vorstellungen in Richtung wissenschaftlich angemessener Vorstellungen beschrieben (Schneider et al., 2012). Gemäß konstruktivistisch orientierten Lerntheorien und lernpsychologischen Erkenntnissen müssen Lernende diese (Um-)Konstruktionen ihrer Vorstellungen selbst vollziehen (Möller, 2016). Die Lehrkraft kann und sollte die Lernenden jedoch bei diesem anspruchsvollen Prozess unterstützen, indem sie kognitiv aktivierende Lerngelegenheiten mit einem Potential für kognitive Aktivierung bereitstellt und diese inhaltlich strukturiert. Die beiden Merkmale (1) *kognitive Aktivierung* und (2) *inhaltliche Strukturierung* werden in *ViU: Early Science* als Lernunterstützung bezeichnet (Meschede et al., 2015).

Die Bereitstellung von Lerngelegenheiten mit einem Potential für kognitive Aktivierung soll Lernende kognitiv herausfordern, wissenschaftlich angemessene (Um-)Konstruktionen ihrer vorhandenen Vorstellungen vorzunehmen. Grundlegend hierfür ist beispielsweise, dass die Lehrkraft den Lernenden ihre vorhandenen Vorstellungen bewusstmacht, indem sie sie z. B. dazu anregt, ihre Vorstellungen zu einem Problem, Versuch oder Phänomen zu äußern und zu begründen (Rakoczy & Pauli, 2006). Um den Aufbau wissenschaftlich angemessener Vorstellungen zu ermöglichen, sollte die Lehrkraft Lernende des Weiteren darin unterstützen, Unzulänglichkeiten in ihren Vorstellungen zu erkennen (Posner et al., 1982). Dies kann sie dadurch erreichen, dass sie z. B. widersprüchliche Vorstellungen von verschiedenen Lernenden gegenüberstellt oder auf deren Vorstellungen mit provokanten Thesen reagiert (Reiser, 2004).

Da es sich häufig um anspruchsvolle kognitive Prozesse handelt, besteht die Gefahr, dass (insbesondere leistungsschwächere) Lernende überfordert werden. Sie können das bereitgestellte Potential dann nicht nutzen, weil sie dem Unterricht z. B. durch begrenzte Arbeitsgedächtniskapazitäten nicht ausreichend folgen können. Aus diesem Grund ist eine begleitende inhaltliche Strukturierung relevant, um die Komplexität der Lernsituation zu reduzieren bzw. anzupassen und das Verstehen zu unterstützen. Beispielsweise stellt die Zielklarheit eine zentrale Maßnahme inhaltlicher Strukturierung dar (Rakoczy & Pauli, 2006; Seidel et al., 2005), die insbesondere bei komplexen naturwissenschaftlichen Inhalten entscheidend ist. Den Lernenden kann so ermöglicht werden, den roten Faden des Unterrichts nachzuvollziehen und ihr Lernen auf die relevanten Aspekte auszurichten. Um beim Aufbau wissenschaftlich angemessener Vorstellungen ein gegenseitiges Verstehen zu ermöglichen, sollte die Lehrkraft zudem eine sprachliche Klarheit der eigenen sowie der Äußerungen der Lernenden sicherstellen. Dies kann z. B. dadurch geschehen, dass Begriffe, die aus der Fachsprache stammen und in der Alltagssprache der Lernenden kaum verwendet werden, zunächst durch kindgerechte Formulierungen ersetzt werden.

3   Die Gestaltung des Portals *ViU: Early Science*

Um Nutzerinnen und Nutzern den Erwerb einer professionellen Unterrichtswahrnehmung bezüglich Klassenführung und Lernunterstützung zu erleichtern, orientiert sich die Gestaltung des Portals *ViU: Early Science* an zentralen empirischen Erkenntnissen zur professionellen Unterrichtswahrnehmung. Die Gestaltungselemente werden im Folgenden präsentiert und um Hinweise zur Orientierung auf dem Portal ergänzt.

3.1   Ausbau des Professionswissens mithilfe theoriebasierter Einführungstexte

Empirische Evidenzen. Theoretische Modelle zur professionellen Kompetenz von Lehrkräften wie das PID-Modell (Blömeke et al., 2015) sowie empirische Befunde (Meschede et al., 2017; König & Kramer, 2016) legen nahe, dass die professionelle Unterrichtswahrnehmung eine wissensbasierte Fähigkeit ist. Das Professionswissen von (angehenden) Lehrkräften stellt die Grundlage für das Erkennen und Interpretieren lernrelevanter Ereignisse in einem komplexen Unterrichtsverlauf dar. Dabei kommen je nach Analyseschwerpunkt unterschiedliche Wissensbereiche wie das pädagogisch-psychologische oder das fachdidaktische Wissen bzw. Fachwissen zum Tragen (Steffensky et al., 2015). Eigene Studien im zuvor genannten BMBF-Projekt deuten sogar darauf hin, dass sich die professionelle Unterrichtswahrnehmung je nach Unterrichtsthema unterscheidet und somit nicht nur domänen-, sondern auch inhaltsspezifisch ist. So konnten z. B. Bachelorstudierende in einer Intervention, in der gezielt ein Unterrichtsthema („Schwimmen und Sinken") instruiert wurde, ihre professionelle Unterrichtswahrnehmung im Kontext der Lernunterstützung hinsichtlich (nur) dieses Themas verbessern. Eine Verbesserung in einem nicht instruierten Thema („Aggregatzustände") konnte hingegen nicht erreicht werden (Sunder et al., 2016a). Möchte man die professionelle Unterrichtswahrnehmung fördern, so erscheint es folglich notwendig, auch das Wissen bezüglich der fokussierten Analyseschwerpunkte und Inhaltsbereiche aufzubauen.

Inhaltliche Ausgestaltung des Portals. Im Portal *ViU: Early Science* finden sich vor dem Hintergrund der genannten empirischen Evidenzen kurze theoriebasierte Einführungstexte zu den Analyseschwerpunkten der Klassenführung und Lernunterstützung, die zur Erarbeitung des erforderlichen Professionswissens genutzt werden können. Die Einführungen enthalten zudem theoretisch fundierte Beschreibungen konkreter Lehrkraftmaßnahmen, die u. a. als Indikatoren für die Analyse der Unterrichtsvideos herangezogen werden können. Diese Maßnahmen und Indikatoren werden im Portal als übersichtlich aufbereitete Manuale in Form von Tabellen im PDF-Format bereitgestellt. Sie können somit im Rahmen von Seminaren, Fortbildungen oder im Selbststudium genutzt werden.

Hinweise zur Orientierung auf dem Portal. Die theoretischen Einführungen in die Analyseschwerpunkte der Klassenführung und der Lernunterstützung sind unter den Menüpunkten „Klassenführung" und „Lernunterstützung" hinterlegt. Dort wird das jeweilige Konzept vorgestellt und es werden weiterführende Literaturhinweise gegeben. Ein Einblick in die theoretischen Einführungen ist auch ohne vorherige Registrierung möglich.

3.2 Situierung des Professionswissens mithilfe von Unterrichtsvideos und Begleitmaterialien

Empirische Evidenzen. Die professionelle Unterrichtswahrnehmung beruht auf der Fähigkeit, Professionswissen auf spezifische Unterrichtssituationen anzuwenden und in diesen Situationen wichtige Merkmale der Unterrichtspraxis zu erkennen und theoriebasiert zu interpretieren (Stürmer et al., 2013). Die Ausprägung der Fähigkeit steht dabei für das Ausmaß, in dem Wissen auf verschiedene Unterrichtssituationen flexibel angewendet werden kann (Stürmer & Seidel, 2017).

In der Aus-, Weiter- und Fortbildung von Lehrkräften wird die Anwendung des Professionswissens u. a. mithilfe von Unterrichtsvideos angeregt (Grewe & Möller, 2020; Hörter et al., 2020). Das Potential solcher Videos manifestiert sich in der audio-visuellen Dokumentation eines komplexen (und zumeist authentischen) Unterrichts, der Möglichkeit des Innehaltens und des mehrfachen Betrachtens sowie einer Analyse ohne Handlungsdruck (Gaudin & Chaliès, 2015; Krammer, 2014). Allerdings stellen Unterrichtsvideos immer nur einen Ausschnitt des Unterrichts dar. Denn es fehlen Informationen, die man als selbst handelnde (und nicht nur beobachtende) Lehrkraft in der Regel zur Verfügung hätte (Meschede & Steffensky, 2018). Kompensiert werden kann dies jedoch z. B. mit der Bereitstellung von Informationen zum Unterrichtskontext (Blomberg et al., 2014).

In Bezug auf die Förderung der professionellen Unterrichtswahrnehmung anhand von videobasierten Unterrichtsanalysen deuten die Studien im skizzierten BMBF-Projekt auf deren Wirksamkeit hin. So konnte z. B. die professionelle Unterrichtswahrnehmung von Lernunterstützung im naturwissenschaftlichen Sachunterricht lediglich in einer Interventionsgruppe gefördert werden, in der Unterrichtsepisoden in Form von Videos und deren Transkripten analysiert wurden (Sunder et al., 2016b). Studierende, die ausschließlich mit den Transkripten der Unterrichtsvideos arbeiteten, verbesserten ihre Wahrnehmung nicht, ebenso wie eine unbehandelte Kontrollgruppe. In Bezug auf die Klassenführung konnte zudem gezeigt werden, dass die professionelle Unterrichtswahrnehmung mithilfe videobasierter Unterrichtsanalysen, in dem Unterrichtsvideos fremder Lehrkräfte eingesetzt wurden, gefördert werden konnte (Gold et al., 2013). Wurden zusätzlich zu den fremden Videos auch eigene Unterrichtsvideos analysiert, schulte dies die professionelle Unterrichtswahrnehmung am besten (Hellermann et al., 2015).

Neben projekteigenen Studien belegen auch andere Studien das Potential von videobasierten Unterrichtsanalysen (z. B. Santagata & Guarino, 2011; Star & Strickland, 2008). Allerdings ist die Produktion von Unterrichtsvideos mit einem großen technischen sowie organisatorischen Aufwand verbunden (Herrle & Breitenbach, 2016), um eine ausreichende Bild- und Tonqualität erzielen zu können. Solch eine Produktion qualitativ hochwertiger Unterrichtsvideos ist für viele Personen nicht machbar. Daher ermöglicht das Portal *ViU: Early Science* Personen der Lehrkräftebildung den Zugang zu professionell aufbereiteten Unterrichtsvideos aus dem naturwissenschaftlichen und technischen Sachunterricht. Aus Datenschutzgründen ist eine vorauslaufende Registrierung erforderlich.

Inhaltliche Ausgestaltung des Portals. Das Videoportal enthält insgesamt 203 Videos zu 37 Unterrichtsstunden aus zwölf Unterrichtseinheiten. Es handelt sich um Aufnahmen aus authentischem Sachunterricht in der Grundschule, der Schwerpunkt liegt auf der naturwissenschaftlichen und technischen Perspektive. Behandelt werden die Themen Schwimmen und Sinken, Aggregatzustände, Brücken, Luft, Magnetismus und Schall. Zusätzlich zu den Videos stellt *ViU: Early Science* vielfältige Begleitmaterialien zu den Unterrichtsvideos bereit, wie z. B. Informationen zu Zielen und Aufbau der Unterrichtseinheiten, Unterrichtsverlaufspläne, Verlaufsprotokolle sowie Lehr- und Schülermaterialien. Durch die Bereitstellung dieser Materialien kann der Komplexität einer Lehr-Lern-Situation annähernd begegnet werden, da die beobachtende Person Informationen erhält, die ihr auch als selbst handelnde Lehrkraft zur Verfügung stehen würden.

Abbildung 1: Videofilter des Videoportals *ViU: Early Science*

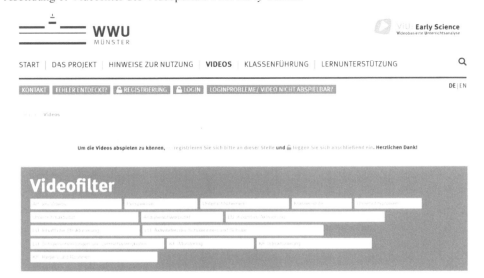

Hinweise zur Orientierung auf dem Portal. Das Videoangebot lässt sich mithilfe eines Suchfilters (Abbildung 1) auf der Video-Übersichtsseite nach geeigneten Videos durchsuchen. Das Videoangebot kann beispielsweise nach Videos zu Sachunterrichtsthemen, Klassenstufen und Unterrichtsphasen durchsucht werden. Als Analyseschwerpunkt können die Klassenführung oder die Lernunterstützung ausgewählt werden. Zu beiden gibt es jeweils weitere Subkriterien.

Die Suche nach passenden Videos und ein Einblick in das Transkript sowie entsprechende Begleitmaterialien zum Video sind ohne Registrierung möglich. Hingegen sind die Unterrichtsvideos und einige Inhalte nur für die Nutzung in der Aus-, Weiter- und Fortbildung von (angehenden) Lehrkräften und für andere pädagogisch tätige Personen freigegeben und bedürfen einer Registrierung der Nutzenden. Neben einer Registrierung als einzelner Nutzer bzw. Nutzerin kann ein Lehrender einen gesamten Kurs anmelden, über den dann die Teilnehmenden – geprüft durch die Kursleitung – eingeschrieben werden.

3.3 Unterstützungsangebote bei der Förderung der professionellen Unterrichtswahrnehmung

Empirische Evidenzen. Studien zeigen, dass (angehende) Lehrkräfte mithilfe von videobasierten Lernumgebungen darin gefördert werden können, (a) verstärkt tiefenstrukturelle Merkmale zu analysieren (Barnhart & van Es, 2015; Star & Strickland, 2008) sowie (b) Analysen von höherer Elaboration zu tätigen (Santagata & Guarino, 2011; Stockero, 2008; van Es & Sherin, 2002). Gleichzeitig weisen Studien auch darauf hin, dass der Erwerb einer professionellen Unterrichtswahrnehmung anspruchsvoll ist (Sunder et al., 2016a) und individuell recht unterschiedlich verlaufen kann (Stürmer et al., 2016). In den meisten videobasierten Lernumgebungen werden daher verschiedene Unterstützungsmaßnahmen eingesetzt, wie z. B. die Bereitstellung eines Analyserahmens (Santagata & Angelici, 2010), die Erläuterung und Demonstration der Unterrichtsanalyse anhand kurzer Videoclips (Hellermann et al., 2015) oder konkrete Reflexionsfragen zur Analyse (van Es & Sherin, 2008). Daher stellt auch das Portal *ViU: Early Science* verschiedene Unterstützungsangebote bereit, die sowohl bei der eigenen Professionalisierung als auch bei der Professionalisierung im Rahmen von Lehrveranstaltungen Einsatz finden können.

Inhaltliche Ausgestaltung des Portals. Auf dem Portal finden sich verschiedene Unterstützungsangebote für Dozierende und Autodidakten, die je nach Art des Videos variieren:

- *Unterrichtsvideos.* Auf dem Portal stehen Videos zu kompletten Unterrichtsstunden und -reihen zur Verfügung. Diese Videos bieten sich z. B. an, um über eine oder mehrere Stunden hinweg die Entwicklung des Unterrichts oder Schüler- und Lehrer-Interaktionen zu analysieren. Die Unterrichtsstunden wurden mit mehreren Kameras gefilmt, sodass je nach geplantem Analysefokus verschiedene Perspektiven zur Verfügung stehen. In der Klassenperspektive ist durchgängig die gesamte Klasse im Bild, weswegen sich diese Perspektive für die Analyse von

Facetten der Klassenführung eignet. Die Lehrer-Schüler-Perspektive fokussiert auf die Interaktionen zwischen Lehrkräften und Kindern und eignet sich für die Analyse von Maßnahmen der Lernunterstützung. Zu einigen Unterrichtsstunden gibt es darüber hinaus noch Videos aus der Tischgruppenperspektive. Diese zeigen eine Tischgruppe während einer gesamten Gruppenarbeitsphase. Sie eignen sich zur Analyse von Gruppenarbeiten.

- *Clips.* Auf dem Portal stehen auch 40 kurze Unterrichtsausschnitte („Clips") zur Verfügung. Die Clips eignen sich dafür, um prototypische Facetten der Klassenführung und der Lernunterstützung zu veranschaulichen und zu analysieren. Zu jedem Clip werden Vorschläge zur Analyse der Lernunterstützung und der Klassenführung gegeben, die sich besonders gut dazu eignen, das Erkennen und Interpretieren der in den Manualen enthaltenen Maßnahmen und Facetten zu trainieren. Hierbei wird jedoch bewusst auf eine „Musterlösung" zur Interpretation und Bewertung der Maßnahmen verzichtet, um nicht den Eindruck zu erwecken, dass jede Unterrichtsepisode zweifelsfrei zu interpretieren und zu bewerten sei.
- *Szenen.* Des Weiteren sind für den Analysefokus der Lernunterstützung 71 Unterrichtsepisoden mit Analysevorschlägen für den Einsatz in der Aus-, Weiter- und Fortbildung von Lehrkräften bereitgestellt. Dazu werden ausführliche Anregungen zu Fragestellungen, Arbeitsaufträgen und Vorgehensweisen für die Gestaltung von Lehrveranstaltungen sowie auch sachbezogene Informationen zu den fachlichen Inhalten gegeben.

Hinweise zur Orientierung auf dem Portal. Um passende Unterrichtsvideos, Clips oder Szenen für den eigenen Bedarf zu finden, kann der Suchfilter des Videoportals mit seinen Subkategorien der Klassenführung und Lernunterstützung genutzt werden. Konkrete Analyseanregungen finden sich darüber hinaus bei den einzelnen Szenen oder unter dem Reiter „Lernunterstützung".

4 Lernszenarien zur Förderung der professionellen Unterrichtswahrnehmung mit *ViU: Early Science*

Wie die theoretischen Einführungen, die Unterrichtsvideos und die dazugehörigen Begleitmaterialien des Portals *ViU: Early Science* in der Aus-, Fort- und Weiterbildung von Lehrkräften eingesetzt werden können, wird im Folgenden dargestellt. Für eine Förderung einer professionellen Unterrichtswahrnehmung (angehender) Lehrkräfte bieten sich vielfältige Nutzungsmöglichkeiten an. So können z. B. kurze oder längere Unterrichtsausschnitte analysiert oder der Fokus auf eher kritische oder modellhafte Unterrichtssituationen gelegt werden. Welche konkrete Umsetzung für eine spezifische Lerngruppe realisiert wird, hängt von den Lehrzielen, dem spezifischen Vorwissen der Lerngruppe sowie weiteren Rahmenbedingungen ab.

Die Nutzungsmöglichkeiten werden anhand von drei exemplarischen Lernszenarien mit Fokus auf die Förderung der professionellen Unterrichtswahrnehmung von Klassenführung bzw. Lernunterstützung dargestellt und didaktisch begründet. Ein Szenario fokussiert auf den Wissenserwerb, der durch die Erarbeitung von Wissen mithilfe von Unterrichtsvideos unterstützt werden kann. Die beiden weiteren Szenarien zielen auf die Wissensanwendung ab, indem Unterricht wissensbasiert analysiert wird. Alle dargestellten Lernszenarien sind auf Basis evaluierter Lehrveranstaltungen des Projekts *ViU: Early Science* (Gold et al., 2013; Hellermann et al., 2015; Sunder et al., 2016a,b) entwickelt und bereits mehrfach mit Studierenden erfolgreich durchgeführt worden.

4.1 Lernszenario zur Erarbeitung von Professionswissen

Der Wissenserwerb zu den Unterrichtsqualitätsmerkmalen der Klassenführung und Lernunterstützung kann durch die Arbeit mit den Materialien des Portals *ViU: Early Science* vielfältig unterstützt werden. Beispielsweise können für den Wissenserwerb zur Klassenführung die theoriebasierten Einführungstexte gelesen und Unterrichtsvideos gezeigt werden, die die Klassenführungsfacetten situieren und veranschaulichen. Ein solches Vorgehen kann die Organisation des eigenen Wissens unterstützen und ein situiertes, fallbezogenes Verständnis der Klassenführungsfacetten sowie ihrer Wirkungsweise ermöglichen. Mit Blick auf den fachdidaktischen Fokus können Unterrichtsvideos Maßnahmen der Lernunterstützung veranschaulichen und zu ihrem situierten Verständnis beitragen. So kann ein spezifisches Unterrichtsthema in seiner fachlichen Konzeption und seiner fachdidaktischen Umsetzung veranschaulicht werden.

Mit Blick auf Instruktionsstrategien hat sich beim Einsatz von Clips die rule-example-Strategie als überlegene Instruktionsstrategie im Vergleich zur example-rule-Strategie gezeigt (Seidel et al., 2013). Nach der rule-example-Strategie wird das zu erlernende Professionswissen zunächst theoretisch erarbeitet, bevor es dann anhand einer Unterrichtsepisode veranschaulicht und an weiteren Clips analysiert wird – bei der example-rule-Strategie hingegen wird die konkrete Unterrichtsepisode an den Beginn gestellt und Wissen daraus abgeleitet. Im Projekt *ViU: Early Science* zur Förderung der professionellen Wahrnehmung von Klassenführung und Lernunterstützung wurde auf die rule-example-Strategie zurückgegriffen (z. B. Gold et al., 2013; Hellermann et al., 2015; Sunder et al., 2016a), was im Folgenden konkreter vorgestellt wird.

Lernszenario 1. Zum Erwerb von Professionswissen erarbeiten die Studierenden zunächst die Basisliteratur zu den theoretischen Grundlagen der Klassenführung bzw. Lernunterstützung. Auf dieser Grundlage identifizieren sie konkrete Maßnahmen der Lernunterstützung und Facetten der Klassenführung, die zur Analyse von Unterricht verwendet werden können. Dazu erhalten die Studierenden die entsprechenden Kodiermanuale (Lernunterstützung: Adamina et al., 2017; Klassenführung: Gippert et al., 2019), in denen die einzelnen Facetten von Klassenführung bzw. die Maßnahmen der Lernunterstützung anhand von Beispielen beschrieben werden. Im Anschluss erfolgt ihre situierte Veranschaulichung anhand von prototypischen Unterrichtsclips und anhand der entsprechenden Transkriptpassagen. Diese Verknüpfung der theoretischen Konzepte mit konkreten

Unterrichtsepisoden zielt auf eine Situierung des Wissens ab, so dass es auf konkrete Unterrichtsereignisse angewendet werden kann.

Um das Vorgehen zu verdeutlichen, wird in Abbildung 2 ein konkreter Arbeitsauftrag aus dem Bereich der Lernunterstützung vorgestellt. Die Studierenden sollen die im Kodiermanual beschriebenen Maßnahmen der Lernunterstützung im Unterrichtsausschnitt identifizieren und voneinander abgrenzen. Dazu bearbeiten sie acht kurze Unterrichtsausschnitte, in denen die insgesamt 14 Maßnahmen der Lernunterstützung – sieben zur kognitiven Aktivierung und sieben zur inhaltlichen Strukturierung (Tabelle 1) – prototypisch zum Einsatz kommen. Das Kodiermanual wird auf *ViU: Early Science* unter dem Reiter *Lernunterstützung – Aufgaben und Fragestellungen zu den Szenen* bereitgestellt.

Abbildung 2: Exemplarischer Kontext und zugehöriger Arbeitsauftrag zur Identifikation von Maßnahmen der Lernunterstützung in konkreten Unterrichtsausschnitten

---

Einordnung des Unterrichtsausschnitts
Diese Szene startet direkt zu Beginn der Unterrichtsreihe zum Thema „Schwimmen und Sinken", nachdem die Lehrerin die Lernenden zur Einführung in das Thema in den Sitzkreis gerufen hat.

Arbeitsauftrag
1) Schauen Sie sich die Szene bitte einmal an.
2) Überlegen Sie: Worum geht es in dem Ausschnitt? Handelt es sich um einen Ausschnitt, der eher auf kognitive Aktivierung oder inhaltliche Strukturierung zielt?
3) Schauen Sie die Szene ein zweites Mal an und markieren Sie dabei, wenn Sie konkrete Maßnahmen der Lernunterstützung in der Szene erkennen.

Tabelle 3: Maßnahmen der kognitiven Aktivierung und inhaltlichen Strukturierung (Adamina et al., 2017; Möller, 2016)

Kognitive Aktivierung	Inhaltliche Strukturierung
• Vorhandene Vorstellungen erschließen	• Sequenzieren
• Kognitive Konflikte auslösen	• Zielklarheit schaffen
• Vorstellungen aufbauen bzw. weiterentwickeln	• Auf sprachliche Klarheit achten
• Anwendung von Konzepten ermöglichen	• Hervorheben
• Austausch über Vorstellungen und Konzepte anregen	• Zusammenfassen
• Über Lerninhalte und -wege nachdenken	• Veranschaulichen
• Herausfordernde Aufgaben stellen	• Modellieren

Vor der Analyse erhalten die Studierenden eine übergreifende Kontexteinführung in die nachfolgenden Unterrichtsausschnitte. Neben der Nennung des Themas („Schwimmen und Sinken") und der Klassenstufe wird ihnen auch das inhaltliche Ziel des Unterrichts genannt und jeder Unterrichtsausschnitt im Stundenverlauf eingeordnet.

Didaktische Begründung. Das Erarbeiten von theoretischen Inhalten zu einem Fokus (Lernunterstützung im naturwissenschaftlichen Sachunterricht) ermöglicht den Studierenden den Aufbau einer fundierten theoretischen Grundlage, die für eine zielgerichtete, wissensbasierte Unterrichtsanalyse nötig ist. Denn das erworbene Wissen ist Voraussetzung dafür, dass die Studierenden ihre professionelle Unterrichtswahrnehmung in Bezug auf ein relevantes Unterrichtsqualitätsmerkmal schulen können (s. Kapitel 3.1).

Die Kontextinformationen zu den Unterrichtsausschnitten erleichtern das adäquate Einschätzen von Maßnahmen der Lernunterstützung in Abhängigkeit von der zu beurteilenden Unterrichtssituation (s. Kapitel 3.2). Beispielsweise gibt es bei der kognitiven Aktivierung typische Abfolgen zwischen den Maßnahmen, für deren Einschätzung Kontextinformationen hilfreich sind. So können die Vorstellungen der Lernenden in der Regel besser weiterentwickelt werden, wenn diese vorab erschlossen und den Lernenden bewusst gemacht wurden.

Die Aufforderung, den Unterrichtsausschnitt zunächst vollständig anzusehen, ohne eine Einschätzung auf Maßnahmenebene abzugeben, soll den Blick für die Lehr-Lern-Situation des Ausschnitts öffnen. Hierdurch soll einem rein linearen Analysieren aller vorkommenden Maßnahmen vorgebeugt werden. Die Studierenden sollen zunächst einschätzen, ob die kognitive Aktivierung oder die inhaltliche Strukturierung im Fokus des Ausschnitts stehen. Dann sollen sie den Ausschnitt vor dem Hintergrund ihrer ersten Einschätzung erneut ansehen und Maßnahmen der kognitiven Aktivierung bzw. inhaltlichen Strukturierung identifizieren (s. Kapitel 3.2).

Ergänzend ist zu dieser Aufgabe zu erwähnen, dass die ausgewählten Videoausschnitte zwar aus alltäglichem Unterricht stammen, die konkreten Situationen aber eher als good- bzw. best-practice einzuordnen sind. Denn die Aufgabe zielt darauf ab, die Maßnahmen kennenzulernen und begrifflich zu schärfen, wofür sich prototypische Beispiele besser eignen. Daher werden an dieser Stelle (noch) keine kritischen Situationen analysiert, für die gut auf alltäglichen Unterricht zurückgegriffen werden kann (Petko et al., 2014).

Die Veranschaulichung von fachdidaktischen Konzepten kann zugleich zur Veranschaulichung des jeweiligen Unterrichtsthemas genutzt werden. Denn bei der Analyse der Maßnahmen der Lernunterstützung, die auf den fachlichen Inhalt gerichtet sind, müssen die Studierenden auch das Unterrichtsthema und die fachlichen Inhalte berücksichtigen. Das fördert auch das Professionswissen zum Unterrichtsthema.

4.2 Lernszenarios zur Anwendung des Professionswissens in Lehr-Lern-Situationen

Auch die Anwendung des Professionswissens zur Klassenführung und Lernunterstützung kann anhand der vielfältigen Materialien des Portals unterstützt werden. Beispielsweise bieten Unterrichtsausschnitte in Form von Videos oder Transkripten, aber auch weitere Materialien (z. B. Unterrichtsverlaufspläne) die Möglichkeit, Unterricht theoriebasiert zu analysieren. Dabei kann die Art und Weise, wie Wissen konkret in Lehr-Lern-Situationen angewendet wird, variieren. Eine eher klassische Variante stellt die Unterrichtsanalyse auf Basis von Unterrichtsvideos dar, in denen relevante Unterrichtsmerkmale erkannt und theoriebasiert interpretiert werden sollen (Lernszenario 2). Darüber hinaus gibt es auch die Möglichkeit, das Professionswissen in einer nur antizipierten Situation anzuwenden, wie z. B. die Analyse und Erweiterung von Unterrichtsentwürfen vor dem Hintergrund unterrichtsrelevanter Aspekte (Lernszenario 3).

Als theoretischer Rahmen für verschiedene Formen der Unterrichtsanalyse bietet sich das Lesson Analysis Framework (Biaggi et al., 2013; Santagata & Guarino, 2011) an. Danach sollen zunächst die Unterrichtssituation und die konkrete Anforderung an die Lernenden geklärt werden (Schritt 1), bevor in Schritt 2 die Lern- und Denkprozesse der Lernenden erschlossen werden. Auf dieser Basis folgt ein Perspektivwechsel auf die Lehrkraft, indem ihr Handeln sowie dessen Wirkungen auf das Lernen der Schülerinnen und Schüler in den Blick genommen werden (Schritt 3). In einem vierten und letzten Schritt sollen (begründete) Handlungsalternativen zum Handeln der Lehrkraft aufgestellt werden. Inwiefern die Schritte des Lesson Analysis Framework in den ausgewählten Lernszenarien Berücksichtigung finden, wird im Folgenden dargestellt.

Lernszenario 2. In diesem Lernszenario sollen die Studierenden ihr bereits erworbenes Wissen (zur Lernunterstützung bzw. Klassenführung) auf konkrete Unterrichtssituationen anwenden, indem sie das Handeln der Lehrkraft theoriebasiert analysieren (Abbildung 3). Dazu werden verschiedene sowohl gelungene wie suboptimale Unterrichtsausschnitte analysiert.

Ähnlich wie bei Lernszenario 1 erhalten die Studierenden vor der Analyse Kontextinformationen, um die Unterrichtsausschnitte bzgl. Klassenstufe, Thema, Lernziele und Position im Unterrichtsverlauf einordnen zu können. Bei der Analyse der Lernunterstützung wird den Studierenden zusätzlich das zugehörige Transkript zur Verfügung gestellt.

Abbildung 3:   Exemplarischer Arbeitsauftrag zur wissensbasierten Unterrichtsanalyse mit Fokus auf Lernunterstützung

---

1) Beschreiben Sie den Einsatz der Maßnahmen.
2) Begründen Sie den Einsatz der Maßnahmen und ihre mögliche Intention (theoriebasiert).
3) Schätzen Sie begründet die Angemessenheit der Maßnahmen ein.
4) Zeigen Sie (bei Bedarf) mögliche Handlungsalternativen auf.

Der skizzierte Arbeitsauftrag in Abbildung 3 kann bzgl. des Analysefokus variieren (z. B. Klassenführung oder Lernunterstützung) und die einzelnen Schritte des Auftrags können je nach Lernziel und Lerngruppe angepasst werden.

Didaktische Begründung. Die Analyse von videographiertem, alltäglichem Unterricht ermöglicht Studierenden die Wissensanwendung an realem Unterricht zu trainieren. Dies scheint zur Analyse von Lehrkraftmaßnahmen sinnvoll, da dort sowohl positive als auch verbesserungswürdige Situationen realistisch abgebildet werden (Petko et al., 2014).

Die Einordnung des Unterrichtsausschnittes durch Kontextinformationen sowie das Bereitstellen von zusätzlichen Materialien zum Video, z. B. in Form von Transkripten bei der Lernunterstützung, soll die Analyse erleichtern (s. Kapitel 3.2). Beispielsweise ermöglicht das Transkript zu einem Unterrichtsausschnitt, das zunächst als Video präsentiert wurde, eine zügige und sprachlich präzise Orientierung im Unterrichtsverlauf, sodass das Video nicht erneut betrachtet werden muss.

Im Arbeitsauftrag (Abbildung 3) wird darauf wertgelegt, die lernrelevanten Situationen zuerst zu beschreiben, bevor eine theoriebasierte Interpretation und Bewertung sowie ggf. das Generieren von Handlungsalternativen erfolgen. Dieser Vierschritt orientiert sich an der Konzeptualisierung der professionellen Unterrichtswahrnehmung von Junker et al. (2020), wobei das vorgeschaltete Beschreiben in Schritt 1 auf das Erkennen lernrelevanter Ereignisse fokussiert.

Mit Bezug zum Lesson Analysis Framework lässt sich dieser Auftrag in die Schritte 3 (Wirkungen des Lehrkrafthandelns) und 4 (Generieren von Handlungsalternativen) einordnen. Die Schritte 1 (Klären der Situationen und Erwartungen an die Lernenden) und 2 (Lern- und Denkprozesse der Lernenden erschließen) werden bei der Analyse indirekt berücksichtigt. Denn um die Adaptivität der Lernunterstützung einer Lehrkraft beurteilen zu können, muss zunächst identifiziert werden, was von den Lernenden gefordert wird. Im skizzierten Beispiel sollen die Schülerinnen und Schüler zum Unterrichtsthema „Schwimmen und Sinken" das Materialkonzept (Schwimmfähigkeit von Vollkörpern lässt sich nach dem Material klassifizieren) verstehen lernen. An dem Beispiel wird deutlich, dass die Analysierenden auch Wissen zum Unterrichtsinhalt benötigen. Zudem muss eingeschätzt werden, wie die Lern- und Denkprozesse der Lernenden in Bezug auf den konkreten Unterrichtinhalt in der zu analysierenden Situation ablaufen. Dies erfordert daher auch das Wissen über bereits vorhandene Vorstellungen und das Identifizieren von Verständnisproblemen etc.

Abschließend ist zu den Handlungsalternativen zu erwähnen, dass diese im dargestellten Beispiel als optionale Möglichkeit im Arbeitsauftrag gefordert werden. Dies ist damit zu begründen, dass der Fokus der Analyse der Lernunterstützung darauf liegt, gute Unterrichtsereignisse zu identifizieren bzw. zu generieren. Sollte das Ziel der Analyse aber zusätzlich sein, dass die Studierenden ein möglichst großes Handlungsrepertoire erwerben, dann bietet es sich an, die Generierung von Handlungsalternativen verpflichtend im Arbeitsauftrag festzulegen.

Lernszenario 3. Auf dem Videoportal *ViU: Early Science* finden sich Unterrichtsentwürfe zu verschiedenen Unterrichtsthemen. Die Arbeit mit solch einem Unterrichtsentwurf wird im Folgenden als eine weitere Möglichkeit dargestellt, Wissen bei der Analyse von Unterricht anzuwenden. Hierbei arbeiten die Studierenden an einem Unterrichtsentwurf, ohne das zugehörige Video oder weitere Materialien dazu zu kennen. Der Entwurf beinhaltet Angaben zur Klassenstufe und -größe, den Ablauf der gesamten Unterrichtsreihe und der geplanten Unterrichtsstunde in tabellarischer Form mit einer Zeile je Unterrichtsaktivität sowie die zugehörigen Lernziele. Zudem sind für jede geplante Unterrichtsaktivität jeweils die erwartete Dauer, die Lehrer- und Schüler-Handlungen sowie benötigte Materialien angegeben. Eine mögliche Aufgabenstellung für die Klassenführung zeigt Abbildung 4.

Im Anschluss präsentieren und diskutieren die Studierenden ihre Überlegungen in Bezug auf Gemeinsamkeiten und Unterschiede. In Ergänzung zur aktiven Erweiterung des Entwurfs um klassenführungsrelevante Aspekte sollen die Studierenden den realisierten Unterricht im Unterrichtsfilm ansehen, um die eigenen Überlegungen mit dem tatsächlichen Unterrichtsverlauf abzugleichen.

Abbildung 4: Exemplarischer Arbeitsauftrag zum Unterrichtsentwurf

> Stellen Sie sich vor, Sie wollen den vorliegenden Entwurf selbst in einer Lerngruppe umsetzen. Welche klassenführungsspezifischen Herausforderungen kommen auf Sie zu und wie können Sie möglichen Problemen vorbeugen?
>
> Notieren Sie Ihre Überlegungen zu jeder Unterrichtsaktivität in der Tabelle.

Didaktische Begründung. Das Ziel der Aufgabe ist es, dass die Studierenden üben, schon bei einer Unterrichtsplanung zu erkennen bzw. zu antizipieren, welche Aspekte der Klassenführung (bzw. Maßnahmen der Lernunterstützung) an welchen Stellen besonders relevant sind. Übertragen auf die Schritte des Lesson Analysis Framework stellt sich die Aufgabenstellung folgendermaßen dar: Zunächst wird festgestellt, was die Anforderungen an die Schülerinnen und Schüler in den einzelnen Unterrichtsaktivitäten sind, d. h. welches Verhalten und welche Handlungen von ihnen erwartet werden und welche Kontextfaktoren dabei eine Rolle spielen (Schritt 1). Dies können beispielsweise das Alter der Kinder, die Größe der Klasse oder die Etabliertheit bestimmter Regeln und Routinen – sofern bekannt oder einschätzbar – sein. Auf dieser Grundlage wird das Verhalten der Schülerinnen und Schüler antizipiert (Schritt 2) und darauf aufbauend eine mögliche Handlungsoption der Lehrkraft entwickelt, deren Wirkung geschätzt sowie geeignete, weitere Handlungsalternativen generiert (Schritt 3 und 4).

Durch die Arbeit mit dem Unterrichtsentwurf sollen die Studierenden ihren Blick für die jeweiligen Inhalte schärfen und zugleich Handlungsoptionen generieren. Hierdurch sollen die Studierenden trainieren, ihr Wissen flexibel auf Unterrichtssituationen anzuwenden (s. Kapitel 3.2) und zugleich ihr Handlungsrepertoire zu erweitern.

Der Abgleich mit dem tatsächlichen Verlauf im Video dient dazu, die professionelle Unterrichtswahrnehmung weiter zu entwickeln und dabei zugleich den Blick auf möglicherweise antizipierte Probleme und Schlüsselaspekte zu lenken. Zudem sind im Video teilweise weitere Handlungsoptionen zu sehen, die zuvor nicht bedacht wurden. Diese können hinsichtlich ihrer Wirkung mit den eigenen Überlegungen verglichen werden und das Repertoire möglicher Handlungen zusätzlich erweitern.

5 Ausblick

Das Portal *ViU: Early Science* bietet vielfältige Möglichkeiten, die professionelle Unterrichtswahrnehmung von (angehenden) Lehrkräften zu fördern. Darüber hinaus soll das Portal in zweierlei Hinsicht weiterentwickelt werden:

(1) Ergänzung um ein Videoannotationstool. Für die Analyse von Videos wurden mittlerweile eine Reihe an Videoannotationstools entwickelt, die die (kollaborative) Analyse von Unterricht unterstützen (Rich & Hannafin, 2009). Solch ein Tool (Abbildung 5) soll zukünftig auch die Analyse von Unterrichtsvideos bei *ViU: Early Science* erleichtern, indem die Unterrichtsfilme, Clips und Szenen von den Lernenden mit Zeitstempeln und Interpretationen versehen werden können, die zeitgenau und auf anschauliche Weise miteinander verglichen werden können.

Abbildung 5: Videoannotationstool OAT der Westfälischen Wilhelms-Universität Münster

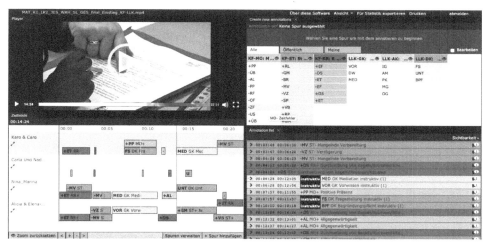

Hierbei können sowohl Anmerkungen in Form eigener kurzer Analysetexte als auch in Form von zugewiesenen Kategorien der Klassenführung und der Lernunterstützung gemacht werden. Zusätzlich wird die Möglichkeit bereitgestellt, mit mehreren Personen das gleiche Unterrichtsvideo zu analysieren und zu annotieren. Die Annotationen einzelner Personen können dann sichtbar gemacht werden, um z. B. in Kontexten von Lehrveranstaltungen Ereignisse von besonderem Diskussionspotential leichter identifizieren zu können. Auf diese Weise soll die kollaborative Arbeit mit Unterrichtsvideos *von ViU: Early Science* verbessert werden.

(2) Verschränkung der Analysefokusse. Klassenführung und Lernunterstützung stellen zwei Merkmale von Unterrichtsqualität dar (s. Kapitel 2), die bei der Analyse von Unterricht häufig getrennt voneinander betrachtet werden (z. B. Gold et al., 2013; Sunder et al., 2016b). Auch bei *ViU: Early Science* finden sich aktuell vor allem Impulse, die eine getrennte Analyse von Lernunterstützung und Klassenführung anregen. Da aller-

dings von Zusammenhängen bzw. Wechselwirkungen zwischen den beiden Konstrukten ausgegangen werden kann (Klieme et al., 2001; Schiepe-Tiska et al., 2016), soll der Fokus von *ViU: Early Science* auch auf eine interdisziplinäre professionelle Unterrichtswahrnehmung ausgeweitet werden. Dafür wird zukünftig ein digitales Selbstlernmodul aus dem Projekt ProdiviS (https://prodivis.de/) verlinkt, welches theoretische Einführungen zur Thematik und entsprechende Analyseanregungen enthalten wird.

Zusätzlich zu einem interdisziplinären Fokus bietet sich abschließend auch das Diagnostizieren von aktuellen Lernständen als weiterer Analysefokus an, da eine Diagnose aktueller Lernstände z. B. als Voraussetzung für eine passende Lernunterstützung gesehen wird (van de Pol et al., 2010). Dazu wird langfristig ein Ausbau der ersten Analyseanregungen auf *ViU: Early Science* zu „Schülervorstellungen und Lernschwierigkeiten" angestrebt, indem z. B. theoretische Einführungen zur Diagnostik ergänzt werden.

Literatur

Adamina, A., Möller, K., Steffensky, M., Sunder, C. & Wyssen, H.-P. (2017). *Maßnahmen der Lernunterstützung im naturwissenschaftlichen Sachunterricht – Kognitiv anregen und inhaltlich strukturieren.* Institut für Didaktik des Sachunterrichts der Westfälischen Wilhelms-Universität Münster. https://www.uni-muenster.de/imperia/md/content/koviu/szenen_lu/massnahmen-der-lernunterstuetzung-uebersicht_-viu.pdf (20.07.2021).

Barnhart, T. & van Es, E. (2015). Studying teacher noticing: Examining the relationship among pre-service science teachers' ability to attend, analyze and respond to student thinking. *Teaching and Teacher Education, 45,* 83–93. http://doi.org/10.1016/j.tate.202014.09.005

Biaggi, S., Krammer, K. & Hugener, I. (2013). Vorgehen zur Förderung der Analysekompetenz in der Lehrerbildung mit Hilfe von Unterrichtsvideos – Erfahrungen aus dem ersten Studienjahr. *Seminar, 19*(2), 26–34.

Blomberg, G., Sherin, G. M., Renkl, A., Glogger, I. & Seidel, T. (2014). Understanding video as a tool for teacher education: investigating instructional strategies to promote reflection. *Instructional Science*, *42*(3), 443–463. https://doi.org/10.1007/s11251-013-9281-6

Blömeke, S., Gustafsson, J. E. & Shavelson, R. J. (2015). Competence viewed as a continuum. *Zeitschrift für Psychologie*, *223*(1), 3–13. https://doi.org/10.1027/2151-2604/a000194

Emmer, E. T., Evertson, C. M. & Anderson, L. (1980). Effective classroom management at the beginning of the school year. *Elementary School Journal, 80,* 219–231. https://doi.org/10.1086/461192

Friedman, I. A. (2006). Classroom management and teacher stress and burnout. In C. M. Evertson & C. S. Weinstein (Hrsg.), *Handbook of classroom management: Research, practice, and contemporary issues* (S. 925–944). Lawrence Erlbaum Associates Publishers.

Gaudin, C. & Chaliès, S. (2015). Video viewing in teacher education and professional development: A literature review. *Educational Research Review, 16,* 41–67. https://www.doi.org/10.1016/j.edurev.2015.06.001

Gippert, C., Gold, B., Seeger, D., Junker, R. & Holodynski, M. (2019). *Manual zur theoriegeleiteten Interpretation klassenführungsrelevanter Unterrichtsereignisse. Institut für Psychologie in Bildung und Erziehung der Westfälischen Wilhelms-Universität Münster.*

https://www.uni-muenster.de/imperia/md/content/koviu/viu_manual_analyse_kf.pdf (20.07.2021).

Gold, B., Förster, S. & Holodynski, M. (2013). Evaluation eines videobasierten Trainingsseminars zur Förderung der professionellen Wahrnehmung von Klassenführung im Grundschulunterricht. *Zeitschrift für Pädagogische Psychologie, 27*(3), 141–155. https://doi.org/10.1024/1010-0652/a000100

Gold, B. & Holodynski, M. (2011). Klassenführung. In E. Kiel & K. Zierer (Hrsg.), *Basiswissen Unterrichtsgestaltung, Band 3: Unterrichtsgestaltung als Gegenstand der Praxis* (S. 133–151). Schneider.

Gold B. & Holodynski M. (2017). Using digital video to measure the professional vision of elementary classroom management: Test validation and methodological challenges. *Computers and Education, 107*, 13–30. https://doi.org/10.1016/j.compedu.2016.12.012

Grewe, O. & Möller, K. (2020). Die professionelle Unterrichtswahrnehmung von sprachsensiblen Maßnahmen im Sachunterricht der Grundschule fördern – ein video- und praxisbasiertes Seminar im Master of Education. *Herausforderung Lehrer_innenbildung – Zeitschrift zur Konzeption, Gestaltung und Diskussion (HLZ), 3*(1), 323–359. https://doi.org/10.4119/hlz-2547

Hattie, J. (2009). *Visible learning: A synthesis of over 800 meta-analyses relating to achievement*. Routledge. https://doi.org/10.4324/9780203887332

Hellermann, C., Gold, B. & Holodynski, M. (2015). Förderung von Klassenführungsfähigkeiten im Lehramtsstudium. *Zeitschrift für Entwicklungspsychologie und Pädagogische Psychologie, 47*(2), 97–109. https://doi.org/10.1026/0049-8637/a000129

Herrle, M. & Breitenbach, S. (2016). Planung, Durchführung und Nachbereitung videogestützter Beobachtungen im Unterricht. In U. Rauin, M. Herrle & T. Engartner (Hrsg.), *Videoanalysen in der Unterrichtsforschung. Methodische Vorgehensweisen und Anwendungsbeispiele* (S. 30–49). Beltz.

Hörter, P., Gippert, C., Holodynski, M. & Stein, M. (2020). Klassenführung und Fachdidaktik im (Anfangs-)Unterricht Mathematik erfolgreich integrieren – Konzeption einer videobasierten Lehrveranstaltung zur Förderung der professionellen Unterrichtswahrnehmung. *Herausforderung Lehrer_innenbildung – Zeitschrift zur Konzeption, Gestaltung und Diskussion (HLZ), 3*(1), 256–282. https://doi.org/10.4119/hlz-2551

Junker, R., Rauterberg, T., Möller, K. & Holodynski, M. (2020). Videobasierte Lehrmodule zur Förderung der professionellen Wahrnehmung von heterogenitätssensiblem Unterricht. *HLZ, 3*(1), 236–255. https://doi.org/10.4119/hlz-2554

Kleickmann, T., Steffensky, M. & Praetorius, A.-K. (2020). Quality of teaching in science education: More than three basic dimensions? *Zeitschrift für Pädagogik, 66. Beiheft*, 37–55.

Klieme, E., Schümer, G. & Knoll, S. (2001). Mathematikunterricht in der Sekundarstufe I: „Aufgabenkultur" und Unterrichtsgestaltung im internationalen Vergleich. In E. Klieme & J. Baumert (Hrsg.), *TIMSS – Impulse für Schule und Unterricht. Forschungsbefunde, Reforminitiativen, Praxisberichte und Video-Dokumente* (43–57). BMBF.

Klusmann, U., Kunter, M., Voss, T. & Baumert, J. (2012). Berufliche Beanspruchung angehender Lehrkräfte: Die Effekte von Persönlichkeit, pädagogischer Vorerfahrung und professioneller Kompetenz. *Zeitschrift für Pädagogische Psychologie, 26*(4), 287–290. https://doi.org/10.1024/1010-0652/a000078

König, J. & Kramer, C. (2016). Teacher professional knowledge and classroom management: on the relation of general pedagogical knowledge (GPK) and classroom management expertise (CME). *ZDM*, 1–13. http://doi.org/10.1007/s11858-015-0705-4

Kounin, J. S. (2006): *Techniken der Klassenführung*. Waxmann.

Krammer, K. (2014). Fallbasiertes Lernen mit Unterrichtsvideos in der Lehrerinnen- und Lehrerbildung. *Beiträge zur Lehrerinnen- und Lehrerbildung*, *32*(2), 164–175. https://doi.org/10.25656/01:13863

Kunter, M. & Ewald, S. (2016). Bedingungen und Effekte von Unterricht: Aktuelle Forschungsperspektiven aus der pädagogischen Psychologie. In N. McElvany, W. Bos, H. G. Holtappels, M. M. Gebauer & F. Schwabe (Hrsg.), *Bedingungen und Effekte guten Unterrichts* (S. 9–31). Waxmann.

Kunter, M. & Voss, T. (2011). Das Modell der Unterrichtsqualität in COACTIV: Eine multikriteriale Analyse. In M. Kunter, J. Baumert, W. Blum, U. Klusmann, S. Krauss & M. Neubrand (Hrsg.), *Professionelle Kompetenz von Lehrkräften: Ergebnisse des Forschungsprogramms COACTIV* (S. 85–113). Waxmann.

Lauermann, F. & König, J. (2016). Teachers' professional competence and wellbeing: Understanding the links between general pedagogical knowledge, self-efficacy and burnout. *Learning and Instruction*, *45*, 9–19. https://doi.org/10.1016/j.learninstruc.2016.06.006

Lipowsky, F., Rakoczy, K., Pauli, C., Drollinger-Vetter, B., Klieme, E. & Reusser, K. (2009). Quality of geometry instruction and its short-term impact on students' understanding of the Pythagorean Theorem. *Learning and Instruction*, *19*(6), 527–537. https://doi.org/10.1016/j.learninstruc.2008.11.001

Meschede, N., Fiebranz, A., Möller, K. & Steffensky, M. (2017). Teachers' professional vision, pedagogical content knowledge and beliefs: On its relation and differences between pre-service and in-service teachers. *Teaching and Teacher Education*, *66*, 158–170. https://doi.org/10.1016/j.tate.2017.04.010

Meschede, N., Steffensky, M., Wolters, M. & Möller, K. (2015). Professionelle Wahrnehmung der Lernunterstützung im naturwissenschaftlichen Grundschulunterricht – Theoretische Beschreibung und empirische Erfassung. *Unterrichtswissenschaft*, *43*(4), 317–335.

Meschede, N. & Steffensky, M. (2018). Audiovisuelle Daten als Lerngelegenheiten in der Lehrer/innenbildung. In M. Sonnleitner, S. Prock, A. Rank & P. Kirchhoff (Hrsg.), *Video- und Audiografie von Unterricht in der LehrerInnenbildung* (S. 21–36). UTB-Budrich.

Möller, K. (2016). Bedingungen und Effekte qualitätsvollen Unterrichts – ein Beitrag aus fachdidaktischer Perspektive. In N. McElvany, W. Bos, H. Holtappels, M. Gebauer & F. Schwabe (Hrsg.), *Bedingungen und Effekte guten Unterrichts* (S. 43-64). Waxmann.

Ophardt, D. & Thiel, F. (2013). *Klassenmanagement: Ein Arbeitsbuch für die Schule*. Kohlhammer.

Petko, D., Prasse, D. & Reusser, K. (2014). Online-Plattformen für die Arbeit mit Unterrichtsvideos: Eine Übersicht. *Beiträge zur Lehrerinnen- und Lehrerbildung*, *32*(2), 247–261. https://doi.org/10.5167/uzh-104808

Pianta, R. C. & Hamre, B. K. (2009). Conceptualization, measurement, and improvement of classroom processes: Standardized observation can leverage capacity. *Educational Researcher*, *38*(2), 109–119. https://doi.org/10.3102%2F0013189X09332374

Posner, G. J., Strike, K. A., Hewson, P. W. & Gertzog, W. A. (1982). Accommodation of a scientific conception: Toward a theory of conceptual change. *Science Education*, *66*, 211–227. https://doi.org/10.1002/sce.3730660207

Praetorius, A. K., Vieluf, S., Saß, S., Bernholt, A. & Klieme, E. (2016). The same in German as in English? Investigating the subject-specificity of teaching quality. *Zeitschrift für Erziehungswissenschaft, 19*(1), 191–209. https://doi.org/10.1007/s11618-015-0660-4

Rakoczy, K. & Pauli, C. (2006). Hochinferentes Rating: Beurteilung der Qualität unterrichtlicher Prozesse. In I. Hugener, C. Pauli & K. Reusser (Hrsg.), *Videoanalyse. Teil 3 der Dokumentation der Erhebungs- und Auswertungsinstrumente zur schweizerisch-deutschen Videostudie „Unterrichtsqualität, Lernverhalten und mathematisches Verständnis"* (S. 206–233). GFPF.

Reiser, B. J. (2004). Scaffolding complex learning: The mechanisms of structuring and problematizing student work. *Journal of the Learning Sciences, 13,* 273–304. https://doi.org/10.1207/s15327809jls1303_2

Rich, P. J. & Hannafin, M. (2009). Video annotations tools. Technologies to scaffold, structure, and transform teacher reflection. *Journal of Teacher Education, 60*(1), 52–67. https://doi.org/10.1177/0022487108328486

Santagata, R. & Angelici, G. (2010). Studying the impact of the lesson analysis framework on preservice teachers' abilities to reflect on videos of classroom teaching. *Journal of Teacher Education, 61*(4), 339–349. https://doi.org/10.1177/0022487110369555

Santagata, R. & Guarino, J. (2011). Using video to teach future teachers to learn from teaching. *Mathematics Education, 43,* 133–245. https://doi.org/10.1007/s11858-010-0292-3

Schiepe-Tiska, A., Heine, J. H., Lüdtke, O., Seidel, T. & Prenzel, M. (2016). Mehrdimensionale Bildungsziele im Mathematikunterricht und ihr Zusammenhang mit den Basisdimensionen der Unterrichtsqualität. *Unterrichtswissenschaft, 44*(3), 211–225.

Schneider, M., Vamvakoussi, X. & van Dooren, W. (2012). Conceptual change. In N. M. Seel (Hrsg.), *Encyclopedia of the sciences of learning* (S. 735–738). Springer.

Seidel, T., Blomberg, G. & Renkl, A. (2013). Instructional strategies for using video in teacher education. *Teaching and Teacher Education, 34,* 56–65. https://doi.org/10.1016/j.tate.2013.03.004

Seidel, T., Rimmele, R. & Prenzel, M. (2005). Clarity and coherence of lesson goals as a scaffold for student learning. *Learning and Instruction, 15*(6), 539–556. https://doi.org/10.1016/j.learninstruc.2005.08.004

Seidel, T. & Shavelson, R. J. (2007). Teaching effectiveness research in the past decade: The role of theory and research design in disentangling meta-analysis results. *Review of Educational Research, 77,* 454–499. https://doi.org/10.3102%2F0034654307310317

Sherin, M. G. (2007). The development of teachers' professional vision in video clubs. In R. Goldman, R. Pea, B. Barron & S. J. Denny (Hrsg.), *Video research in the learning sciences* (S. 383–395). Erlbaum.

Star, J. R. & Strickland, S. K. (2008). Learning to observe: Using video to improve preservice mathematics teachers' ability to notice. *Journal of Mathematics Teacher Education, 11* (2), 107–125. https://doi.org/10.1007/s10857-007-9063-7

Steffensky, M., Gold, B., Holodynski, M. & Möller, K. (2015). Professional vision of classroom management and learning support in science classrooms – does professional vision differ across general and content-specific classroom interactions? *International Journal of Science and Mathematics Education, 13*(2), 351–368. https://doi.org/10.1007/s10763-014-9607-0

Stockero, S. L. (2008). Using a video-based curriculum to develop a reflective stance in prospective mathematics teachers. *Journal of Mathematics Teacher Education, 11,* 373–394. http://dx.doi.org/10.1007/s10857-008-9079-7

Stürmer, K., Könings, K. D. & Seidel, T. (2013). Declarative knowledge and professional vision in teacher education: Effect of courses in teaching and learning. *British Journal of Educational Psychology, 83*, 467–483. https://doi.org/10.1111/j.2044-8279.2012.02075.x

Stürmer, K. & Seidel, T. (2017). A standardized approach for measuring teachers' professional vision: The observer research tool. In E. O. Schack, M. H. Fisher & J. Wilhelm (Hrsg.), *Teacher noticing: Bridging and broadening perspectives, contexts, and frameworks* (S. 359–380). Springer. https://doi.org/10.1007/978-3-319-46753-5_21

Stürmer, K., Seidel, T. & Holzberger, D. (2016). Intra-individual differences in developing professional vision: Preservice teachers' changes in the course of an innovative teacher education program. *Instructional Science, 44*(3), 293–309. https://doi.org/10.1007/s11251-016-9373-1

Sunder, C., Todorova, M. & Möller, K. (2016a). Kann die professionelle Unterrichtswahrnehmung von Sachunterrichtsstudierenden trainiert werden? – Konzeption und Erprobung einer Intervention mit Videos aus dem naturwissenschaftlichen Grundschulunterricht. *Zeitschrift für Didaktik der Naturwissenschaften, 22*(1), 1–12. https://doi.org/10.1007/s40573-015-0037-5

Sunder, C., Todorova, M. & Möller, K. (2016b). Förderung der professionellen Wahrnehmung bei Bachelorstudierenden durch Fallanalysen. Lohnt sich der Einsatz von Videos bei der Repräsentation der Fälle? *Unterrichtswissenschaft, 44*(4), 339–356.

van Es, E. A. & Sherin, M. G. (2002). Learning to notice: Scaffolding new teachers' interpretations of classroom interactions. *Journal of Technology and Teacher Education, 10*(4), 571–596.

van Es, E. A. & Sherin, M. G. (2008). Mathematics teachers' "learning to notice" in the context of a video club. *Teaching and Teacher Education, 24*, 244–276. https://doi.org/10.1016/j.tate.2006.11.005

van de Pol, J., Volman, M. & Beishuizen, J. (2010). Scaffolding in teacher-student interaction: A decade of research. *Educational Psychology Review, 22*, 271–297. https://doi.org/10.1007/s10648-010-9127-6

Wang, M. C., Haertel, G. D. & Walberg, H. J. (1993). Toward a knowledge base for school learning. *Review of Educational Research, 63*, 249–294. https://doi.org/10.3102%2F00346543063003249

Wild, E. & Möller, J. (2015). *Pädagogische Psychologie*. Springer. https://doi.org/10.1007/978-3-662-61403-7

Robin Junker, Till Rauterberg, Verena Zucker, Nicola Meschede & Manfred Holodynski
Das Videoportal ProVision
Umgang mit Heterogenität im Unterricht professionell wahrnehmen

1   Einführung

Vor einem Jahrzehnt wurde der Lehrkräftebildung an vielen Stellen noch eine mangelnde Theorie-Praxis-Integration zugeschrieben (Czerwenka & Nölle, 2011). Grundlage für diese Zuschreibung bildete u. a. die begrenzte Verfügbarkeit realer Unterrichtsepisoden in der Aus-, Weiter- und Fortbildung, an denen eine theoriebasierte Reflexion von Unterricht hätte eingeübt werden können. Um dieses Desideratum zu beheben, wurden in der Lehre zunehmend videographierte Unterrichtsepisoden eingesetzt (Blomberg et al., 2013; Sherin & van Es, 2002). Ihre Wirksamkeit für die Förderung der professionellen Wahrnehmung und Reflexion lernrelevanter Unterrichtsereignisse konnte vielfach empirisch belegt werden (Hellermann et al., 2015; Sunder et al., 2016).

Vor diesem Hintergrund wurden auch im Teilprojekt „Videobasierte Lehrmodule als Mittel der Theorie-Praxis-Integration" der Qualitätsoffensive Lehrerbildung an der WWU Münster Unterrichtsstunden in einer Auswahl an Fächern in professioneller Qualität videographiert.[1] Ziel war es, anhand dieser Unterrichtsvideos die professionelle Wahrnehmung von Studierenden hinsichtlich eines kompetenten Umgangs mit einer heterogenen Schülerschaft im jeweiligen Fach zu fördern und diese Lehrmodule auf ihre Wirksamkeit hin zu evaluieren. Dabei wurde der Umgang mit Heterogenität anhand verschiedener Analyseschwerpunkte (u. a. Klassenführung, Lernunterstützung, gleichberechtigte Teilhabe am Unterricht) veranschaulicht.

Die Ergebnisse dieses Projekts sind im Videoportal *ProVision* (www.uni-muenster.de/ProVision) dokumentiert. Dazu gehören primär die professionell aufbereiteten Unterrichtsvideos zu den genannten Analyseschwerpunkten, entsprechende Begleitmaterialien sowie die Darstellung der entwickelten videobasierten Lehrmodule. Diese Inhalte stellen den effektiven Umgang mit Heterogenität in den Fokus der Betrachtungen und bieten entsprechende Analysekategorien an, um die entsprechenden Lehrmaßnahmen im Unterricht erkennen und interpretieren zu können. Im folgenden Beitrag werden die theoretischen Grundlagen des Videoportals (Abschnitt 2), seine inhaltliche Gestaltung (Abschnitt 3) sowie ein mögliches Nutzungsszenario (Abschnitt 4) erläutert.

---

[1]   Das Projekt "Dealing with Diversity. Kompetenter Umgang mit Heterogenität durch reflektierte Praxiserfahrung" der WWU Münster wird im Rahmen der gemeinsamen „Qualitätsoffensive Lehrerbildung" von Bund und Ländern aus Mitteln des Bundesministeriums für Bildung und Forschung gefördert (Förderkennzeichen: 01JA1621 und 01JA1921).

2 Theoretische Grundlagen des Videoportals *ProVision*

Die theoretischen Grundlagen des *ProVision*-Portals basieren auf dem Konzept der professionellen Unterrichtswahrnehmung mit ihren spezifischen Analyseschwerpunkten, die allesamt Maßnahmen zum effektiven Umgang mit einer heterogenen Schülerschaft umfassen. Diese Grundlagen werden im Folgenden dargestellt.

2.1 Professionelle Unterrichtswahrnehmung

Professionelles Handeln von Lehrpersonen setzt professionellen Wissen voraus. Um dieses Wissen im Handeln auch zu nutzen, benötigen Lehrkräfte allerdings *situiertes* Wissen und die Fähigkeit, dieses Wissen auf konkrete Unterrichtsepisoden anhand situativer Merkmale transferieren zu können (Blömeke & Kaiser, 2017). In der Literatur wird diese Fähigkeit häufig als professionelle Unterrichtswahrnehmung bezeichnet (Gold et al., 2013). Sie umfasst das Erkennen lernrelevanter Ereignisse im Unterrichtsverlauf sowie das theoriegeleitete Interpretieren dieser Ereignisse (Sherin, 2007).

In den bestehenden Konzeptualisierungen werden dieser Fähigkeit unterschiedliche Subfacetten zugeschrieben. Dazu gehören die Wahrnehmung relevanter Unterrichtsereignisse, deren möglichst wertneutrale Beschreibung, deren theoriebasierte Interpretation und angemessene Bewertung sowie eine fundierte Abwägung von Handlungsalternativen (Junker et al., 2020).

Erfahrene Lehrkräfte zeigen eine bessere professionelle Unterrichtswahrnehmung als Masterstudierende (Lehramt) und diese wiederum als Bachelorstudierende (Lehramt) (Gold & Holodynski, 2017; Huang et al., 2021). Darüber hinaus belegen zahlreiche Studien einen positiven Zusammenhang zwischen der professionellen Wahrnehmung und dem fachlichen, fachdidaktischen und pädagogischen Wissen von (angehenden) Lehrkräften (Blömeke et al., 2014; Gold & Holodynski, 2017; Kersting et al., 2010; Kersting et al., 2012; König et al., 2014; Meschede et al., 2017), deren Selbstwirksamkeitsüberzeugungen (Gold et al.; 2017; Keppens et al., 2019), sowie der Unterrichtsqualität der Lehrkräfte und dem Lernerfolg ihrer Schülerinnen und Schüler (Kersting et al., 2010; Kersting et al., 2012; Roth et al., 2011).

Auch kann die professionelle Wahrnehmung von Lehramtsstudierenden durch videobasierte Interventionen bezüglich unterschiedlicher Analyseschwerpunkte gefördert werden (Gold et al., 2013; Hellermann et al., 2015; Fisher et al., 2018; Frommelt et al., 2018; Stürmer et al., 2013). Während die Klassenführung und die Lernunterstützung häufig als Analyseschwerpunkte gewählt wurden, liegt der Fokus beim *ProVision*-Portal vor allem auf dem effizienten Umgang mit Heterogenität.

2.2 Analyseschwerpunkte von Maßnahmen zum effektiven Umgang mit Heterogenität

Gelungener Unterricht sollte sowohl das Leistungsniveau einer Klasse erhöhen als auch deren Leistungsvarianz vermindern (Helmke, 1988). Dafür ist eine entsprechende Unterrichtsplanung und -umsetzung notwendig (Klieme & Warwas, 2011). Die Varianz in einer Klassengemeinschaft kann sich sowohl auf distale Heterogenitätsdimensionen (z. B. soziale Herkunft, Migrationsstatus, Geschlecht, Region) (Hasselhorn et al., 2014; Maaz & Baumert, 2012; Prenzel & Burba, 2006) als auch auf proximale Heterogenitätsdimensionen wie Intelligenz (Schneider & Stefanek, 2004) Sprachkompetenz (Budke & Kuckuck, 2017), sozial-emotionale Kompetenz (Hennemann et al., 2012) oder motorische Kompetenz (Lelgemann et al., 2014) beziehen.

Wenn die Lernvoraussetzungen in die Gestaltung des Lernsettings mit einfließen, weisen vor allem Schülerinnen und Schülern mit schwachen Lernvoraussetzungen einen Lernzuwachs auf (Fuchs et al., 1998; Hooper & Hannafin, 1988; Lou et al., 1996; Slavin, 1991; Stevens & Slavin, 1995). Neben solchen adaptiven Lehrmethoden verbessern auch lernförderliche Maßnahmen in der Lehrer-Schüler-Interaktion das Leistungsniveau einer Klasse und verringern interindividuelle Leistungsunterschiede (Seiz et al., 2016).

Diese Maßnahmen sind im Videoportal *ProVision* nach verschiedenen Analyseschwerpunkten geordnet und werden anhand verschiedener Fächer konkretisiert. Die Analyseschwerpunkte umfassen die Klassenführung, Lernunterstützung im Allgemeinen (Geographie), sprachsensible Lernunterstützung (Sachunterricht), Lernunterstützung im Lesestrategietraining (Deutsch), gleichberechtigte Teilhabe (Sport) sowie eine kognitiv aktivierende Lehr-Lern-Kultur (Mathematik). Zu diesen Analyseschwerpunkten sind in *ProVision* professionell aufbereitete Unterrichtsvideos mit Begleitmaterialien zusammengestellt. Daran lassen sich die entsprechenden Lehrmaßnahmen veranschaulichen und die professionelle Wahrnehmung dieser Lehrmaßnahmen mit ihren Wirkungen auf die Schülerschaft schulen. Darüber hinaus sind die zugehörigen videobasierten Lehrmodule dokumentiert, deren einzelne Seminarbausteine als Anregungen für eigene videobasierte Lehre oder Fortbildungen genutzt werden können. Weiteres und besonderes Analysepotential bei *ProVision* bietet zudem eine Reihe an Unterrichtsvideos aus dem Anfangsunterricht Mathematik, die in einer ersten Klasse über den Zeitraum fast eines Schuljahres aufgenommen wurden. Dies ermöglicht u. a., einzelne Schwerpunkte auch über einen längeren zeitlichen Verlauf zu analysieren. Im Folgenden werden die einzelnen Analyseschwerpunkte und die Videoreihe zum Anfangsunterricht im Kontext des Umgangs mit Heterogenität skizziert.

2.2.1 Klassenführung

Unter *Klassenführung* versteht man die Art, wie eine Lehrperson die unterrichtlichen Aktivitäten so vorbereitet und durchführt, dass ein möglichst reibungsloser Ablauf bei maximaler Lernzeit der Schülerinnen und Schüler gewährleistet wird (Gold & Holodynski,

2011; Ophardt & Thiel, 2013). Damit ist Klassenführung eine wesentliche Bedingung für den Lernerfolg von Schülerinnen und Schüler (Hattie, 2009; Seidel & Shavelson, 2007; Wang et al., 1993).

In einer Klasse kann die vorgefundene Heterogenität der Lernenden beispielsweise hinsichtlich Lernmotivation, Vorwissen oder intellektuellem Potential das Lernen erschweren. Denn Einzel- oder Kleingruppenunterricht, der eine stärkere Passung von Lernendem, Lehrenden und Lernmaterial ermöglichen würde, ist oftmals nicht durchführbar (Dollase, 1995; Gold & Holodynski, 2011). Daher ist Klassenführung der Versuch, durch geeignete Maßnahmen die Rahmenbedingungen zu schaffen, um individuelles Lernen dennoch bestmöglich zu gestalten.

Zu den Maßnahmen der Klassenführung gehören prozessorientierte Maßnahmen wie die Allgegenwärtigkeit einer Lehrkraft oder die gleichzeitige Steuerung mehrerer Unterrichtsprozesse, sowie strukturorientierte Maßnahmen wie reibungslose Übergänge zwischen den Unterrichtsaktivitäten, die Steigerung des Beschäftigungsradius', die Umsetzung des Rechenschaftsprinzips und der Gruppenmobilisierung innerhalb von Unterrichtsaktivitäten sowie die Etablierung von Regeln, Routinen und Ritualen (Doyle, 1986; Kounin, 1976).

2.2.2 Lernunterstützung

Ein weiteres relevantes Merkmal bei der Gestaltung effektiven Unterrichtens im Umgang mit Heterogenität ist eine individualisierte Lernunterstützung. Sie ist neben der emotionalen Unterstützung als Facette der konstruktiven Lernunterstützung zu verstehen (Lipowsky & Bleck, 2019).

Im Videoportal ProVision werden unterschiedliche Maßnahmenpakete zur Lernunterstützung aufgeführt (*kognitive Aktivierung* im Mathematikunterricht, *sprachsensible Lernunterstützung* im Sachunterricht und *allgemeine Lernunterstützung* im Geographie- und Deutschunterricht).

Kognitive Aktivierung. Kognitive Aktivierung zielt darauf ab, die Lernenden so zum Nach- und Weiterdenken anzuregen, dass sie ihre kognitiven Schemata aktiv konstruieren bzw. verändern (Lipowsky & Bleck, 2019). Kognitive Aktivierung bezieht sich auf das Potenzial eines Unterrichtsangebots, Schülerinnen und Schüler kognitiv zu aktivieren. Demgegenüber bezieht sich die kognitive Aktivität auf die Nutzung dieses Angebots durch die entsprechenden Schülerinnen und Schüler (Helmke, 2012).
Ein Unterricht, in dem eine hohe kognitive Aktivierung realisiert wird, kann auch zu einem erfolgreichen Umgang mit der Heterogenität der Schülerschaft beitragen. So können sich Lernende der eigenen Vorstellungen zu einem Sachverhalt (z. B. warum ein Gegenstand schwimmt) bewusstwerden, wenn sie z. B. in Gruppengesprächen mit den z. T. abweichenden Vorstellungen der anderen konfrontiert werden und dadurch gleichzeitig erkennen, dass es recht unterschiedliche Vorstellungen zu einem Sachverhalt geben kann. Kognitive Aktivierung trägt vor allem in Kombination mit einer effektiven Klassenführung maßgeblich zum Lernerfolg von Lernenden bei (Schiepe-Tiska et al., 2016).

Eine kognitive Aktivierung erreicht man vor allem durch den Einsatz von Aufgabenformaten, die zum Nachdenken anregen (Leuders, 2015), sowie durch Unterrichtsgespräche, die im Sinne einer verbalen Lernstands- und Lernverlaufsdiagnostik (Hondrich et al., 2018; Rittle-Johnson et al., 2017) geführt werden.

Sprachsensible Lernunterstützung. Die sprachliche Kommunikation stellt die Grundlage eines jeden Unterrichts dar. Mit Hilfe sprachlicher Äußerungen werden fachliche Konzepte erläutert, Aufgabeninstruktionen verfasst, der fachliche Austausch in der Klasse gestaltet. Dementsprechend hängen fachliche und sprachliche Leistungen von Schülerinnen und Schülern stark zusammen (Leisen, 2010). Kinder mit Migrationshintergrund sind im Fachunterricht häufiger sprachlich überfordert (Baumert & Schümer, 2001). Daher ist es geboten, dass Lehrkräfte ihren Fachunterricht sprachsensibel gestalten und entsprechende Unterstützungsstrategien gezielt einsetzen. Dazu gehören (Grewe et al., 2020):

1. der Einsatz von enaktiven und ikonischen Repräsentationsformen zur Veranschaulichung fachlicher Konzepte,
2. das korrekte Modellieren der fachlichen Begriffe und ihrer sprachlichen Beschreibungen und
3. die Erleichterung der sprachlichen Kommunikation durch den Einsatz paraverbaler Sprachelemente (z. B. Intonation) und durch die Anpassung der Sprachkomplexität (z. B. einfache Sätze).

Allgemeine Lernunterstützung. In den Fächern Geographie und Deutsch wird im Videoportal *ProVision* der Unterricht zudem unter einer allgemeinen Lernunterstützungsperspektive veranschaulicht. Beim Lesestrategietraining wird dazu hauptsächlich der Cognitive-Apprenticeship-Ansatz (Collins et al., 1989) fokussiert. Hierbei wird das situierte Lernen der Schüler*innen gefördert und der Lehrende macht sich bei steigender Lernkomplexität zunehmend überflüssig. Dagegen werden in der Geographie eher allgemeine und vorbereitende Elemente der Lernunterstützung fokussiert. Dazu gehören innere Differenzierung (Trautmann & Wischer, 2007), kognitive Aktivierung (s.o.) und inhaltliche Strukturierung. Unter innerer Differenzierung werden Lernangebote verstanden, die auf die individuellen Fähigkeiten und Interessen der Lernenden abgestimmt sind. Sie können auch dazu beitragen, die Varianz der Lernerträge in einer Klasse zu verringern. Inhaltliche Strukturierung meint davon abgegrenzt Maßnahmen, die Ziele des Unterrichts klar zu benennen und diesen inhaltlich kohärent zu gestalten, sowie Darstellungsformen zu nutzen, die den Unterricht strukturieren und wichtige Inhalte hervorheben und zusammenfassen (Puntambekar & Hübscher, 2007; van de Pol et al., 2010, Meschede et al., 2015).

2.2.3 Gleichberechtigte Teilhabe am Unterricht

Auch Maßnahmen zur Teilhabe am unterrichtlichen Geschehen insbesondere von Kindern mit Beeinträchtigungen sind für den Umgang mit Heterogenität relevant. Denn wenn Schülerinnen und Schüler nicht am Unterricht partizipieren können, bleibt der Lernerfolg aus, während die anderen voranschreiten und damit die Varianz zwischen den Lernleistungen größer wird (Jürgens, 2021).

Neben der Frage, ob Lernende überhaupt am Unterricht teilnehmen (Teilnahme), wird darüber hinaus noch unterschieden, ob sie zur Gestaltung oder zum Verlauf des Unterrichts etwas beitragen können (Teilgabe) und ob sie gleichzeitig von der Lehrkraft oder anderen Schülerinnen und Schülern in sozialen Prozessen adressiert werden (Teilsein) (Heimlich, 2014). Unterricht kann und sollte demnach so gestaltet werden, dass die Lernenden sowohl teilhaben, teilgeben und Teil des Ganzen sein können.

2.2.4 Anfangsunterricht in Mathematik

Im Anfangsunterricht der Grundschule kommen alle Schülerinnen und Schüler erstmals mit der schulischen Organisation des Lernens in Berührung. Dazu gehört insbesondere die Organisation in Jahrgangsstufen Gleichaltriger, in Klassen von bis zu 30 Personen, in getakteten Zeitfenstern für einzelne Schulfächer mit – in der Regel – einer Lehrkraft, die den Unterricht anleitet und der die Schülerinnen und Schüler zu folgen haben. Diese stark reglementierte Form des schulischen Lernens stellt hohe Anforderungen an die Selbstregulation der Kinder, die Regeln zu verstehen, zu erinnern und sich auch daran zu halten. Dabei unterscheiden sich die Kinder in ihrer Selbstregulation gerade zu Beginn der Schulzeit erheblich. Da zunächst alle Kinder eines Jahrgangs eingeschult werden, kann in einer Klasse die Spanne von Kindern, die bereitwillig und aufmerksam den Regeln folgen, bis zu Kindern reichen, die so unstet sind, dass sie eigentlich eine Einzelbetreuung benötigen (Hellmich, 2010).

Die Aufgabe der Lehrkraft ist es, eine solch heterogene Schülerschaft mit den Regeln und Routinen des schulischen Lernens vertraut zu machen, sie darin zu unterstützen, diese Regeln und Routinen zu erinnern und sie auch einzuhalten. Dies erfordert eine hohe Qualität an schülerzentrierter Klassenführung sowie Strategien, wie man die Regeln und Routinen von Unterrichtsaktivitäten wie Unterrichtsgespräch, Stillarbeit, Partnerarbeit, etc. sowie von lernrelevanten und prosozialen Verhaltensregeln erfolgreich einführt und etabliert. Das Ziel einer solchen Klassenführung ist es, die Klasse zu einer kollaborativen Lerngemeinschaft zu formen und dabei auch die eher unruhigen Schülerinnen und Schüler erfolgreich einzubinden (Hörter et al., 2020).

Eine solche Einführung in das schulische Lernen erfolgt stets im Kontext eines Schulfaches, in der Regel in Deutsch und Mathematik als die zentralen Fächer des Anfangsunterrichts. In diesen Fächern werden Kinder auch mit der Anforderung konfrontiert, die Kulturtechniken des Lesens, Schreibens und Rechnens zu lernen und dabei auch ihr Lernen selbst zu regulieren. Dazu gehört, Instruktionen in Handeln umzusetzen, eine Aufgabe selbständig zu bearbeiten, Aufgabenlösungen zu kontrollieren und mit seinen Klassenkameradinnen und -kameraden zusammenzuarbeiten.

Aufgrund dieser herausragenden Bedeutung des Anfangsunterrichts ist im Videoportal *ProVision* ein Zyklus von 23 Unterrichtsstunden aus dem Anfangsunterricht Mathematik einer Klasse von der allerersten Mathematikstunde nach der Einschulung im September bis zum März des darauffolgenden Jahres dokumentiert. An diesen Unterrichtsvideos lässt sich exemplarisch nachvollziehen, wie eine Lehrkraft Kinder nicht nur in die schulische Lernkultur, sondern auch in die Kultur des Schulfachs Mathematik einführt und welche Maßnahmen der Klassenführung und Lernunterstützung sie dabei einsetzt.

3 Gestaltung des Videoportals *ProVision*

Wie kann nun die professionelle Wahrnehmung von (angehenden) Lehrkräften (s. Abschnitt 2.1) zum Umgang mit Heterogenität anhand der beschriebenen Analyseschwerpunkte (s. Abschnitt 2.2) gefördert werden? Dazu enthält das Videoportal *ProVision* geeignete Materialien, die für eine Förderung direkt nutzbar sind. Dazu zählen ausgewählte Unterrichtsvideos, die Begleitmaterialien zu den Videos, Texte zu den konzeptuellen Grundlagen der Analyseschwerpunkte sowie eine Dokumentation der zugehörigen videobasierten Lehrmodule. Diese Lehrmodule sind in den QLB-Projekten konzipiert, durchgeführt und erfolgreich evaluiert worden und können als Anregungen für eigene videobasierte Lehreinheiten genutzt werden.

3.1 Unterrichtsvideos

Das Videoportal *ProVision* beinhaltete derzeitig 392 Unterrichtsvideos, wovon 315 Unterrichtsclips und 77 Unterrichtsstunden sind (Stand 06.11.2021), Tendenz weiter steigend. Die Videos stammen aus unterschiedlichen Schulformen (Grundschule, Realschule, Gesamtschule, Gymnasium, berufliche Bildung), decken beinahe alle Klassenstufen ab (1–7, 9, 11–12, BK), und beziehen sich auf die Fächer Mathematik, Sachunterricht, Geographie, Deutsch, Sport sowie berufliche Bildung (Gesundheitsberufe). Es sind auch Unterrichtsreihen mit mehreren Unterrichtsstunden dokumentiert, ebenso wie aussagekräftige Unterrichtsclips aus diesen Stunden. Die Videos stehen in Full-HD-Auflösung zur Verfügung (1920x1080p) und sind von hoher auditiver Qualität. Letzteres wurde durch eine Einzelmikrofonierung der Lehrkraft und aller beteiligten Schülerinnen und Schüler sowie einer aufwendigen Postproduktion (z. B. Herausmischen von Störgeräuschen) erreicht.

Um den unterschiedlichen Analyseschwerpunkten gerecht zu werden, wurden von den Unterrichtsstunden visuell und auditiv passende Schnittfassungen und ausgewählte Unterrichtsclips erstellt:

- *Schüler-Lehrer-Perspektive.* Aus den vier bis sechs synchronen Kameraaufzeichnungen zu einer Unterrichtsstunde wurde eine Schnittfassung erstellt, mit der die Interaktion zwischen Lehrperson(en) und Lernenden optimal wiedergegeben wird. Dauer und Auswahl der einzelnen Einstellungen sind so gewählt, dass Gespräche und Handlungen entsprechend bestehender Sehgewohnheiten mühelos verfolgt werden können. Auf diese Weise kann die Aufmerksamkeit des Zuschauenden länger auf dem Video gehalten werden als bei einer kontinuierlichen statischen

Einstellung. Diese Schnittfassung eignet sich besonders gut zur Analyse von Unterrichtsgesprächen sowie von Schüler-Lehrer-Interaktionen.
- *Die Klassenperspektive.* Diese Schnittfassung basiert auf einer Übersichtseinstellung, die stets die ganze Klasse zeigt. Ein kleines Bild-in-Bild zeigt zusätzlich die Handlungen sowie Gestik und Mimik der Lehrkraft. Diese Schnittfassung eignet sich besonders gut, um Facetten der Klassenführung zu analysieren.
- *Die Lerngruppenperspektive.* Wenn die schülerzentrierten Unterrichtsaktivitäten Gruppenarbeitsformen beinhalteten, wurden auch Videos mit einer Gruppenperspektive produziert. Dabei werden ausgewählte Lerngruppen in der Gruppenarbeitsphase einer Unterrichtsstunde kontinuierlich von einer Kamera begleitet und das gefilmte Material zu einer Schnittfassung verdichtet. Diese Schnittfassung eignet sich insbesondere zur Analyse des Arbeitsablaufes und des Austausches in einer Lerngruppe, inwiefern sich die Lernenden wechselseitig unterstützen und die Aufgaben meistern. Dadurch kann nachvollzogen werden, wie lernförderlich die Gruppen arbeiten.
- *Aussagekräftige Unterrichtsclips.* Zu den einzelnen Analyseschwerpunkten wurden aussagekräftige Unterrichtsausschnitte ausgewählt und mit den zugehörigen Unterrichtsstunden verlinkt, so dass der jeweilige Unterrichtskontext nachvollzogen werden kann. Anhand dieser Unterrichtsclips lassen sich einzelne Facetten der Analyseschwerpunkte in exemplarischer Weise veranschaulichen und analysieren.

3.2 Begleitmaterialien

Jede Unterrichtsstunde auf dem Videoportal *ProVision* wird durch Begleitmaterialien ergänzt, um den videographierten Unterricht angemessen kontextualisieren und interpretieren zu können. Sie ermöglichen einen detaillierten Nachvollzug der Unterrichtsinteraktionen und des gesamten Stundenverlaufes. Dabei können Differenzen zwischen der in den Begleitmaterialien dokumentierten Unterrichtsplanung (Unterrichtsverlaufsplan) und dem tatsächlichen Unterrichtsverlauf eruiert und Anlass zur Analyse der Flexibilität und Komplexität unterrichtlicher Wirklichkeit geben. Die Informationen zum Unterricht sind beschreibend formuliert und enthalten keine Einschätzung der Unterrichtsqualität oder der Wirksamkeit der eingesetzten Maßnahmen. Eine entsprechende Einschätzung ist Aufgabe des Betrachtenden, wozu die Analysekategorien der jeweiligen Analyseschwerpunkte herangezogen werden können, die auch auf dem Portal zum Herunterladen dokumentiert sind. Zu den angebotenen Begleitmaterialien zählen:

1. *Unterrichtsverlaufsplan.* Er dokumentiert die Unterrichtsplanung der Lehrkraft. Dazu gehören die Auflistung der Lernziele/ Kompetenzen, der Ablaufplan der Unterrichtsreihe, eine Kurzbeschreibung der Unterrichtsstunde, geplante Unterrichtsaktivitäten/Methoden sowie Medien/Material. Daran schließt sich ein zeitlicher Verlaufsplan an, in dem die geplanten Unterrichtsaktivitäten mit den zugehörigen

Lehrer-Schüler-Aktivitäten und Lehrmaterialien in der geplanten Reihenfolge aufgelistet sind.
2. *Lehr- und Schülermaterialien.* Die eingesetzten Lehrmaterialien und exemplarisch ausgefüllte Schülermaterialien sind abgelichtet.
3. *Verlaufsprotokoll der Unterrichtsstunde.* Es beschreibt überblicksartig den tatsächlichen Verlauf mit den Unterrichtsphasen und Unterrichtsaktivitäten.
4. *Transkript.* Für jede Unterrichtsstunde und jeden Unterrichtsclip wird ein wörtliches Transkript bereitgestellt, um die sprachlichen Interaktionen auch jenseits des Videos präzise nachvollziehen und analysieren zu können. Dies ist für fachdidaktische Sprachanalysen besonders wertvoll.
5. *Analyseschwerpunkte.* Für jeden Unterrichtsclip werden Hinweise geben, zu welchem Analyseschwerpunkt der Clip besonders geeignet ist. Dadurch lassen sich Clips über die Suchfunktion gezielt auswählen und zusammenstellen.

3.3 Nutzungsmöglichkeiten des Videoportals

Das Videoportal *ProVision* bietet für alle Phasen der Lehramtsausbildung eine Reihe an Nutzungsmöglichkeiten:

- *Suche nach Unterrichtsvideos für die Lehramtsausbildung.* Mit Hilfe des Suchfilters lassen sich geeignete Unterrichtsvideos nach den Kategorien Jahrgangsstufe, Schulform, Unterrichtsfach, Unterrichtsphasen, Unterrichtsaktivitäten, Analyseschwerpunkte und Art des Videos suchen und für die Lehre nutzen.
- *Unterrichtsbeispiele für die Gestaltung fachspezifischer Unterrichtsthemen.* Die Unterrichtsvideos des Portals können als Veranschaulichungen genutzt werden, wie ausgewählte fachliche Unterrichtsthemen gestaltet werden können, wie sie mit einer konkreten Klasse umgesetzt wurden und welche Verlaufsdynamiken sich dabei ergaben. Die Unterrichtsthemen kommen aus den Fächern Deutsch, Geographie, Mathematik, Sachunterricht, Sport und Fächern des Berufskollegs.
- *Unterrichtsbeispiele für einen professionellen Umgang mit Heterogenität.* Insbesondere die Unterrichtsclips des Videoportals sind danach ausgewählt und aufbereitet worden, dass sie zentrale Facetten des Umgangs mit einer heterogenen Schülerschaft in exemplarischer Weise veranschaulichen und daran ihre Wahrnehmung im Unterrichtsverlauf gefördert werden kann (s. Abschnitt 2.2). Zu diesen Schwerpunkten stehen theoriebasierte Einführungstexte, Analyseschemata und Aufgabenstellungen für die Unterrichtsclips zur Verfügung, die eine situierte, fallbasierte Analyse und Reflexion von Unterricht ermöglichen.
- *Videobasierte Lehrmodule zu den Analyseschwerpunkten im Umgang mit Heterogenität.* Zu den genannten Schwerpunkten stehen auf dem Videoportal auch hochschuldidaktisch aufbereitete Lehrmodule mit Einführungstexten, Aufgabenstellungen, Videolinks und Ablaufplänen zur Verfügung. Diese wurden von den federführenden Fächern konzipiert, durchgeführt und anhand von Prä-Post-

Kontrollgruppen-Studien erfolgreich evaluiert. Anhand der Lehrmodule kann die didaktische Einbettung einzelner Clips zum Erwerb der professionellen Unterrichtswahrnehmung bzgl. der verschiedenen Analyseschwerpunkte nachvollzogen werden. Details zum seminarübergreifenden Rahmenkonzept und zu den sechs videobasierten Lehrmodulen bietet der Beitrag von Junker et al. (2020) sowie die Ausgabe 3(2020) der HLZ (Herausforderung Lehrer*innenbildung Zeitschrift). Die Lehrmodule können in ihrer Gesamtheit oder in Form einzelner Seminarsitzungen in andere Lernumgebungen übertragen und adaptiert werden, wenn die Besonderheiten (Lernstand der Gruppe, technische Raumausstattung, usw.) der jeweiligen Lerngruppe berücksichtigt werden.

3.4 Beispielhaftes Nutzungsszenario

Ein nicht zu vernachlässigender Anteil der ProVision-Nutzer (12% der Lehrenden) ist in der zweiten Phase der Lehrkräftebildung tätig. Ein Beispiel für ein Nutzungsszenario in diesem Kontext ist, dass eine Seminarleiterin (Grundschule) mit ihren angehenden Lehrpersonen Facetten der Klassenführung in konkreten Unterrichtssituationen analysieren möchte. Dazu hat sie bereits mögliche Klassenführungsfacetten aus der Theorie abgeleitet. Auf *ProVision* stößt sie nun auf eine weitere Zusammenstellung an Facetten (https://www.uni-muenster.de/ProVision/nutzungshinweise/thematische-schwerpunkte.shtml) und gleicht ihre eigene damit ab. Sie ergänzt vereinzelt Facetten und legt für die erste gemeinsame Analysesitzung den Schwerpunkt auf die Etablierung und Durchsetzung von Regeln und Routinen. Daran anknüpfend sucht sie auf dem Videoportal *ProVision* über die Suchfunktion passende Videos im Fach Mathematik (1. Klasse). Besonders anschaulich findet die Seminarleitung dabei Videoclips, die anhand der Verhaltensheterogenität der Schülerschaft besonders deutlich machen, welche Rolle die Einführung und Etablierung von Regeln und Routinen haben. Sie entdeckt zudem auf der Seite, dass sowohl der Unterrichtsverlaufsplan als auch das Transkript der Stunde (auf der Webseite der zugehörigen Unterrichtsstunde) einsehbar sind.

Auf der Grundlage des überarbeiteten Maßnahmenkatalogs zur Klassenführung sowie der gefundenen Videos sowie Begleitmaterialien plant die Seminarleiterin daraufhin eine Seminarsitzung, in der die angehenden Lehrpersonen sich die Theorie zur Etablierung und Durchsetzung von Regeln und Routinen erarbeiten sowie erste Facetten in Videos analysieren. Die entsprechenden Transkripte plant sie bereitzuhalten, um konkrete Formulierungen zu diskutieren. Sie beabsichtigt zudem, auch Aspekte der Unterrichtsplanung mit dem Unterrichtsvideo abzugleichen: Was hätte man wie und an welcher Stelle gegebenenfalls ergänzen oder anders planen können? Im Ergebnis kann die Seminarleitung eine sehr anregende und lehrreiche Seminarsitzung durchführen, in denen die Teilnehmenden das Wissen zur Klassenführungsfacette „Etablierung und Durchsetzung von Regeln und Routinen" konkret anwenden und ihre Unterrichtswahrnehmung professionalisieren können. In weiteren Sitzungen werden darauf aufbauend weitere Facetten der Klassenführung erarbeitet und analysiert.

Abbildung 1: Videoseite des Videoportals *ProVision*

4   Ausblick

Hinsichtlich der zukünftigen Gestaltung des Videoportals *ProVision* sind weitere Ausbaumaßnahmen geplant.

Zum einen soll ein Video-Annotationstool an die Plattform angeschlossen werden. Dieses ermöglicht eine zeitgenaue Annotation der Unterrichtsvideos anhand frei wählbarer Analysekategorien und einen anschaulichen Vergleich der Annotationen verschiedener Personen zu einem Video. Eine solche Vergleichsmöglichkeit erleichtert im Rahmen von Aus-, Fort- und Weiterbildungsmaßnahmen den Austausch und den detaillierten Diskurs über die individuellen Interpretationen der ausgewählten Unterrichtsvideos.

Dazu soll die technische Basis des Videoportals längerfristig umgestellt werden. Wird das Videoportal momentan noch mit dem Content-Management-System Imperia und dem Videostreamingdienst Wowza betrieben, soll in Zukunft educast.nrw als Grundlage für das Videoportal dienen. Der Vorteil von educast.nrw liegt darin, dass ein landesweiter Service zur Verarbeitung, Verwaltung und Distribution von Videocontent für den Einsatz in Studium und Lehre zur Verfügung steht. Damit werden auf Dauer auch die technischen Einsatz- und Nutzungsmöglichkeiten des Videoportals erweitert.

Des Weiteren werden noch weitere Unterrichtsvideos aus den Fächern Deutsch und Mathematik sowie erste Videos zum Fach Englisch eingestellt werden. Diese Unterrichtsvideos und ihre Begleitmaterialien ergänzen die Ausrichtung des Videoportals *ProVision* auf einen professionellen Umgang mit Heterogenität um die Analyseschwerpunkte *Förderung internationaler Mündlichkeit* (Englisch), *individualisierte Rechtschreibvermittlung in heterogenen Lerngruppen* (Deutsch) und *gemeinsame Lernsituationen im inklusiven Grundschulunterricht* (Mathematik). Mit dem letzten Analyseschwerpunkt wird auch das Thema Inklusion im Unterricht weiter ausgebaut. Darüber hinaus soll in weiteren Forschungsprojekten die zukünftige Ausgestaltung von *ProVision* als didaktisierte Lernumgebung evaluiert werden, um Lernenden auf der Plattform selbst nutzbare Lernangebote anbieten und ihren individuellen Lernverlauf unterstützend begleiten zu können.

Literatur

Baumert, J. & Schümer, G. (2001). Familiäre Lebensverhältnisse, Bildungsbeteiligung und Kompetenzerwerb. In J. Baumert (Hrsg.), *PISA 2000. Basiskompetenzen von Schülerinnen und Schülern im internationalen Vergleich* (S. 323–410). Opladen: Leske + Budrich. https://doi.org/10.1007/978-3-322-83412-6_10

Blomberg, G., Renkl, A., Sherin, M. G., Borko, H. & Seidel, T. (2013). Five research-based heuristics to using video in pre-service teacher education. *Journal for Educational Research Online, 5*(1), 90–114. https://doi.org/10.25656/01:8021

Blömeke, S., König, J., Busse, A., Suhl, U., Benthien, J., Döhrmann, M. & Kaiser, G. (2014). Von der Lehrerausbildung in den Beruf – Fachbezogenes Wissen als Voraussetzung für Wahrnehmung, Interpretation und Handeln im Unterricht. *Zeitschrift für Erziehungswissenschaft, 17*(3), 509–542. https://doi.org/ 10.1007/s11618-014-0564-8

Blömeke, S. & Kaiser, G. (2017). Understanding the development of teachers' professional competencies as personally, situationally and socially determinHrsg. In D. J. Clandinin

& J. Husu (Hrsg.), *International Handbook on Research on Teacher Education* (S. 783–802). Sage. https://doi.org/10.4135/9781526402042.n45

Budke, A. & Kuckuck, M. (2017). Sprache im Geographieunterricht. In A. Budke & M. Kuckuck (Hrsg.), *Sprache im Geographieunterricht. Bilinguale und sprachsensible Materialien und Methoden* (S. 7–38). Waxmann.

Collins, A., Brown, J. S. & Newman, S. E. (1989). Cognitive apprenticeship: Teaching the crafts of reading, writing, and mathematics. In L. B. Resnick (Hrsg.), *Knowing, learning, and instruction: Essays in honor of Robert Glaser* (S. 453–494). Lawrence Erlbaum Associates, Inc. https://doi.org/10.5840/thinking19888129

Czerwenka, K. & Nölle, K. (2011). Forschung zur ersten Phase der Lehrerbildung. In E. Terhart (Hrsg.), *Handbuch der Forschung zum Lehrerberuf* (S. 362-380). Waxmann.

Dollase, R. (1995). Die virtuelle oder psychologische Reduzierung der Schulklassengröße. Eine neue Interpretation der unterrichtlichen Komplexitätsreduktion. *Bildung und Erziehung, 48*, 131–144. https://doi.org/10.7788/bue-1995-0202

Doyle, W. (1986). Classroom organization and management. In M. C. Wittrock (Hrsg.), *Handbook of research on teaching* (3. Auflage, S. 392–431). Macmillan.

Fisher, M. H., Thomas, J., Schack, E. O., Jong, C. & Tassell, J. (2017). Noticing numeracy now! Examining changes in preservice teachers' noticing, knowledge, and attitudes. *Mathematics Education Research Journal, 30*(2), 209–232. https://doi.org/10.1007/s13394-017-0228-0

Frommelt, M., Hugener, I. & Krammer, K. (2019). Fostering teaching-related analytical skills through cased-based learning with classroom videos in initial teacher education. *Journal of educational research online, 11*(2), 37–60. https://doi.org/10.25656/01:18002

Fuchs, L. S., Fuchs, D., Hamlett, C. L. & Karns, K. (1998). High-achieving students' interactions and performance on complex mathematical tasks as a function of homogeneous and heterogeneous pairings. *American Educational Research Journal, 35*, 227–267. https://doi.org/10.3102/00028312035002227

Grewe, O. & Möller, K. (2020). Die professionelle Unterrichtswahrnehmung von sprachsensiblen Maßnahmen im Sachunterricht der Grundschule fördern. *Herausforderung Lehrer_innenbildung, 3*, 323–359. https://doi.org/10.4119/hlz-2547

Gold, B., Förster, S. & Holodynski, M. (2013). Evaluation eines videobasierten Trainingsseminars zur Förderung der professionellen Wahrnehmung von Klassenführung im Grundschulunterricht. *Zeitschrift für Pädagogische Psychologie, 27*, 141–155. https://doi.org/10.1024/1010-0652/a000100

Gold, B. & Holodynski, M. (2017). Using digital video to measure the professional vision of elementary classroom management: Test validation and methodological challenges. *Computers & Education, 107*, 13–30. https://doi.org/10.1016/j.compedu.2016.12.012

Hasselhorn, M., Andresen, S., Becker, B., Betz, T., Leuzinger-Bohleber, M. & Schmid, J. (2014). Children at risk of poor educational outcomes: in search of a transdisciplinary theoretical framework. *Child Indicators Research, 7*, 1–14. https://doi.org/10.1007/s12187-014-9263-5

Hattie, J. A. C. (2009). *Visible learning: A synthesis of over 800 meta-analyses relating to achievement.* Routledge. https://doi.org/10.4324/9780203887332

Heimlich, U. (2014). Teilhabe, Teilgabe oder Teilsein? Auf der Suche nach den Grundlagen inklusiver Bildung. *Vierteljahresschrift für Heilpädagogik und ihre Nachbargebiete, 83*, 1–5. http://dx.doi.org/10.2378/vhn2014.art01d

Hellermann, C., Gold, B. & Holodynski, M. (2015). Förderung von Klassenführungsfähigkeiten im Lehramtsstudium. *Zeitschrift für Entwicklungspsychologie und Pädagogische Psychologie, 47*, 97–109. https://doi.org/10.1026/0049-8637/a000129

Hellmich, F. (2010). *Einführung in den Anfangsunterricht*. Kohlhammer.

Helmke, A. (1988). Leistungssteigerung und Ausgleich von Leistungsunterschieden in Schulklassen: Unvereinbare Ziele? *Zeitschrift für Entwicklungspsychologie und Pädagogische Psychologie, 10*, 45–76.

Helmke, A. (2012). *Unterrichtsqualität und Lehrerprofessionalität* (Vol. 4). Klett.

Hennemann, T., Hillenbrand, C., Franke, S., Hens, S., Grosche, M. & Pütz, K. (2012). Kinder unter erhöhten emotional-sozialen und kognitiven Risiken als Herausforderung für die Inklusion. Evaluation einer selektiven Präventionsmaßnahme in der schulischen Eingangsstufe. *Empirische Sonderpädagogik, 4*, 129–146. https://doi.org/10.25656/01:9295

Hondrich, A. L., Decristan, J., Hertel, S. & Klieme, E. (2018). Formative assessment and intrinsic motivation: The mediating role of perceived competence. *Zeitschrift für Erziehungswissenschaft, 21*, 717–734. https://doi.org/10.1007/s11618-018-0833-z

Hooper, S. & Hannafin, M. J. (1988). Cooperative CBI: The effects of heterogeneous versus homogeneous grouping on the learning of progressively complex concepts. *Journal of Educational Computing Research, 4*, 413–424. https://doi.org/10.2190/T26C-3FTH-RNYP-TV30

Hörter, P., Gippert, C., Holodynski, M. & Stein, M. (2020). Klassenführung und Fachdidaktik im (Anfangs-) Unterricht Mathematik erfolgreich integrieren. Konzeption einer videobasierten Lehrveranstaltung zur Förderung der professionellen Unterrichtswahrnehmung. *Herausforderung Lehrer_innenbildung, 3*, 256–282. https://doi.org/10.4119/hlz-2551

Huang, Y., Miller, K. F., Cortina, K. S. & Richter, D. (2021). Teachers' professional vision in action. *Zeitschrift für Pädagogische Psychologie*. https://doi.org/10.1024/1010-0652/a000313.

Junker, R., Rauterberg, T., Möller, K. & Holodynski, M. (2020). Videobasierte Lehrmodule zur Förderung der professionellen Wahrnehmung von heterogenitätssensiblem Unterricht. *HLZ, 3*(1), 236–255. https://doi.org/10.4119/hlz-2554

Jürgens, M. (2021). *Videobasierte Lehrveranstaltungen zur Förderung Professioneller Unterrichtswahrnehmung. Ein Seminarkonzept zur gleichberechtigten Teilhabe im Sportunterricht*. Springer. http://dx.doi.org/10.1007/978-3-658-35579-1

Keppens, K., Consuegra, E. & Vanderlinde, R. (2019). Exploring student teachers' professional vision of inclusive classrooms in primary education. *International Journal of Inclusive Education*, 1–17. https://doi.org/10.1080/13603116.2019.1597186

Kersting, N. B., Givvin, K. B., Sotelo, F. L. & Stigler, J. W. (2010). Teachers' analyses of classroom video predict student learning of mathematics: Further explorations of a novel measure of teacher knowledge. *Journal of Teacher Education, 61*, 172–181. https://doi.org/10.1177/0022487109347875

Kersting, N. B., Givvin, K. B., Thompson, B. J., Santagata, R. & Stigler, J. (2012). Measuring usable knowledge: Teachers' analyses of mathematics classroom videos predict teaching quality and student learning. *American Educational Research Journal, 49*(3), 568–589. https://doi.org/10.3102/0002831212437853

Klieme, E. & Warwas, J. (2011). Konzepte der individuellen Förderung. *Zeitschrift für Pädagogik, 57*, 805–818. https://doi.org/10.25656/01:8782

König, J., Blömeke, S., Klein, P., Suhl, U., Busse, A. & Kaiser, G. (2014). Is teachers' general pedagogical knowledge a premise for noticing and interpreting classroom situations? A video-based assessment approach. *Teaching and Teacher Education, 38*, 76–88. https://doi.org/10.1016/j.tate.2013.11.004

Kounin, J. S. (2006). *Techniken der Klassenführung.* Waxmann.

Leisen, J. (2010): *Handbuch Sprachförderung im Fach.* Sprachsensibler Fachunterricht in der Praxis. Bonn: Varus-Verl.

Lelgemann, R., Singer, P. & Walter-Klose, C. (Hrsg.) (2014). *Inklusion im Förderschwerpunkt körperliche und motorische Entwicklung.* Kohlhammer.

Leuders, T. (2015). Aufgaben in Forschung und Praxis. In R. Bruder, L. Hefendehl-Hebeker, B. Schmidt-Thieme & H.-G. Weigand (Hrsg.), *Handbuch Mathematikdidaktik* (S. 433–458). Springer. https://doi.org/10.1007/978-3-642-35119-8_16

Lipowsky, F. & Bleck, V. (2019). Was wissen wir über guten Unterricht? Ein Update. In U. Steffens & R. Messner (Hrsg.), *Unterrichtsqualität. Konzepte und Bilanzen gelingenden Lehrens und Lernens* (S. 219–249). Waxmann.

Lou, Y., Abrami, P. C., Spence, J. C., Poulsen, C., Chambers, B. & d'Apolonia, S. (1996). Withinclass grouping: A meta-analysis. *Review of Educational Research, 66*, 423–458. https://doi.org/10.3102%2F00346543066004423

Maaz, K. & Baumert, J. (2012). Risikoschüler in Deutschland. In S. G. Huber (Hrsg.), *Jahrbuch Schulleitung 2012. Befunde und Impulse zu den Handlungsfeldern des Schulmanagements* (S. 77–89). Carl Link.

Meschede, N., Fiebranz, A., Möller, K. & Steffensky, M. (2017). Teachers' professional vision, pedagogical content knowledge and beliefs: On its relation and differences between pre-service and in-service teachers. *Teaching and Teacher Education, 66*, 158–170. https://doi.org/10.1016/j.tate.2017.04.010

Meschede, N., Steffensky, M., Wolters, M. & Möller, K. (2015). Professionelle Wahrnehmung der Lernunterstützung im naturwissenschaftlichen Grundschulunterricht – Theoretische Beschreibung und empirische Erfassung. *Unterrichtswissenschaft, 43*, 317–335.

Ophardt, D. & Thiel, F. (2013). *Klassenmanagement.* Kohlhammer.

Prenzel, M. & Burba, D. (2006). PISA-Befunde zum Umgang mit Heterogenität. In: G. Opp, T. Hellbrügge & L. Stevens (Hrsg.), *Kindern gerecht werden. Kontroverse Perspektiven auf Lernen in der Kindheit* (S. 23–33). Klinkhardt.

Puntambekar, S. & Hübscher, R. (2007). Tools for scaffolding students in a complex learning environment: What have we gained and what have we missed? *Educational Psychologist, 40*(1), 1-12. https://doi.org/10.1207/s15326985ep4001_1

Rittle-Johnson, B., Loehr, A. M. & Durkin, K. (2017). Promoting self-explanation to improve mathematics learning: A meta-analysis and instructional design principles. *ZDM, 49*(4), 599–611. https://doi.org/10.1007/s11858-017-0834-z

Roth, K. J., Garnier, H., Chen, C., Lemmens, M., Schwille, K. & Wickler, N. I. Z. (2011). Videobased lesson analysis: Effective science PD for teacher and student learning. *Journal of Research in Science Teaching, 48*(2), 117–148. https://doi.org/10.1002/tea.20408

Schiepe-Tiska, A., Heine, J.-H., Lüdtke, O., Seidel, T. & Prenzel, M. (2016). Mehrdimensionale Bildungsziele im Mathematikunterricht und ihr Zusammenhang mit Basisdimensionen der Unterrichtsqualität. *Unterrichtswissenschaft, 44*(3), 211–225. https://doi.org/10.3262/UW1603211

Schneider, W. & Stefanek, J. (2004). Entwicklungsveränderungen allgemeiner kognitiver Fähigkeiten und schulbezogener Fertigkeiten im Kindes- und Jugendalter. Evidenz für einen Schereneffekt? *Zeitschrift für Entwicklungspsychologie und Pädagogische Psychologie, 36(3),* 147–159. https://doi.org/10.1026/00498637.36.3.147

Seidel, T. & Shavelson, R. J. (2007). Teaching effectiveness research in the past decade: The role of theory and research design in disentangling meta-analysis results. *Review of Educational Research, 77(*4), 454–499. https://doi.org/10.3102%2F0034654307310317

Seiz, J., Decristian, J, Kunter, M. & Baumert, J. (2016). Differenzielle Effekte von Klassenführung und Unterstützung für Schülerinnen und Schüler mit Migrationshintergrund. *Zeitschrift für Pädagogische Psychologie, 30,* 237–249. https://doi.org/10.1024/10100652/a000186

Sherin, M. G. (2007). The development of teachers' professional vision in video clubs. In R. Goldman, R. Pea, B. Barron & S. J. Derry (Hrsg.), *Video research in the learning sciences* (S. 383–395). Lawrence Erlbaum.

Sherin, M. & van Es, E. (2009). Effects of video club participation on teachers' professional vision. *Journal of Teacher Education, 60,* 20–37. https://doi.org/10.1177/0022487108328155

Slavin, R. E. (1991). Are cooperative learning and untracking harmful to the gifted? *Educational Leadership, 48(6),* 68–71.

Stevens, R. J. & Slavin, R. E. (1995). The cooperative elementary school: Effects on students' achievement, attitudes, and social relations. *American Educational Research Journal, 32,* 321–351. https://doi.org/10.3102/00028312032002321

Stürmer, K., Könings, K. D. & Seidel, T. (2013). Declarative knowledge and professional vision in teacher education: Effect of courses in teaching and learning. *British Journal of Educational Psychology, 83,* 467–483. https://doi.org/10.1111/j.2044-8279.2012.02075.x

Sunder, C., Todorova, M. & Möller, K. (2015). Kann die professionelle Unterrichtswahrnehmung von Sachunterrichtsstudierenden trainiert werden? Konzeption und Erprobung einer Intervention mit Videos aus dem naturwissenschaftlichen Grundschulunterricht. *Zeitschrift für Didaktik der Naturwissenschaften, 22,* 1–12. https://doi.org/10.1007/s40573-015-0037-5

Trautmann, M. & Wischer, B. (2007). Individuell fördern im Unterricht. Was wissen wir über innere Differenzierung? *Pädagogik, 59*(12), 44–48.

van de Pol, J., Volman, M. & Beishuizen, J. (2010). Scaffolding in teacher-student interaction: A decade of research. *Educational Psychology Review, 22*(3), 271–297. https://doi.org/10.1007/s10648-010-9127-6

Wang, M. C., Haertel, G. D. & Walberg, H. J. (1993). Toward a knowledge base for school learning. *Review of Educational Research, 63,* 249–294. https://doi.org/10.3102%2F00346543063003249

Robin Junker, Manuel Oellers, Sabrina Konjer, Till Rauterberg, Verena Zucker, Nicola Meschede & Manfred Holodynski

Das Meta-Videoportal unterrichtsvideos.net für die Lehrkräftebildung

1   Einführung

Ein vielfältiges Angebot an Lehrmaterialien steht für die Qualifizierung von Lehrkräften in der Aus- und Fortbildung zur Verfügung. Dazu gehören Materialien, die sich mit fachspezifischen Fragen, einzelnen Lehrmaßnahmen, ganzen Unterrichtsreihen eines Faches oder übergreifenden Unterrichtsmethoden auseinandersetzen. Diese Lehrmaterialien liegen in verschiedenen Medientypen vor und lassen sich daher auf unterschiedliche Weisen dokumentieren. In der Regel sind es Texte, die mehr oder minder graphisch aufbereitet sind, aber mit steigender Tendenz auch animierte Erklärvideos. Solche Lehrmaterialien werden zunehmend in webbasierten Repositorien aufbereitet. Dies ermöglicht die Suche nach geeigneten Lehrmaterialien, in dem Kontext *Ressourcen* genannt, und bei frei zugänglichen Repositorien auch den unmittelbaren Abruf für den Gebrauch in Nachnutzungskontexten. Freie Ressourcen werden dabei als *Open Educational Ressources* (OER) bezeichnet. Für OER existieren mittlerweile auch eine Reihe von Portalen wie exemplarisch ORCA.nrw, ZOERR, twillo, digiLL und OpenRUB.

Auch Unterrichtsvideos gehören in Bezug auf die Lehrkräftebildung zu den Lehrmaterialien. Sie haben einen besonderen methodischen und inhaltlichen Nutzen, unterliegen aber auch speziellen rechtlichen Bedingungen, die bei der Produktion und Nachnutzung zu beachten sind (Arya et al., 2016; Gaudin & Chaliès, 2015; Hatch et al., 2016).

Videoaufnahmen von (authentischem) Unterricht, sei es in Form ganzer Unterrichtsstunden oder ausgewählter Unterrichtsclips, haben ein Alleinstellungsmerkmal bezüglich der Verbindung von propositionalem Wissen über Unterricht und der Unterrichtspraxis. Sie dokumentieren Unterricht in seiner Vielschichtigkeit und Authentizität wie kein anderes Medium. Sie können an jeder beliebigen Stelle gestoppt, wiederholt abgespielt und von verschiedenen Akteuren zeitgleich analysiert werden. Das erlaubt eine einzigartige Tiefe und Breite der Unterrichtsanalyse. Daher lassen sich Unterrichtsvideos in herausgehobener Weise für die Situierung von wissenschaftlich gesammeltem Professionswissen über Unterrichtsprozesse in der Lehrkräftebildung verwenden. Sie erlauben

1. eine praktische Illustration von ausgewählten Unterrichtsprozessen,
2. eine situierte Vermittlung ausgewählter Unterrichtskonzepte und Lehrstrategien und,

3. systematisch eingesetzt, die Vermittlung einer professionellen Wahrnehmung lernrelevanter Unterrichtsereignisse als Voraussetzung für ein professionelles Unterrichtshandeln.

Unterrichtsvideos (mit entsprechenden Begleitmaterialien) dienen als zentrales Medium zur Förderung der professionellen Wahrnehmung von Unterricht und werden in der Lehrkräftebildung immer häufiger verwendet (Czerwenka & Nölle, 2011; Steffensky & Kleinknecht, 2016).

Unterrichtsvideos können in allen Ausbildungsphasen, zu allen Unterrichtsfächern und -themen sowie zu fast allen Unterrichtsprozessen eingesetzt werden. Dazu gehören beispielsweise übergreifende Dimensionen wie Klassenführung, kognitive Aktivierung, konstruktive Unterstützung (Kunter & Voss, 2011; Lipowsky & Bleck, 2019), Unterrichtsmethoden wie das kooperative und das selbstregulierte Lernen sowie fachspezifische Inhalte wie Bruchrechnung, Rechtschreibung, Auftrieb von Körpern im Wasser (Gaudin & Chaliès, 2015).

Hinsichtlich rechtlicher Vorschriften ist festzustellen, dass nur eine sehr geringe Anzahl an Unterrichtsvideos ohne Beschränkungen zugänglich sind. Diese sind zudem in der Regel veraltet und angesichts des heutigen Stands der Technik von minderer Bild- und Tonqualität (z. B. die Videos der TIMSS-Studie aus den 1990er Jahren).

Dieser Ausgangslage ist es geschuldet, dass über herkömmliche Repositorien kaum Unterrichtsvideos dokumentiert werden. Fast alle neueren Unterrichtsvideos sind im Rahmen der *Qualitätsoffensive Lehrerbildung* aufgenommen, aufbereitet und auf den neu entstandenen Videoportalen für die Lehrkräftebildung zur Verfügung gestellt worden. Die Nutzung dieser Videos erfordert eine besondere Registrierung, um Lehrende wie Lernende entsprechend ihrer Berechtigung für einen Zugriff zu autorisieren. Insbesondere bei authentischen Unterrichtsvideos dient dies der Wahrung der Persönlichkeitsrechte der videographierten Lehrkräfte sowie Schülerinnen und Schüler, welche eine freie Zugänglichkeit für die allgemeine Öffentlichkeit ausschließt und einen kontrollierten Zugang zu bildungsbezogenen Nutzungszwecken erforderlich werden lässt. Für dieses Ziel sind die in den Beiträgen dieses Sammelbands beschriebenen Videoportale für die Lehrkräftebildung ausgerichtet.

Das Meta-Videoportal *unterrichtsvideos.net* bündelt nun den Zugang zu diesen verschiedenen Videoportalen über eine gemeinsame Suchplattform für Unterrichtsvideos für die Lehrkräftebildung. In den folgenden Abschnitten wird das Meta-Videoportal-Projekt erläutert. Dazu werden in Abschnitt 2 Angaben zur bisherigen Verfügbarkeit von Unterrichtsvideos gemacht, in Abschnitt 3 das Meta-Videoportal in seinen Nutzungsmöglichkeiten vorgestellt und in Abschnitt 4 werden Rückblicke und Ausblicke auf den hochschulübergreifenden Arbeitsprozess gegeben.

2 Bestandsaufnahme: Verfügbarkeit von Unterrichtsvideos

Bis vor ein paar Jahren beschränkte sich das Spektrum an verfügbaren deutschsprachigen Unterrichtsvideos noch auf einige wenige Quellen wie die Hannoveraner Unterrichtsbilder (hanub.de), das Schweizer Portal unterrichtsvideos.ch, die TIMSS-Videos (www.timssvideo.com/the-study), das Portal ViU: Early Science der WWU Münster (www.uni-muenster.de/Koviu), das Fallarchiv der Universität Kassel (www.fallarchiv.uni-kassel.de/fallarchiv/videoarchiv), die Unterrichtsmitschau der LMU München (mitschau.edu.lmu.de).

Im Rahmen der *Qualitätsoffensive Lehrerbildung* konnte die Anzahl der verfügbaren Unterrichtsvideos unter anderem an den in diesem Sammelband vertretenen Standorten erheblich erweitert und für Lehrende der jeweiligen Hochschulen und auch für externe Nutzerinnen und Nutzer zugänglich gemacht werden. Aufgrund des videotechnischen Fortschritts konnten diese Unterrichtsvideos in deutlich besserer Qualität als in den Jahren zuvor produziert werden, allerdings auch unter den aufwändigeren rechtlichen Rahmenbedingungen (wie beispielsweise die EU-Datenschutzgrundverordnung). Damit stieg die lokal verfügbare Vielfalt des Videoangebotes an den jeweiligen Standorten, was sehr zu begrüßen ist angesichts des Bedarfs an Videos zu spezifischen Schulformen, Jahrgangsstufen, Fächern und sogar Themen, mit denen die (angehenden) Lehrkräfte in ihrer professionellen Unterrichtswahrnehmung qualifiziert werden sollen.

Die produzierten Unterrichtsvideos in den neuen Portalen wurden jedoch größtenteils nur eingeschränkten Nutzerkreisen zugänglich gemacht. Sie benötigten zudem eine aufwändige Registrierung und Autorisationsprüfung, bevor sie einzelne Videos sichten konnten, um die Passung für Lehrzwecke überhaupt einschätzen können. Das führte zu folgenden Nutzungshindernissen:

1. Das existierende Angebot auf den einzelnen Videoportalen war für die Nutzerinnen und Nutzer nicht transparent, denn sie mussten separat auf jedem Videoportal nach geeigneten Unterrichtsvideos suchen.
2. Die Notwendigkeit, sich für jedes Videoportal separat registrieren zu müssen, reduzierte ebenfalls die Nutzerfreundlichkeit (Usability) der Angebote. Dass dies die Nutzung erheblich behinderte, konnte anhand einer eigenen hochschulübergreifenden Usability-Studie mit einer gemischten Stichprobe an Akteurinnen und Akteuren der Lehrkräftebildung festgestellt werden.
3. Die Mehrfachregistrierungen führten insgesamt zu einem vielfachen Personalaufwand für die Registrierungen. Dieser Mehrfachaufwand ist angesichts der sehr ähnlichen Registrierungs- und Autorisierungsprozeduren sowie Nutzungsbedingungen der Videoportale prinzipiell vermeidbar.

3 Ein Meta-Videoportal für die Lehrkräftebildung

Das hier vorgestellte Meta-Videoportal *unterrichtsvideos.net* ermöglicht die frei zugängliche, übergreifende Suche von Unterrichtsvideos in den bestehenden Videoportalen für die Lehrkräftebildung. Dies soll für Lehrende aller Phasen der Lehrkräftebildung sicherstellen, dass sie schnell und unkompliziert Unterrichtsvideos finden können, die sie für ihre Lehrzwecke bzgl. Jahrgangsstufe, Schulform, Fach und Analyseschwerpunkte benötigen. Das Meta-Videoportal ist dabei als eine Suchmaschine konzipiert. Es indexiert die Metadaten der Unterrichtsvideos der angeschlossenen Videoportale und bietet eine differenzierte Suchmaske (Abbildung 1), mit der die Nutzerinnen und Nutzer anhand der Indexierung nach geeigneten Unterrichtsvideos suchen können. Eine solche übergreifende Videosuche verbessert die Auffindbarkeit und Transparenz der Videoinhalte der einzelnen Portale erheblich.

Abbildung 1: Das Meta-Videoportal *unterrichtsvideos.net*

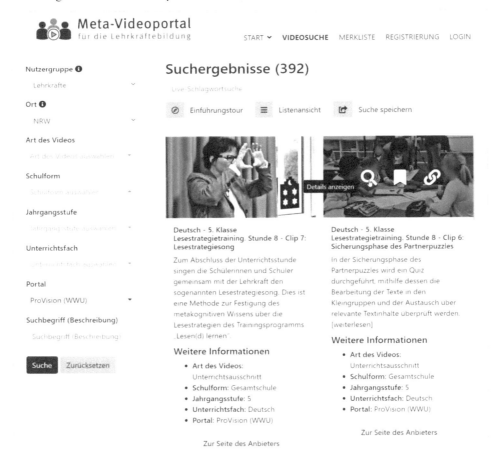

Mit Stand November 2021 können z. B. Hochschullehrende für ihre Lehrzwecke geeignete Unterrichtsvideos nebst Begleitmaterialien aus 1796 Unterrichtsvideos zu 23 Unterrichtsfächern aller Schulformen und Jahrgangsstufen suchen und auswählen, davon 40 Unterrichtsreihen, 855 Unterrichtsstunden, 700 Unterrichtsausschnitte sowie 86 inszenierte Unterrichtsausschnitte (*staged videos*) und 88 Interviews. An das Meta-Videoportal waren zu diesem Zeitpunkt elf Videoportale angeschlossen: Clipss (Universität Duisburg-Essen), FOCUS (FU Berlin), LeHet (Uni Augsburg), ProVision (WWU Münster), QUA-LiS NRW, SUSI (LU Hannover), Toolbox Lehrerbildung (TU München), UnterrichtOnline.org (LMU München), VIGOR (GU Frankfurt), ViLLA (Uni zu Köln) und ViU: Early Science (WWU Münster).

Die beteiligten Akteurinnen und Akteure der Videoportale haben vereinbart, bis zum Ende des BMBF-Projekts *Qualitätsoffensive Lehrerbildung* Ende 2023 die folgenden Ziele zu erreichen:

1. **Unterrichtsvideos dokumentieren.** Die beteiligten Videoportale stellen zu ihren Unterrichtsvideos aussagekräftige Metadaten zur portalübergreifenden Suche nach geeigneten Unterrichtsvideos und den zugehörigen Begleitmaterialien für alle Akteure der Lehrerbildung zur Verfügung. Diese Metadaten werden durch das Meta-Videoportal gesammelt. Dieses Ziel ist bereits realisiert.
2. **Zentrale Suchmaschine für Unterrichtsvideos zur Verfügung stellen.** Mit dem Meta-Videoportal *unterrichtsvideos.net* gibt es für die Akteurinnen und Akteure der Lehrkräftebildung eine zentrale Suchmaschine zum Sichten und Auffinden der dokumentierten Unterrichtsvideos der beteiligten Videoportale. Dieses Ziel ist ebenfalls bereits realisiert.
3. **Gemeinsames Registrierungs- und Autorisierungsverfahren bereitstellen.** Dazu wird ein gemeinsamer Dienst aufgesetzt, der die technischen Funktionalitäten eines Identitätsanbieter (Identity-Provider) sowie einer Attributsautorität (Attribute-Authority) zur Authentifizierung und Autorisation von Nutzerinnen und Nutzern bereitstellt. Dabei bleiben rechtlich auferlegte Zulassungsbeschränkungen der Videoportale zu einzelnen Videos sowie die Souveränität der spezifischen Videoportale bestehen.
4. **Zentrale Registrierungsstelle für die Nutzung der Unterrichtsvideos einrichten.** Die Registrierung und die Autorisierung der gemeinsamen Nutzerinnen und Nutzer der Videoportale wird über eine gemeinsame Registrierungs- und Autorisierungsstelle etabliert. Das steigert die Effizienz der Videoportalregistrierungen und -autorisierungen erheblich, da der unnötige Mehraufwand entfällt, dass jedes Videoportal eine eigene Registrierungs- und Autorisierungsprozedur durchführt mit den dazugehörigen Kosten und Mühen sowohl in der Implementation und Wartung als auch für die Nutzenden. Die zentrale Registrierung erlaubt die Sichtung der gefundenen Videos auf den angeschlossenen Videoportalen, was die Auswahl geeigneter Videos zur Nachnutzung sehr vereinfacht.
5. **Registrierungsstelle verstetigen.** Die Betreuung des Meta-Videoportals sowie des zentralen Registrierungs- und Autorisierungsorgans ist als längerfristige

Struktur geplant. Es soll als Hauptanlaufstelle für die Suche nach Unterrichtsvideos für Lehrzwecke in allen Phasen der Lehrkräftebildung dienen und damit auch eine stärkere Theorie-Praxis-Integration für (angehende) Lehrkräften ermöglichen. Damit soll die Struktur auch für eine verstetigte Bündelung der bisherigen Unterrichtsvideoportale sorgen. Daher ist angestrebt, eine solche Nutzerverwaltung über die Laufzeit der *Qualitätsoffensive Lehrerbildung* hinaus zu gewährleisten.

6. **Weitere Videoportale in das Meta-Videoportal integrieren.** Neu entstehende Videoportale mit Unterrichtsvideos können in die Suchmaschine des Meta-Videooportals jederzeit integriert werden. Dazu ist es erforderlich, mit den Betreibenden des Videoportals eine Vereinbarung zum Austausch von Metadaten zu diesen Unterrichtsvideos und eine Vereinbarung über gemeinsame Nutzungsbedingungen und eine gemeinsame Nutzerregistrierung zu treffen. Dazu laufen kontinuierlich Gespräche mit weiteren Hochschulen.

3.1 Konzeption und Abgrenzung zu bestehenden Internetplattformen

Das Meta-Videoportal für die Lehrkräftebildung ist durch sein einzigartiges Leistungsspektrum zu bereits bestehenden digitalen Angeboten (z. B. einzelnen Videodatenbanken oder digitalen Repositorien für die Lehrkräftebildung) abgrenzbar. Es fungiert durch die systematische Bereitstellung öffentlich einsehbarer Video-Metadaten als zentrale Anlaufstelle für alle Akteurinnen und Akteure der Lehrkräftebildung, denn auf dem Meta-Videoportal sind die wesentlichen Informationen aller angeschlossenen Videoportale gebündelt. Außerdem ist ein Überblick über vorhandenes Videomaterial bereits vor der Registrierung möglich, wodurch eine Nachnutzung angeregt werden kann.

Die Dokumentationsplattform *Forschungsdatenzentrum Bildung (DIPF)* stellt in Abgrenzung zum Meta-Videoportal auf Antrag audiovisuelle Daten (z. B. Videoaufzeichnungen von Unterrichtsbeobachtungen) sowie textuelle Forschungsdaten (z. B. Transkripte von beobachteten Unterrichtsstunden oder geführten Interviews) aus Forschungsprojekten von 1970 bis heute bereit. Im Gegensatz zum Meta-Videoportal sind jedoch Forschende die Zielgruppe und nicht weiterführende Akteurinnen und Akteure der Lehrkräftebildung, wie beispielsweise Hochschullehrende oder Seminarleitungen im Zuge von Lehr- und Ausbildungstätigkeiten. Daher liegen im Forschungsdatenzentrum Bildung nur für Forschungszwecke entsprechende Nutzungsgenehmigungen vor. Zudem sind auch die Weboberfläche sowie die Materialien so gestaltet, dass vor allem Forschende diese nutzen können.

Auch grenzt sich das Meta-Videoportal inhaltlich von anderen OER-Repositorien ab. Denn obwohl neben vielen anderen Medientypen wie Arbeitsblättern, Präsentationen oder Schulbüchern dort auch Videos bereitstehen, handelt es sich hierbei um im Unterricht einsetzbare Präsentationen, Erklärvideos oder Animationen und nicht um (authentische) Unterrichtsvideos zur Kompetenzförderung im Bereich der Lehrkräftebildung. Des Weiteren verstehen sich OER-Repositorien als Marktplätze für Materialien mit Fokus auf die unmittelbare Nutzbarkeit der frei zur Verfügung gestellten Materialien in der Lehre oder zum selbstständigen Lernen, wohingegen das Meta-Videoportal Materialien (konkret insbesondere Videos und Begleitmaterialien) für die erste, zweite und dritte Phase der Lehrkräftebildung bereitstellt und diese von, zumeist geschlossenen, Quellanbietern zur übergreifenden öffentlichen Suche indexiert.

3.2 Funktionsumfang des Meta-Videoportals

Die technische Architektur des Meta-Videoportals besteht aus mehreren Komponenten, die einzelne Funktionalitäten realisieren.

Dokumentation der Unterrichtsvideos. Zur Dokumentation der Videos und für die Bereitstellung einer zentralen Suchmaschine wurde ein sogenannter Harvester implementiert. Dieser kollektiert Metadatensätze der angeschlossenen Videoportale, welche die relevanten Informationen zum Video enthalten, und hält sie in einem Suchindex vor. Die Grundlage dafür bildet ein entwickeltes Metadatenschema zur strukturierten, maschinenlesbaren Bereitstellung relevanter Informationen über das jeweilige Unterrichtsvideo als Metadaten. Das Metadatenschema wurde in Anlehnung an bestehende Systematisierungen in der Bildungslandschaft ausgearbeitet. Die von den Videoportalen dezentral gepflegten Metadaten werden automatisiert in den Suchindex des Meta-Videoportals eingepflegt und über dessen Such- und Filterfunktionen an zentraler Stelle öffentlich einsehbar. Der Harvester sammelt in periodischen Abständen diese Metadaten ein, so dass die Suche im Meta-Videoportal immer auf den neuesten Stand der eingestellten Unterrichtsvideos zurückgreift.

Standardisierte Suche. Mit der Suchmaschine lassen sich die eingesammelten Videoinformationen anhand von Filtern absuchen und erschließen. Um einen systematischen Zugriff zu ermöglichen, wurden anhand der geschlossenen Vokabulare des Metadatensatzes verschiedene Such- und Filteroptionen erstellt, so dass Videos nach folgenden Kriterien gefiltert werden können:

- Unterrichtsfach
- Schulform
- Jahrgangsstufe und/oder
- Art des Videos (Unterrichtsreihe, -stunde oder -ausschnitt)
- angeschlossenes Videoportal

Freitext- und Schlagwortsuche. Zur Erhöhung der Auffindbarkeit wurden dabei verschiedene Suchansätze, wie beispielsweise eine Freitext- sowie Schlagwortsuche, berücksichtigt. Mit diesen Funktionen lassen sich Suchen individualisieren und Unterrichtsausschnitte zu folgenden Facetten von Unterricht finden, die anhand der Videos veranschaulicht und analysiert werden können:

- *Dimensionen der Unterrichtsqualität* wie z. B. zur kognitiven Aktivierung, (sprachsensibler) Lernunterstützung, Klassenführung, gleichberechtigte Teilhabe

von Kindern mit Beeinträchtigungen, inklusiver Unterricht, selbstreguliertes und kooperatives Lernen, Anfangsunterricht
- *Unterrichtsaktivitäten* wie z. B. Unterrichtsgespräch, Stationenarbeit, Wochenplanarbeit, Gruppenpuzzle
- *Unterrichtsphasen* wie Einführung, Erarbeitung, Üben, Wiederholung
- *Kameraperspektiven* wie z. B. Schüler-Lehrer-Perspektive, Klassenperspektive der ganzen Klasse, Gruppenperspektive von Gruppenarbeitsphasen

Eine Suche kann gespeichert und zu einem späteren Zeitpunkt erneut aufgerufen werden. Videos können in Merklisten als Kollektionen gespeichert werden. Auf diese Weise werden Hinweise zur spezifischen Verwendung in der Nachnutzung bereitgestellt. Zu den Unterrichtsvideos liegen in der Regel auch Begleitmaterialien wie z. B. Unterrichtsverlaufsplan, Verlaufsprotokoll, Transkript, Lehr- und Schülermaterialien vor. Die Materialien geben Kontextinformationen, die das Verständnis des videographierten Unterrichts unterstützen und zur Unterrichtsanalyse herangezogen werden können.

3.3 Zentrale Registrierung und Autorisierung

Eine weitere elementare Komponente des Meta-Videoportals ist die zentrale Registrierung für Nutzerinnen und Nutzer. Sie erlaubt Personen, sich einmal zentral zu registrieren und damit die Unterrichtsvideos auf den angeschlossenen Videoportalen direkt abrufen zu können. Zuvor war dies lediglich über eine Einzelregistrierung bei jedem einzelnen Videoportal möglich. Die zentrale Registrierung ermöglicht auch die vereinfachte Registrierung von Kursen und deren Teilnehmerinnen und Teilnehmern zur Unterstützung der videobasierten Lehre. Hierzu beantragt die Kursleitung den Kurs, die Teilnehmenden schreiben sich ein und die Kursleitung bestätigt die Teilnahme im Kurs.

Den technischen Kern dafür bildet ein Vertrauensnetzwerk von Inhaltsanbietern (Service-Provider), um die Unterrichtsvideos für die Zielgruppen zugänglich zu machen. Dabei basiert das Vertrauen auf ausgetauschten Autorisationsinformationen, die so den Abruf zugriffsbeschränkter Ressourcen ermöglichen. Bestandteil des Netzwerkes sind darüber hinaus verschiedene Identitätsanbieter (Identity-Provider) zur Nutzung eines institutions- und dienstübergreifenden Single-Sign-On (SSO) Verfahrens sowie eine entwickelte Attributsautorität (Attribute-Authority) als Schnittstelle zum Austausch der genannten Autorisierungsinformationen mit den angeschlossenen Videoportalen.

Diese technische Infrastruktur ermöglicht eine vereinfachte Registrierung und Autorisierung und trägt dabei dem bestehenden dezentralen System der angeschlossenen Videoportale Rechnung. Verantwortlichkeiten werden auf verschiedene Standorte (z. B. Hochschulen) verteilt, die jeweils verschiedene autonome Dienste anbieten, wie beispielsweise Identity-Provider und Service-Provider. Um den Anschluss weiterer Videoportale und eine Standardisierung des gemeinsamen Informationsaustausches zu gewährleisten, werden diese Dienste in einer Authentifikations- und Autorisierungsinfrastruktur des DFN föderiert gebündelt (DFN-AAI). Zugleich sind diese Dienste durch Verwendung einheitlicher technischer Standards wie dem Shibboleth- und SAML-Verfahren zueinander interoperabel. Durch eine solche Konzeption lässt sich ein einfaches Single-Sign-On (SSO) Verfahren realisieren, das den Nutzerinnen und Nutzern eine komfortable Verwendung der Dienste ermöglicht, denn diese müssen sich beispielsweise weder neue Kennungen noch Passwörter merken, sondern können an allen Diensten ein bekanntes und etabliertes Anmeldeverfahren mit ihrem eigenen Konto ihrer Institution verwenden.

Um Autorisierungen beim Zugriff auf die geschützten Ressourcen (insbesondere die Unterrichtsvideos) vornehmen zu können, werden in diesem Verfahren bestimmte Zusicherungen von den Institutionen als Attribute übertragen. Ein solches Attribut kann beispielsweise eine Zusicherung zur Art der Zugehörigkeit zur Institution (z. B. Studierende einer bestimmten Universität) darstellen. Das Meta-Videoportal stellt für diese Autorisierungen an den Videoportalen eine eigenständige Autorisationsinfrastruktur in Form einer Attribute-Authority zur Verfügung. Diese übermittelt vergleichbare Zusicherungen über Nutzerinnen und Nutzer als Attribute an die vertraglich zusammengeschlossenen Videoportale beim Login in verschlüsselter Form, so dass ein unkomplizierter Zugriff auf geschützte Inhalte an den verschiedenen kooperierenden Service-Providern ermöglicht wird. Um diese Zusicherungen grundsätzlich generieren zu können, ist vorab eine einmalige zentrale Registrierung der Nutzerinnen und Nutzer sowie ein damit verbundener Prüfprozess notwendig. Hierdurch wird die Möglichkeit geschaffen, dass sie sich ohne weitere Hürden zwischen den Videoportalen bewegen können und unmittelbaren Zugriff auf alle Ressourcen erhalten, für die sie berechtigt sind.

Um weiteren Zielgruppen des Meta-Videoportales einen Zugriff auf die Angebote ermöglichen zu können, stellt das Meta-Videoportal zudem einen eigenen Identity-Provider als Dienst zur Verfügung. So wird auch für Personen weiterer Zielgruppen des Meta-Videoportals (z. B. Seminarleitungen der Studienseminare, Fortbildnerinnen und Fortbildner, Lehrkräften), die unter Umständen bislang auf keinen kompatiblen Identitätsdienst zurückgreifen können oder dieser noch nicht föderiert ist, ein vereinfachter Zugriff ermöglicht. Diese Personen erhalten bei der Registrierung eine SSO-fähige Kennung, mit welcher sie sich fortan bei den jeweiligen Diensten anmelden können. Um zukünftig das Verfahren für weitere Institutionen zu vereinfachen, wird derzeit der Anschluss an das Projekt VIDIS.schule als Baustein einer in der Entstehung befindlichen föderalen Infrastruktur der Länder und Schulen geprüft.

3.4 Berücksichtigung von Datenschutzbestimmungen

Beim Betreiben des Meta-Videoportals werden an zwei Stellen datenschutzrelevante Bestimmungen wirksam. Zum einen werden die Daten der Lehrkräfte sowie der Schülerinnen und Schüler, die in den bereitgestellten Unterrichtsvideos zu sehen sind, geschützt. Hierfür wurden Einverständnisse der Schülerinnen und Schüler bzw. deren Sorgeberechtigten bei unter 18-Jährigen, der Lehrkräfte, der Schulleitungen sowie der jeweiligen Ministerien zur Aufnahme und Veröffentlichung eingeholt. Gleichzeitig wird durch die jeweiligen Prüf- und Autorisierungsverfahren sowie durch die Nutzungsbedingungen der

Videoportale gewährleistet, dass keine audiovisuellen Informationen über die Aufzeichnungen an Dritte gelangen.

Zum anderen sind durch eine zentrale Registrierungsstelle die Speicherung personenbezogener Nutzerdaten sowie ein Austausch von Autorisierungsinformationen (z. B. pseudonyme Kennung, Nutzergruppe, Institutionsangehörigkeit, Bundesland der Tätigkeitsstätte) zwischen den Videoportalen (Service-Providern), der zentralen Autorisierungsstelle und den identitätsgebenden Institutionen (z. B. Hochschulen) nötig. Dieser Austausch ist notwendig, da nur so gewährleistet werden kann, dass die Videos mit teilweise lokalen Nutzungsbeschränken auch nur von Personen genutzt werden können, die dazu berechtigt sind. Hier wird der Datenschutz durch eine DSGVO-konforme Gestaltung individueller Einwilligungen zum Austausch der Daten Rechnung getragen. Das Registrierungsverfahren ist insgesamt datensparsamer, da keine separaten Registrierungen an den einzelnen Videoportalen inklusive der Erhebung von Nachweisen mehr erforderlich sind. Die Nutzung einer zentralen Registrierungsstelle wird zudem durch entsprechende Kooperationsvereinbarungen und Datenschutzerklärungen zwischen den Videoportalbetreibern abgesichert.

3.5 Anwendungsbeispiel

Rollensuche. Die Suche des Meta-Videoportals erfolgt primär nutzergruppenbasiert. Nutzerinnen und Nutzer wählen dazu eine Nutzergruppe und einen Standort und definieren darüber, in welcher Rolle sie das Portal durchsuchen möchten (Abbildung 2).

Die Gründe für das rollenbasierte Suchkonzept sind Nutzungsbeschränkungen für bestimmte Nutzergruppen oder auch standortbezogen für Bundesländer oder Universitäten. Darüber hinaus werden durch diese Umsetzung verschiedene weitere Nutzungsszenarien des Portals realisiert. So sind Personen bestimmter Nutzergruppen daran interessiert, welche Videos in der Lehre für eigene Kurse eingesetzt werden können, was den Perspektivwechsel der Suche in der Rolle der Teilnehmerinnen und Teilnehmer des Kurses (beispielsweise Lehramtsstudierende) erfordert.

Abbildung 2:   Rollenauswahl auf dem Meta-Videoportal unterrichtsvideos.net

Filter. Um sich in der Vielfalt des portalübergreifenden Angebots orientieren zu können, werden verschiedene Suchfilter wie das Unterrichtsfach (Abbildung 3), die Jahrgangsstufe, die Schulform, die Art des Videos (z. B. zur Differenzierung authentischer und inszenierter Videos) oder das Videoportal als Quelle bereitgestellt.

Abbildung 3: Filter „Unterrichtsfach"   Abbildung 4: Live-Schlagwortsuche

Live-Schlagwortsuche. In den Suchergebnissen kann anschließend anhand eigenständig gewählter Schlagworte weitergesucht werden, um den Fundus weiter zu erschließen (Abbildung 4). So können beispielsweise bestimmte Begriffe passend zu Analyseschwerpunkten oder Unterrichtsthemen eine weitere Möglichkeit darstellen, um die eigene Suche zu systematisieren. Die hier dargestellte Autovervollständigungsfunktion gibt eine unmittelbare Rückmeldung, ob zu den gewählten Begriffen potenziell Ergebnisse im Fundus vorliegen.

Umfangreichere Detailinformationen zu den einzelnen Suchergebnissen bestehen aus den reichhaltigen Metadaten, die vom jeweiligen Videoportal übermittelt werden (Abbildung 5). So sind beispielsweise enthaltene Unterrichtsphasen, zu beobachtende Unterrichtsaktivitäten, ein speziell empfohlener Analysefokus, die Videoauflösung oder -dauer Bestandteile des Metadatenschemas. Darüber hinaus werden, sofern verfügbar, auch weitere Informationen dargestellt, beispielsweise die Videoauflösung als Indikator der Bildqualität sowie zur Videolänge als Abschätzung des benötigten Zeitaufwands.

Abbildung 5: Detailinformationen

4 Rückschau und Ausblick

Die Idee für ein Meta-Videoportal ist bereits zu Beginn der ersten Förderphase der *Qualitätsoffensive Lehrerbildung* im Rahmen des Programm-Workshops zum *Einsatz von Videos in der Lehrerbildung* am 16./17.6.2016 geäußert worden. Schon damals war absehbar, dass es für die entstehenden Videoportale für die Lehrkräftebildung einen übergeordneten Suchrahmen geben muss, um den Nutzenden einen übersichtlichen Überblick und Zugang zum neu entstehenden Fundus von Unterrichtsvideos zu ermöglichen.

Der Startschuss für das Meta-Videoportal fand dann auf der QLB-Netzwerktagung *Profilierung – Vernetzung – Verbindung: Kooperationen in der Lehrerausbildung* am 11./12.10.2017 (Bonn) statt. Dort wurde von den Teilprojektverantwortlichen Manfred Holodynski, Robin Junker, Till Rauterberg (WWU Münster) das Forum *Videografie und Online-Video-Angebote in der Lehrerbildung* organisiert. Auf dem Forum präsentierten führende Arbeitsgruppen in der Etablierung von videobasierten Lehrkonzepten und Videoportalen (die Hochschulstandorte Uni zu Köln, LMU München, GU Frankfurt und WWU Münster) ihre bisherigen Ergebnisse zu dieser Thematik. Dabei wurde der Grundstein zur Etablierung einer bundesweiten Kooperation zum Aufbau eines Meta-Videoportals für die Lehrkräftebildung gelegt. Die Universität Duisburg-Essen, die FU Berlin und weitere Hochschulen stießen daraufhin zur Initiative hinzu.

Es folgten zehn weitere Kooperationstreffen, bis das Meta-Videoportal *unterrichtsvideos.net* eingerichtet, programmiert und mithilfe einer übergreifenden Usability-Studie (mit 29 Teilnehmenden aus allen Phasen der Lehrkräftebildung) erfolgreich evaluiert worden war.

Ein weiterer Entwicklungsschritt bestand in der gemeinsamen Ausarbeitung eines hochschulübergreifenden Schlagwortkatalogs sowie eines Metadatenstandards, um für Nutzende des Metaportals eine effektive Videoauswahl und Suche zu ermöglichen. Zudem wurde ein zentraler Harvester programmiert, der über die automatisierte Auswertung von standardisierten XML-Feeds auf der Grundlage des Metadatenstandards neue Inhalte aus den Videoportalangeboten der beteiligten Universitäten für den Suchfilter des Metaportals zugänglich macht.

Im Dezember 2019 waren bereits 829 Unterrichtsvideos aus einer großen Vielzahl an Unterrichtsfächern und Schulstufen gelistet und für die Suche erschlossen, im November 2021 waren es bereits 1796 Unterrichtsvideos.

Das Meta-Videoportal wurde bei der digitalen Eröffnungsveranstaltung, die durch die WWU Münster ausgerichtet wurde, am 11./12.03.2021 für die Öffentlichkeit freigeschaltet. Die Veranstaltung wurde von ca. 600 interessierten Akteurinnen und Akteuren der Lehrkräfteaus-, -fort-, und -weiterbildung besucht.

Auch nach der Eröffnung expandiert das Meta-Videoportal und weitere Standorte wurden bereits angeschlossen. Darüber hinaus ist unter anderem der Anschluss folgender Angebote geplant: Fallarchiv Hilde (Uni Hildesheim), Fall-Laboratorium (Uni Tübingen) sowie Online-Fallarchiv (Uni Kassel).

Das Meta-Videoportal dient nunmehr als zentrale Anlaufstelle für die Suche von Unterrichtsvideos und als Archiv für Videoportale, deren operative Betreuung nicht weiter umgesetzt werden kann. Gleichzeitig stehen weitere Aufgaben an: die Betreuung und Problemlösung bei der Verwendung, die Beratung der Videoportale, die technische Pflege bzgl. der technischen Infrastruktur, die redaktionelle Pflege bzgl. des Internetauftritts, die Implementation weiterer Nutzungsfunktionen wie eine Hierarchisierung der Videos, eine individualisierte Umgebung als Lehr-/Lernplattform, das Vernetzen der Videos untereinander, eine manuelle Anreicherung der Metadaten für eine noch differenziertere Suche und weitere Funktionen. So kann das Meta-Videoportal *unterrichtsvideos.net* schlussendlich das Lernen und die Lehre mit Unterrichtvideos unterstützen und auf diesem Wege einen wichtigen Beitrag zur Lehrkräfteaus-, -weiter- und -fortbildung, der Digitalisierung derselbigen und auch zur Verknüpfung von Theorie und Praxis leisten.

Literatur

Arya, P., Christ, T. & Chiu, M. M. (2016). Video use in teacher education: a survey of teacher-educators' practices across disciplines. *Journal of Computing in Higher Education, 28* (2), 261–300. https://doi.org/10.1007/s12528-016-9116-y

Barth, V. L. (2017). *Professionelle Wahrnehmung von Störungen im Unterricht.* Springer VS. https://doi.org/10.1007/978-3-658-16371-6

Czerwenka, K. & Nölle, K. (2011). Forschung zur ersten Phase der Lehrerbildung. In E. Terhart (Hrsg.), *Handbuch der Forschung zum Lehrerberuf*, 362–380. Waxmann.

Endsley, M. R. (1995). Toward a theory of situation awareness in dynamic systems. *Hum Factors, 37*, 32–64.

Gaudin, C. & Chaliès, S. (2015). Video viewing in teacher education and professional development: A literature review. *Educational Research Review*, *16*, 41–67. https://doi.org/10.1016/j.edurev.2015.06.001

Gold, B., Meschede, N., Fiebranz, A., Steffensky, M., Holodynski, M. & Möller, K. (2017). Professionelles Wissen über und Wahrnehmung von Klassenführung und Lernunterstützung im naturwissenschaftlichen Grundschulunterricht - Eine Zusammenhangsstudie aus generischer und naturwissenschaftsdidaktischer Perspektive. In H. Fischler & E. Sumfleth (Hrsg.), *Professionelle Kompetenz von Lehrkräften der Chemie und Physik*, 203–220. Logos.

Goodwin, C. (1994). Professional vision. *American Anthropologist*, *96*, 606–633. https://doi.org/10.1525/aa.1994.96.3.02a00100

Herzmann, P. & König, J. (2016). *Lehrerberuf und Lehrerbildung. Studientexte Bildungswissenschaften.* utb/Klinkhardt.

Hatch, T., Shuttleworth, J., Taylor Jaffee, A. & Marri, A. (2016). Videos, pairs, and peers: What connects theory and practice in teacher education? *Teaching and Teacher Education*, *59*, 274–284. https://doi.org/10.1016/j.tate.2016.04.011

Kersting, N. B., Givvin, K. B., Thompson, B. J., Santagata, R. & Stigler, J. W. (2012). Measuring usable knowledge: Teachers' analyses of mathematics classroom videos predict teaching quality and student learning. *American Educational Research Journal*, *49*, 568–589. https://doi.org/10.3102%2F0002831212437853

König, J. (2015). Kontextualisierte Erfassung von Lehrerkompetenzen. *Z. Pädagogik*, *61*, 305–383.

Kunter, M. & Voss, T. (2011). Das Modell der Unterrichtsqualität in COACTIV: Eine multikriteriale Analyse. In M. Kunter, J. Baumert, W. Blum, U. Klusmann, S. Krauss & M. Neubrand (Hrsg.), *Professionelle Kompetenz von Lehrkräften – Ergebnisse des Forschungsprogramms COACTIV*, 85–113. Waxmann.

Lipowsky, F. & Bleck, V. (2019). Was wissen wir über guten Unterricht? Ein Update. In U. Steffens & R. Messner (Hrsg.), *Unterrichtsqualität. Konzepte und Bilanzen gelingenden Lehrens und Lernens*, 219–249. Waxmann.

Roth, K. J., Garnier, H. E., Chen, C., Lemmens, M., Schwille, K. & Wickler, N. I. (2011). Videobased lesson analysis: Effective science PD for teacher and student learning. *J. Res. Sci. Teach.*, *48*, 117–148. https://doi.org/10.1002/tea.20408

Santagata, R. & Yeh, C. (2014). Learning to teach mathematics and to analyze teaching effectiveness: evidence from a video- and practice-based approach. *Journal of Mathematics Teacher Education*, *17*, 491–514. https://doi.org/10.1007/s10857-013-9263-2

Seidel, T. & Shavelson, R. J. (2007). Teaching effectiveness research in the past decade: The role of theory and research design in disentangling meta-analysis results. *Review of Educational Research*, *77*, 454–499. https://doi.org/10.3102%2F0034654307310317

Seidel, T. & Stürmer, K. (2014). Modeling and measuring the structure of professional vision in preservice teachers. *American Educational Research Journal*, *51*, 739–771. https://doi.org/10.3102%2F0002831214531321

Seiz, J., Descristan, J., Kunter, M. & Baumert, J. (2016). Differenzielle Effekte von Klassenführung und Unterstützung für Schülerinnen und Schüler mit Migrationshintergrund. *Z. Pädagog. Psychol.*, *30*, 237–249. https://doi.org/10.1024/1010-0652/a000186

Sherin, M. G. & van Es, E. A. (2009). Effects of video club participation on teachers' professional vision. *Journal of Teacher Education, 60*, 20–37. https://doi.org/10.1177%2F0022487108328155

Steffensky, M. & Kleinknecht, M., (2016). Wirkungen videobasierter Lernumgebungen auf die professionelle Kompetenz und das Handeln (angehender) Lehrpersonen. Ein Überblick zu Ergebnissen aus aktuellen (quasi-)experimentellen Studien. *Unterrichtswissenschaft, 4*, 305–321

Manfred Holodynski & Nicola Meschede

Videobasierte Lehre und Forschung in der Lehrkräftebildung – Quo vadis?

Mit der gemeinsamen *Qualitätsoffensive Lehrerbildung* (QLB, https://www.qualitaetsoffensive-lehrerbildung.de/) von Bund und Ländern hat die videobasierte Lehre und ihre Begleitforschung in Deutschland einen Innovations- und Disseminationsschub erfahren. So zeigte bereits der erste Programmworkshop im Juni 2016 zum *Einsatz von Videos in der Lehrerbildung*, dass an den meisten Universitätsstandorten mit Lehrkräftebildung videobasierte Lehrprojekte gestartet waren (https://www.qualitaetsoffensive-lehrerbildung.de/de/workshop-videos-in-der-lehrerbildung-1729.html).

Die Ziele dieser Projekte umfassten das ganze Spektrum videobasierter Lehre und ihrer Begleitforschung in der (universitären) Lehrkräftebildung: (1) den Aufbau von Videoportalen mit aufbereiteten Unterrichtsvideos für die Lehre, (2) die Konstruktion und Validierung von videobasierten Instrumenten zur Erfassung von unterrichtsbezogenen Kompetenzen insbesondere der professionellen Unterrichtswahrnehmung, (3) die Konstruktion und Evaluation von videobasierten Lehrkonzepten zur Förderung dieser unterrichtsbezogenen Kompetenzen, insbesondere der professionellen Unterrichtswahrnehmung bzgl. der relevanten Qualitätsmerkmale von Unterricht (z. B. Klassenführung, Lernunterstützung). Die Förderung der professionellen Unterrichtswahrnehmung sollte insbesondere Gegenstand der ersten Phase der Lehrkräftebildung sein. Denn sie stellt eine wesentliche Voraussetzung für ein professionelles Unterrichtshandeln dar, dessen Erwerb schließlich Gegenstand der zweiten Phase ist.

Zentrale Herausforderungen einer videobasierten Lehre und deren Begleitforschung wurden schon bei dem oben genannten Workshop klar benannt und in vier Arbeitsgruppen bearbeitet:

1. Wie lässt sich Unterricht professionell videographieren und nachbearbeiten, sodass die Bild- und Tonqualität gewährleistet, jeder Äußerung von Lehrkraft und Lernenden sowie der Arbeit in Gruppen folgen zu können?
2. Wie lassen sich Portale mit Unterrichtsvideos vor dem Hintergrund ethisch und rechtlicher Aspekte gestalten und nutzerfreundlich strukturieren?
3. Welche videobasierten Lehrkonzepte haben sich bereits als wirksam erwiesen und wie lassen sie sich nachhaltig in die (universitäre) Lehre implementieren?
4. Inwiefern lassen sich durch videobasierte Messinstrumente wesentliche Facetten der professionellen Unterrichtswahrnehmung und des Unterrichtshandelns valide und reliabel erfassen?

Fünf Jahre später haben viele QLB-Projekte der ersten Förderphase ihre Arbeiten abgeschlossen, weitere Arbeiten wurden im Rahmen der zweiten Förderphase ins Leben gerufen. Auch außerhalb der QLB sind videobasierte Lehrprojekte entstanden. Ihre Fragestellungen und Ergebnisse sind bei der digitalen Eröffnungstagung des Meta-Videoportals im März 2021 auf über 70 Postern der Fachöffentlichkeit vorgestellt und lebhaft diskutiert worden.

In diesem Beitrag wird der Versuch unternommen, diese reichhaltigen Ergebnisse zusammenzufassen und damit einen Überblick über den aktuellen Stand der videobasierten Lehre und ihrer Begleitforschung zu geben.[1] Als Ergänzung zu der Übersicht über den Aufbau von Videoportalen aus der Einführung (s. Beitrag von Holodynski et al. in diesem Band) widmet sich dieser Beitrag dabei drei weiteren Schwerpunkten: (1) den videotechnischen Innovationen, die videobasierte Lehrkonzepte praktikabler werden lassen, (2) den videobasierten Lehrinnovationen zur Förderung der professionellen Unterrichtswahrnehmung und weiterer unterrichtsbezogener Kompetenzen sowie (3) der Validierung von (videobasierten) Verfahren zur Kompetenzmessung. Anhand dieser Schwerpunkte wird im Folgenden der aktuelle Stand der videobasierten Lehre und ihrer Begleitforschung vorgestellt und mit einem Ausblick auf die weitere Entwicklung abgeschlossen.

1 Videotechnische Innovationen

Neben dem reinen Aufbau von Videoportalen sind in den Projekten der *Qualitätsoffensive Lehrerbildung* auch videotechnische Innovationen entwickelt worden, die für die Lehre vielversprechende Möglichkeiten bieten. Dazu zählen (1) die Professionalisierung der Produktion von Unterrichtsvideos, (2) der Einsatz von 360°-Kameras, (3) die Einrichtung von digitalen Klassenzimmern mit einer videobasierten Mitschauanlage an Schulen sowie (4) der Einsatz von Video-Annotationssoftware zur kollaborativen Analyse von Unterrichtsvideos.

1.1 Die Professionalisierung der Produktion von Unterrichtsvideos

So gut die Analyse von Unterrichtsvideos für die Professionalisierung der Unterrichtswahrnehmung von (angehenden) Lehrkräften ist, so sehr hängt deren Erfolg auch von geeigneten Unterrichtsvideos ab. Die Eignung bezieht sich dabei sowohl auf die Unterrichtsinhalte als auch auf die Aufnahmequalität (Junker et al., 2020; Sonnleitner et al., 2018). So lieferten Unterrichtsaufnahmen mit analogen Kameras und VHS-Videokassetten eine schlechte Bildqualität, sodass man z. B. die Mimik der Kinder kaum erkennen konnte. Erst mit der Einführung digitaler Kameras mit HD-Auflösung wurde die

---

[1] Die mit * gekennzeichneten Literaturquellen beziehen sich auf die Poster der Eröffnungstagung, die unter unterrichtsvideos.net/tagung einsehbar sind.

Bildqualität so gut, dass sich das Unterrichtsgeschehen visuell gut verfolgen ließ. Dies zeigt sich auch in den Unterrichtsvideos der einzelnen Portale.

Allerdings blieb ein weiteres videotechnisches Problem bestehen, und zwar die Audioqualität der Schülerbeiträge. Während man die Audioqualität der Lehrkraftäußerungen mit einem Ansteckfunkmikrofon einfach und gut gewährleisten kann, sind die Schülerbeiträge, wenn sie über stationäre Raummikrofone erfasst werden, z. T. nur schwer zu verstehen. Das war lange Zeit der Fall und führte dazu, dass die Hintergrundgeräusche in einer Klasse zuweilen so dominant waren, dass weit entfernte Schülerbeiträge nicht verständlich aufgezeichnet werden konnten.

Den Durchbruch zur Lösung dieser Audioprobleme hat die Technik der Einzelmikrofonierung in Verbindung mit einem Mehrspurrekorder gebracht, bei dem jede Schülerin und jeder Schüler ein Ansteckfunkmikrofon trägt und alle Schüleräußerungen auf separaten Spuren synchron zu den Kameraaufnahmen aufgezeichnet werden (Junker et al., 2020). Diese Technik ermöglicht es, in der Nachbearbeitung die Mikrofone für die jeweiligen Schüleräußerungen gezielt auszuwählen, sodass sie im Unterrichtsvideo klar gehört werden können. Dies erfordert natürlich eine aufwändige Nachbearbeitung, die aber die Qualität der Unterrichtsvideos enorm steigert.

Diese Technik bewährt sich gerade auch bei schülerzentrierten Unterrichtsaktivitäten wie Partnerarbeiten, Stationenarbeit, Gruppenpuzzle, bei denen Schülergruppen zeitgleich an einem Thema arbeiten und stationäre Mikrofone nur ein unverständliches Gesprächsgemurmel aufnähmen. Gekoppelt mit einem Mehrkamerasystem können einzelne Arbeitsgruppen gezielt aufgenommen und mit den entsprechenden Audiobeiträgen der beteiligten Schülerinnen und Schüler ausgestattet werden. Das erlaubt die präzise Analyse von Gruppenarbeitsphasen, wie gut die Schülerinnen und Schüler kollaborativ und selbständig Lernaufgaben bearbeiten, inwiefern sie über- oder unterfordert sind und welche Art von individualisierter Lernunterstützung von Seiten der Lehrkraft notwendig wäre.

Darüber hinaus ermöglicht ein solches Mehrkamerasystem mit Einzelmikrofonierung und entsprechender Nachbearbeitung die Erstellung professioneller Unterrichtsvideos mit unterschiedlichen Kameraperspektiven: (1) eine Lehrkraft-Schüler-Perspektive mit dem Fokus auf die Lehrkraft, (2) eine Klassenperspektive mit dem Fokus auf ihre Klassenführung, (3) eine Gruppen- oder Einzelarbeitsperspektive mit dem Fokus auf dem kooperativen und selbstregulierten Lernen der Aufgenommenen (*Clausen & Bormann, 2021; *Meyer et al. 2021).

1.2 Der Einsatz der 360°-Kameratechnik

Kameras filmen den Unterricht aus einer stationären oder bei Führung durch eine Kameraperson aus deren gewählter Perspektive. „Echte" Unterrichtsbeobachtende könnten aber ihre Aufmerksamkeit durch die Klasse schweifen lassen und gezielt einzelne Schülerinnen und Schüler in den Blick nehmen.

Eine solche frei gewählte Aufmerksamkeitsfokussierung ist durch eine neue Kameratechnik annähernd erreichbar, nämlich durch den Einsatz einer 360°-Kamera. Sie nimmt das ganze Raumgeschehen in einer 360°-Perspektive auf und ermöglicht es den Betrachtenden nachträglich, sich beliebig im Raum umzusehen (aber nicht umherzugehen), um einzelne Schülerinnen und Schüler oder die Lehrkraft für die Analyse gezielt in den Blick zu nehmen. Diese Technik eröffnet somit neue Möglichkeiten der Unterrichtsanalyse, die die Grenzen der Vorauswahl der Kameraperspektive zugunsten einer von den Betrachtenden gewählten Perspektive verschiebt (Balzaretti et al., 2019; Feuerstein, 2019). Allerdings können 360°-Kameras den Standort nicht wechseln, während Mehrkamerasysteme Unterricht von verschiedenen Standorten aus darstellen können.

Die Nutzung von 360°-Aufnahmen lassen den Betrachtenden die Aufnahmen authentischer und realistischer erscheinen als die üblichen statischen Aufnahmen (Rupp et al., 2016) und die eigenständige Perspektivenauswahl gibt ihnen ein stärkeres Gefühl, beteiligt und emotional betroffen zu sein (Harrington et al., 2018).

Im QLB-Projekt *QUALITEACH* der Universität Erfurt haben *Bianchy et al. (2021) Lehramtsstudierende Unterrichtsvideos zur Klassenführung und zum peergestützten Lernen analysieren lassen. In einem experimentellen Design wurden ihnen dazu entweder 360°-Videos oder 16:9-Videos zur Verfügung gestellt. Die Studierenden mit 360°-Videos berichteten bei beiden Analyseschwerpunkten ein vergleichbares Erleben von Präsenz und Involviertheit, während diejenigen mit 16:9-Videos bei der Analyse der Klassenführung ein stärkeres Erleben von Präsenz und Involviertheit berichteten als bei der Analyse des peergestützten Lernens. Der Einsatz von 360°-Videos scheint also nicht generell das Erleben von Präsenz und Involviertheit gegenüber dem Einsatz von 16:9-Videos zu erhöhen, sondern in Abhängigkeit vom Analyseschwerpunkt.

Eine wesentliche Anforderung an den Einsatz der 360°-Videotechnik für Unterrichtsaufnahmen besteht an die Audiotechnik. So sollte beim selbstgesteuerten Umschauen im 360°-Videobild auch die Tonwiedergabe synchron mitschwenken, um zum gewählten Bildausschnitt auch das in der Richtung Gesagte zu hören. Erst dann dürfte sich ein vollständigeres Präsenzerleben einstellen. Zwar wurden für diesen Zweck von diversen Herstellern bereits spezielle 360°-Mikrofone entwickelt, die allerdings direkt bei der Kamera positioniert werden müssen und so ähnlich wie stationäre Raummikrofone mit dem Problem behaftet sind, nicht nah genug an die eigentlichen Schallquellen (= die einzelnen Schülerinnen und Schüler) herangebracht werden zu können. Werden hingegen einzelne Funk-Ansteckmikrofone für die 360°-Videographie eingesetzt, setzt dies bislang noch eine aufwendige Audio-Nachbereitung voraus, um die Mikrofone nachträglich den einzelnen Schallquellen im 360°-Raum zuordnen zu können. Hier ist die Technik noch nicht ausgereift, als dass der Videoschwenk softwaretechnisch mit einer Nachjustierung der Mikrofone gekoppelt wäre – jedenfalls für erschwingliche Produkte.

360°-Videos lassen sich auch noch anders einsetzen, nämlich im Rahmen von Erklärvideos. So wurde im QLB-Projekt *LEBUS*[2] an der Universität Stuttgart diese Kameratechnik für Erklärvideos zur Bedienung komplexer Maschinen wie z. B. Fräsmaschinen verwendet und in der gewerblich-technischen Berufsbildung eingesetzt (*Hoffarth et al., 2021). Mit dieser Videotechnik lässt sich ein noch realitätsgetreueres Umgebungsbild erzeugen, durch das z. B. die komplexe Bedienung einer Maschine noch besser simuliert werden kann.

1.3 Annotationstools für die videobasierte Unterrichtsanalyse

Die Portale *FOCUS, ProVision, Toolbox Lehrerbildung, UnterrichtOnline.org* (*Meyer et al., 2021) und *ViU: Early Science* stellen zusätzlich zu den Unterrichtsvideos auch ein sogenanntes Annotationstool zur Verfügung, wenngleich dieses bislang nur für die jeweiligen Universitätsangehörigen nutzbar ist – mit Ausnahme von *UnterrichtOnline.org*. Darüber hinaus werden solche Annotationstools von den videobasierten Lehr-Lern-Laboren der Universitäten Mainz (*Baston et al., 2021), Dortmund (*Hußmann et al., 2021; *Wilkens et al., 2021), Lüneburg (*Anders et al., 2021) und Tübingen (*Franke et al., 2021) eingesetzt.

Mit Hilfe eines solchen Annotationstools lassen sich für jedes Video Zeitmarken setzen und zu jeder Zeitmarke freie Kommentare, aber auch geschlossene Codes eines Kategoriensystems einfügen, das nach eigenem Ermessen erstellt werden kann. Auf diese Weise entsteht ein Zeitstrahl des Unterrichts, auf dem die Unterrichtsanalyse zeitgenau dokumentiert ist. Je nach Annotationstool lassen sich zu einem Video Zeitfensterkodierungen („timelines") von mehreren Nutzenden – oder einem Masterrating – untereinander einfügen. Das ermöglicht einen anschaulichen optischen Vergleich der Annotationen und lässt Übereinstimmungen und Abweichungen leicht erkennen. Im Beitrag von Zucker et al. (dieser Band) zum Videoportal *ViU: Early Science* werden die Nutzungsmöglichkeiten des Annotationstools *OAT* näher beschrieben. Dieses Annotationstool ist als Open-Source-Tool programmiert[2] und kann daher von Universitäten kostenlos für die Videoanalyse implementiert werden.

1.4 Das digitale Klassenzimmer mit videobasierter Mitschauanlage

Was bislang nur an Hochschulen als videobasierte Mitschauanlage für Forschungszwecke installiert ist, wurde z. B. im QLB-Projekt *KOLEG2* der Universität Regensburg nun auch für vier Regensburger Schulen realisiert (*Dirnberger et al., 2021; www.uni-regensburg.de/forschung/ur-klassen): ein digital ausgestattetes Klassenzimmer mit einer videobasierten Mitschauanlage zur phasenübergreifenden Nutzung in der Lehrkräftebildung. Pro Schule wurde ein geräumiges Klassenzimmer nicht nur mit einem interaktiven Whiteboard, Dokumentenkamera, PCs, iPads und Notebooks für jeden Lernenden sowie WLAN-Access-Point ausgestattet, sondern auch mit fernsteuerbaren Kameras, Funkmikrofonen für die Lehrkraft und Arbeitsplätzen der Lernenden, die von einem separaten Steuer- und Beobachtungsraum gesteuert und live übertragen oder aufgezeichnet werden können (Prock & Kirchhoff, 2018).

---

[2] Weitere Informationen finden sich bei Elan e.v.: https://elan-ev.de/produkte_av_annotation_tool.php.

Eine solche Ausstattung ermöglicht nicht nur, digitale Lehr- und Lerntools im umfassenden Sinne einzusetzen, sondern den Unterricht auch professionell aufzuzeichnen und für die Videoanalyse zu nutzen. Dadurch kann nicht nur der Unterricht Dritter analysiert werden, sondern auch der eigene Unterricht und dies für die Verbesserung des eigenen Unterrichts genutzt werden. Mit einem solchen Klassenzimmer lässt sich eine videobasierte Unterrichtsreflexion in einfacher Weise auch für die zweite und dritte Phase der Lehrkräftebildung einführen, da das technische Equipment vorbereitet ist.

Insbesondere die Umstellung der angeleiteten Unterrichtsreflexion für Lehramtsanwärterinnen und Lehramtsanwärter von einem retrospektiven Unterrichtsgespräch nach einem Unterrichtsbesuch auf eine videobasierte Unterrichtsanalyse kann die Unterrichtsreflexion anschaulicher und effektiver werden lassen (Junker & Holodynski, eingereicht). Denn Stärken und Schwächen des eigenen Unterrichts können anhand der Videoaufnahmen klar und anschaulich illustriert und situierte Handlungsalternativen passgenauer generiert werden. Die Implementation einer videobasierten Unterrichtsanalyse in den Vorbereitungsdienst bleibt ohne eine solche videotechnische Ausstattung an den Schulen umständlich und zeitaufwändig. Man kann nur wünschen, dass im Zuge der Digitalisierung der Schulen an jeder Schule zumindest ein solches digitales Klassenzimmer eingerichtet wird.

2 Videobasierte Lehrinnovationen

Mit den unterschiedlichen Videoportalen und ihrer Vielfalt an auffindbaren Unterrichtsvideos ist ein enormes Potential zur Professionalisierung von Lehrkräften in allen Phasen der Lehrkräftebildung entstanden. Allerdings besteht Konsens darin, dass eine Videoaufnahme von Unterricht zunächst nur ein Medium ist, das erst in Kombination mit qualitätsvollen Lernumgebungen wirksam werden kann (Seago, 2004). In der Literatur finden sich mittlerweile einige Forschungsübersichten zu relevanten Elementen videobasierter Lernumgebungen (z. B. Gaudin & Chaliès, 2015; Santagata et al., 2021; Steffensky & Kleinknecht, 2016). Darauf aufbauend sind im Rahmen der videobasierten Projekte innerhalb und außerhalb der *Qualitätsoffensive Lehrerbildung* neben den Videoportalen unterschiedliche Lehrinnovationen zu der Frage entstanden, wie Unterrichtsvideos zur Förderung der unterrichtsbezogenen Kompetenz von (angehenden) Lehrkräften effektiv eingesetzt werden können.

Der folgende Überblick über die Lehrinnovationen und ihre Begleitforschung bezieht sich dabei vor allem auf diejenigen Projekte, die bei der Eröffnungsveranstaltung des Meta-Videoportals im März 2021 bereits erste Evaluationsergebnisse vorstellen konnten.

2.1 Förderung der professionellen Unterrichtswahrnehmung durch die Analyse von Fremdvideos

Der überwiegende Teil der entwickelten Lehrinnovationen arbeitet mit sogenannten Fremdvideos. Das bedeutet, dass nicht der eigene Unterricht videographiert wurde, sondern der Unterricht von Lehrkräften, die einem in der Regel unbekannt sind. Die oben genannten Videoportale arbeiten alle mit dieser Art von Unterrichtsvideos. Studien zeigen, dass sie sich besonders dazu eignet, eine kritisch-distanzierte Analysehaltung bezüglich des Unterrichtsgeschehens zu entwickeln (z. B. Kleinknecht & Schneider, 2013; Seidel et al., 2011). Fremdvideos werden deshalb häufig gerade zu Beginn der Lehrkräftebildung eingesetzt, um Studierende für zentrale Unterrichtsqualitätsmerkmale zu sensibilisieren.

Videobasierte Lehrkonzepte zur Förderung der professionellen Unterrichtswahrnehmung. Fast alle vorgestellten videobasierten Projekte mit Interventionen zur Förderung der professionellen Unterrichtswahrnehmung und deren Evaluation sind in der ersten Phase der Lehrkräftebildung zu verorten. Positiv hervorzuheben ist die Breite und Aktualität der Analyseschwerpunkte der Projekte, die sowohl eine Vielfalt an Unterrichtsfächern als auch verschiedene didaktische Schwerpunkte wie Inklusion (*Buddenberg et al., 2021), Digitalisierung (*Berkemeier et al., 2021), Lernunterstützung (Meurel & Hemmer, 2020, *2021) oder Klassenführung (Hörter et al., 2020, *2021) umfassen. Damit hat die *Qualitätsoffensive Lehrerbildung* in beachtlichem Maße zu einer Dissemination der Konzepte videobasierter Lernumgebungen beigetragen.

Diese thematische Breite an Lehrkonzepten ist auch vor dem Hintergrund vorliegender Forschungsbefunde relevant, nach denen es sich bei der professionellen Unterrichtswahrnehmung um eine wissensbasierte, domänenspezifische Fähigkeit handelt, die entsprechend inhaltsspezifisch gefördert werden muss (z. B. Meschede et al., 2017; Steffensky et al., 2015; Sunder et al., 2016). Einige der vorgestellten Projekte konnten positive Effekte ihrer Lehrkonzepte auf die professionelle Unterrichtswahrnehmung der teilnehmenden Studierenden zeigen (*Hörter et al., 2021; *Meurel & Hemmer, 2021; *Stahl & Peuschel, 2021). Beispielsweise wurden im QLB-Projekt *Dealing with Diversity* der WWU Münster im Verbund von sieben lehramtsbildenden Fächern fachspezifische, videobasierte Lehrmodule zur professionellen Wahrnehmung von wesentlichen heterogenitätsbezogenen Unterrichtsdimensionen (u. a. Klassenführung, Lernunterstützung, Teilhabe) konzipiert, durchgeführt und in Prä-Post-Kontrollgruppendesigns mit Hilfe von Kompetenztests erfolgreich evaluiert (Junker et al., 2020).

Videobasierte Lehrkonzepte zur Förderung weiterer Aspekte unterrichtsbezogener Kompetenz. Darüber hinaus gibt es auch Studien, die die Wirkung ihrer videobasierten Lehrkonzepte auf andere Aspekte unterrichtsbezogener Kompetenz in den Blick nehmen wie Wissen, Einstellungen, subjektive Theorien (*Faix et al., 2021a) und Selbstwirksamkeit (*Faix et al., 2021b). Einige Projekte arbeiten zudem mit Selbsteinschätzungen von Studierenden (*Adl-Amini et al., 2021; *Heyne, 2021; *Krabbe & Melle, 2021). Auch diese Projekte, die ausschließlich in der ersten Phase der Lehrkräftebildung angesiedelt sind, konnten positive Effekte bezüglich der Wirksamkeit ihrer videobasierten Lehrkonzepte berichten.

Wirkung spezifischer Elemente videobasierter Lehrkonzepte. Alle bislang genannten Projekte basieren auf videobasierten Lehrkonzepten, die in der Regel eine gesamte Lehrveranstaltung mit allen relevanten didaktischen Elementen umfassen. Die Studien geben deshalb zwar Aufschluss darüber, dass der Einsatz von Unterrichtsvideos grundsätzlich wirksam ist. Es bleibt allerdings unklar, welche spezifischen didaktischen Elemente der videobasierten Lehrinnovationen insbesondere zu deren Wirksamkeit beitragen. Einige der vorgestellten Projekte wählen daher einzelne didaktische Elemente aus und kontrastieren in experimentellen Designs, welche (1) Medien und digitalen Tools sowie (2) welche Instruktionen für eine wirksame Förderung besonders geeignet sind.

(1) Bezüglich der Auswahl geeigneter Medien konnte im QLB-Projekt *Zukunftsstrategie Lehrer*innenbildung* der Universität zu Köln in einem quasi-experimentellen Design mit Lehramtsstudierenden gezeigt werden, dass der kombinierte Einsatz von Unterrichtsvideo und Transkript der alleinigen Arbeit mit Video- oder Textfällen hinsichtlich der Entwicklung situationsspezifischer Klassenführungsexpertise überlegen ist (*Kramer et al., 2021, 2020).

Im QLB-Projekt *ProViel* der Universität Duisburg-Essen wurde der Effekt von zwei digitalen Unterstützungstools für die videobasierte Unterrichtsanalyse von Klassenführung geprüft: zum einen das Signaling, der gezielten Aufmerksamkeitslenkung auf klassenführungsrelevante Unterrichtsereignisse, und zum anderen das Segmenting, der vorgegebenen Sequenzierung des Unterrichtsvideos in klassenführungsrelevante Unterrichtsepisoden. In einem experimentellen Design mit Lehramtsstudierenden konnten *van Bebber et al. (2021) positive Effekte dieser beiden Tools auf das konditional-prozedurale Wissen über Klassenführung zeigen. Bezüglich des deklarativen Wissens fanden sie jedoch nur eine positive Wirkung des Signaling.

(2) Für die Analyse von Unterrichtsvideos können unterschiedliche Aufgabenformate genutzt werden, nämlich (1) eine offene Beobachtung nach freien, selbstgewählten Kriterien, (2) eine hoch inferente Beobachtung mit vorgegebenen Globaleinschätzungen, (3) eine niedrig inferente Beobachtung mit vorgegebenen ereignisbezogenen Einschätzungen, (4) eine vergleichende Beobachtung zweier inhaltlich gleicher Unterrichtsausschnitte und (5) eine fragengeleitete Beobachtung. In der quasiexperimentellen Interventionsstudie von *Hess (2021) bearbeiteten Lehramtsstudierende diese fünf Aufgabenformate und gaben Selbsteinschätzungen zur Schwierigkeit und zum Lernertrag. Sie schätzten hoch- und niedriginferente Beobachtungsformate, die sich beide durch konkrete, theoriebasierte Kriterien auszeichnen, als schwieriger ein, aber zugleich auch als lernförderlicher als die anderen Formate wie die offene oder vergleichende Beobachtung.

Bezüglich der Wirksamkeit von Instruktionsstrategien wurde im QLB-Projekt *PRONET²* der Universität Kassel (*Nemeth et al., 2021) festgestellt, dass die Reihenfolge von Instruktions- und Vergleichsphasen bei der kontrastierenden Analyse zweier Unterrichtsvideos für den Erwerb von professioneller Wahrnehmung und Wissen unerheblich ist.

2.2 Förderung der professionellen Unterrichtswahrnehmung durch die Analyse eigener Unterrichtsvideos

Nur wenige der vorgestellten Projekte nutzen die Analyse von Eigenvideos, also des eigenen videographierten Unterrichts. Im Vergleich zu Fremdvideos wird der Vorteil bei der Analyse von Eigenvideos darin gesehen, dass sie zusätzlich eine Innenperspektive auf das Unterrichtsgeschehen und somit eine Selbstreflexion des eigenen Unterrichtens ermöglichen (Krammer, 2014). So konnten bisherige Studien zeigen, dass die Analyse von Eigenvideos als motivierender, authentischer und immersiver eingeschätzt wird als die von Fremdvideos (z. B. Kleinknecht & Schneider, 2013; Seidel et al., 2011), wobei die Befunde nicht einheitlich sind (Krammer et al., 2016). Die Studie von Hellermann et al. (2015) deutet beispielsweise darauf hin, dass die Kombination der Analyse von Fremd- und Eigenvideos die professionelle Unterrichtswahrnehmung von Klassenführung noch besser fördert als die alleinige Analyse von Fremdvideos im Vergleich zu einer unbehandelten Kontrollgruppe.

Bezüglich der auf den Postern vorgestellten Projekte ist besonders auffällig, dass sich die Einsatzbereiche von Eigen- und Fremdvideographie deutlich unterscheiden. In der ersten Phase der Lehrkräftebildung werden Eigenvideos beispielsweise im Schulpraktikum (*Brauns & Abels, 2021; *Weber et al., 2021), im Praxissemester (*Junker et al., 2021; *Oestermann et al., 2021; *Zucker & Meschede, 2021) oder in komplexitätsreduzierten Settings wie Lehr-Lern-Laboren (*Baston et al., 2021; *Latzel et al., 2021), Microteachings, Rollenspielen (*Uhde & Thies, 2021) oder Simulationen (*Berkel-Otto et al., 2021; *Riegger & Negele, 2021) eingesetzt. In der zweiten und dritten Phase der Lehrkräftebildung werden vor allem die kollegiale Unterrichtshospitation (*Bergold et al., 2021) oder videobasiertes Feedback zur Unterrichtsentwicklung (*Israel et al., 2021) als Einsatzbereiche von Eigenvideographie thematisiert. Im Kontext der Ausbildung von Quereinsteigenden wird auch das Potential von Videofeedbacks aus verschiedenen Perspektiven betont (z. B. Hochschullehrende, Seminarlehrkraft, Peers und Selbstreflexion) (*Gruber et al., 2021). Zudem wird die Nutzung von Videos zur Entwicklung einheitlicher Bewertungsmaßstäbe für die Beurteilung von Lehrproben beschrieben (*Gruber et al., 2021). Ein innovativer Einsatzbereich zeigt sich zudem in einem Projekt der Universität Jena (*Israel et al., 2021), in dem Stimulated Recall Interviews erprobt werden, um nicht nur mit der Lehrkraft, sondern der gesamten Klasse über die Unterrichtsaufnahmen zu diskutieren.

Videobasierte Lehrkonzepte zur Förderung professioneller Unterrichtswahrnehmung und weiterer Aspekte unterrichtsbezogener Kompetenz. Im Bereich der ersten Phase der Lehrkräftebildung können bislang drei Projekte positive Effekte auf die Kompetenz von Studierenden durch die Analyse von Eigenvideos berichten (*Brauns & Abels, 2021; *Junker et al., 2021; *Uhde & Thies, 2021). Beispielsweise konnten *Junker et al. (2021) in einem quasiexperimentellen Prä-Post-Follow-Up-Kontrollgruppendesign zeigen, dass sich Studierende, die ihren Unterricht im Praxissemester selbst videographierten und ihr Unterrichtsvideo analysierten, als auch Studierende, die ohne Eigenvideographie am Begleitseminar und Praxissemester teilnahmen, bezüglich ihrer professionellen Unterrichtswahrnehmung verbesserten. Jedoch blieben bei der Gruppe mit Eigenvideographie diese Fördereffekte auch beim Follow-up nach drei Monaten bestehen, während sie in der Kontrollgruppe (ohne Eigenvideographie) wieder verschwanden. Die Effekte waren also nachhaltiger.

*Uhde und Thies (2021) untersuchten die Wirksamkeit eines Classroom-Management-Trainings mit Rollenspielen, die videographiert wurden und zu denen Videofeedback gegeben wurde. Im Vergleich zu einer Gruppe von Studierenden, die einen reinen Online-Literaturkurs zum Thema Classroom Management absolvierte, wies die Trainingsgruppe nach der Intervention signifikant höhere Selbsteinschätzungen bzgl. Wissen, Kompetenzen und Selbstwirksamkeitserwartungen auf.

Im Kontext der zweiten Phase der Lehrkräftebildung untersuchten Junker und Holodynski (eingereicht) die Analyse und gemeinsame Reflexion der Eigenvideographie bezüglich Klassenführung mit der Kernseminarleitung als Alternative zum retrospektiven Reflexionsgespräch nach einem Unterrichtsbesuch. Sie fanden keine generellen positiven Effekte, aber standortspezifische Effekte. Je umfassender die klassenführungsspezifischen Analysekategorien von Klassenführung in die Kernseminare implementiert wurden, desto größere Fortschritte machten die Lehramtsanwärterinnen und -anwärter in ihrer klassenführungsspezifischen Unterrichtswahrnehmung unabhängig von der Reflexion via Eigenvideographie oder Unterrichtsbesuch.

Wirkung spezifischer Elemente videobasierter Lehrkonzepte. Drei der vorgestellten Projekte nahmen spezifische didaktische Elemente bei der Eigenvideographie in den Blick (*Anders et al., 2021; *Franke et al., 2021; *Weber et al., 2021). Bezüglich (1) der eingesetzten Medien und digitalen Tools verglichen *Anders et al. (2021) im QLB-Projekt *Zukunftszentrum Lehrkräftebildung* der Universität Lüneburg drei E-Portfolio-Formate zur Reflexion von Eigenvideos, und zwar mit Audioannotation im Video, mit rein schriftlicher Reflexion oder reiner Audio-Reflexion. Dabei erwies sich vor allem die Audioannotation im Video im Vergleich zur Textreflexion in Bezug auf positive Emotion, Immersion und reduzierten Cognitive Load als überlegen.

Hinsichtlich (2) der eingesetzten Instruktionsformate erprobten *Weber et al. (2021) die Durchführung sogenannter Videoclubs, in denen Studierende in Dreiergruppen ihre eigenen Unterrichtsvideos analysierten und sich gegenseitig Feedback anhand eines strukturierten Beobachtungsbogens und Kriterien guten Peer-Feedbacks gaben. Die Studierenden berichteten insgesamt positive Emotionen und eine moderate kognitive Belastung bei der gemeinsamen Videoanalyse.

2.3 Einsatz von Erklärvideos

Ein neuer Trend in den vorgestellten Projekten ist die Erforschung des Einsatzes von Erklärvideos im Unterricht. Erklärvideos sind kurze Filme, in denen Sachverhalte oder Vorgehensweisen erklärt werden (Findeisen et al., 2019). Im QLB-Projekt *LeHet* der Universität Augsburg wurde ein Instrument zur vergleichenden Analyse von Erklärvideokanälen auf YouTube konstruiert und erfolgreich pilotiert (*Siegel & Streitberger, 2021).

Im Rahmen des QLB-Projekts *L-DUR* der Universität Regensburg (*Rohr et al., 2021) wird zudem ein Projekt zur Wirksamkeit von Erklärvideos im Kontext der Methode Flipped Classroom mit Schülerinnen und Schülern konzipiert. Hierbei wird in einem Prä-Post-Follow-up-Design mit zwei Interventionsgruppen und einer Kontrollgruppe untersucht, wie wirksam der Einsatz von Erklärvideos im Kontext dieser Methode ist und welchen Einfluss dabei Trainings zum Erwerb von Strategien des selbstgesteuerten Lernens haben. Erste Ergebnisse werden von Frei et al. (2020) berichtet.

Weitere Projekte beschäftigen sich mit der Entwicklung von Seminarkonzepten, in denen Erklärvideos entweder in Blended-Learning Veranstaltungen zum Einsatz kommen (*Wilhelms et al., 2021) oder selbst von Studierenden entwickelt werden (*Siegel & Hensch, 2021; *Simmert, 2021).

3 Validierung von (videobasierten) Kompetenzmessverfahren

Um zu prüfen, ob die dargestellten Lehrinnovationen auch zu einer Professionalisierung von (angehenden) Lehrkräften führen, sind validierte Kompetenzmessverfahren unabdingbar (Seidel & Thiel, 2017). Insbesondere die neu geschaffene Breite an Lehrinnovationen bzgl. Unterrichtsfächern und didaktischen Schwerpunkten erfordert eine ebensolche Fülle an neuen, präzise darauf abgestimmten Evaluationsinstrumenten. So wurde beispielsweise in den QLB-Projekten *Lehrerbildung PLUS* und *LEBUS^2* der Universität Stuttgart ein Test zum professionellen Wissen im Bereich Naturwissenschaft und Technik (*Latzel et al., 2021) und ein videobasiertes Instrument zur Erfassung des inklusionsbezogenen Handlungswissens entwickelt (*Kunz et al., 2021). In vielen vorgestellten Projekten zeigt sich jedoch, dass passgenaue Instrumente bislang noch fehlen, sodass teilweise auf weniger aussagekräftige Selbsteinschätzungen zurückgegriffen wird.

Als Orientierung für diese Projekte kann ein Rahmenkonzept zur Entwicklung eines Instruments zur Erfassung der professionellen Unterrichtswahrnehmung mittels eines offenen Formats dienen (Junker et al., 2020). Dieses wurde im QLB-Projekt *Dealing with Diversity* der WWU Münster bereits erfolgreich auf unterschiedliche Unterrichtsfächer und Analyseschwerpunkte angewendet (z. B. *Hörter et al., 2021; Meurel & Hemmer, 2020, *2021; *Oestermann et al., 2021). Für eine solche Anpassung sind sowohl ein validiertes, theoriebasiertes Kategoriensystem für den ausgewählten Analyseschwerpunkt als auch ein durch Expertinnen und Experten erstelltes Masterrating zu einem Unterrichtsvideo notwendig.

4 Quo vadis – videobasierte Lehre und Forschung?

Der Überblick über die videobasierte Lehre und Lehrforschungsprojekte im Rahmen der *Qualitätsoffensive Lehrerbildung* und darüber hinaus verdeutlicht den beeindruckenden Schub, den dieses Feld in den letzten Jahren im deutschsprachigen Raum erfahren hat. Die Nutzung von Unterrichtsvideos entwickelt sich augenscheinlich zu einem Standard in der Lehrkräftebildung. Dieses ist insbesondere an dem rasanten Zuwachs an Videoportalen erkennbar (s. Beitrag von Holodynski et al. in diesem Band), welche mittlerweile zu einer kaum überschaubaren Fülle an Unterrichtsvideos für die Lehrkräftebildung führen. Die Entwicklung des Meta-Videoportals *unterrichtsvideos.net* mit seinen übergreifenden Suchmöglichkeiten und der zentralen Registrierung zur Nutzung der Videos ist deshalb ein wesentlicher Meilenstein für die videobasierte Lehre und ihrer Begleitforschung. Es erleichtert das Auffinden geeigneter Unterrichtsvideos und kann so die Wahrscheinlichkeit der Nutzung von Unterrichtsvideos für die Professionalisierung von (angehenden) Lehrkräften erhöhen.

Auch die videotechnischen Fortschritte der letzten Jahre im Bereich der Bild- und Tonqualität oder gar Innovationen wie die 360°-Kameras führen dazu, dass Unterricht mit seinen komplexen, parallel ablaufenden Interaktionen noch besser dokumentiert und nachverfolgt werden kann. Gleichzeitig ermöglichen die neu entwickelten Annotationstools diese Komplexität des Unterrichts in praktikabler Weise vertieft und theoriegeleitet zu analysieren. Ebenso können Analysen unterschiedlicher Personen von einem Video übersichtlich verglichen und reflektiert werden.

Parallel zur technischen Weiterentwicklung von Unterrichtsvideos ist auch die videobasierte Begleitforschung breiter und diverser geworden. Vor allem für die erste Phase der Lehrkräftebildung liegen zu vielen Unterrichtsfächern und Dimensionen der Unterrichtsqualität Konzepte zur videobasierten Förderung unterrichtsbezogener Kompetenzen vor, insbesondere zur professionellen Unterrichtswahrnehmung. Viele Projekte berichten zudem positive Evaluationsergebnisse ihrer videobasierten Lehrkonzepte.

Auch wenn in den letzten Jahren bedeutsame Fortschritte im Bereich der videobasierten Lehre und ihrer Begleitforschung zu verzeichnen sind, wird aus den hier vorgestellten Arbeiten deutlich, dass es sich weiterhin um ein dynamisches Feld handelt. So ergeben sich für die Zukunft neue Desiderate und Potentiale, um die Nutzung von Unterrichtsvideos zu optimieren und deren Analyse als ein zentrales Element in allen Phasen der Lehrkräftebildung zu verankern:

- *Weiterentwicklung des Meta-Videoportals.* Mit dem Aufbau des Meta-Videoportals ist ein erster wichtiger Schritt zur nutzerfreundlichen Suche und Verfügbarkeit von Unterrichtsvideos getan. Um das Potential dieser Plattform umfassend auszuschöpfen, sind jedoch weitere Entwicklungen notwendig:
  (1) Anschluss möglichst aller Videoportale. Damit Nutzerinnen und Nutzer einen schnellen Überblick über alle im deutschsprachigen Raum verfügbaren Unterrichtsvideos erhalten können, ist es wünschenswert, alle bestehenden Videoportale an das Meta-Videoportal mit zentraler Registrierung anzuschließen. Dies erfordert neben den rechtlichen Kooperationsvereinbarungen auch eine Ausstattung der Unterrichtsvideos mit den vereinbarten Metadaten, die durch die Betreibenden der einzelnen Portale geleistet werden muss.
  (2) Optimierung der Indexierung und Suchfilter des Meta-Videoportals. Mit einer steigenden Anzahl an Videoportalen und Unterrichtsvideos ist auch eine weitere Ausdifferenzierung der Suchmöglichkeiten anzustreben. So ist eine Suche nach Inhalten wie

z. B. nach Qualitätsdimensionen des Unterrichts, fachlichen Unterrichtsthemen, Unterrichtsmethoden oder ausgewählten Schülergruppen (z. B. mit spezifischen Beeinträchtigungen oder Begabungen) aktuell über die Freitextsuche möglich. Zukünftig sollte die Freitextsuche zudem auch nach bedeutungsgleichen inhaltlichen Kategorien suchen können, was eine umfangreiche Indexierung von Stichwörtern erfordert.

(3) Bandbreite an videographierter Unterrichtsqualität. Die allermeisten Unterrichtsvideos der Portale zeigen authentischen Unterricht in der Qualität von good- oder best-practice. Bestimmte Konzepte oder Handlungsmöglichkeiten können für (angehende) Lehrkräfte aber auch gerade an prototypischen Stolpersteinen und Herausforderungen z. B. im Kontext von Klassenführung oder dem inklusiven Unterricht verdeutlicht werden. Um in solch kritischen Situationen sowohl die betroffenen Lehrkräfte als auch die Schülerinnen und Schüler zu schützen, müssen diese mit Schauspielenden inszeniert werden. Hier haben die Videoportale *FOCUS* und *CLIPSS* in Bezug auf sogenannte staged Videos zu suboptimaler Klassenführung Pionierarbeit geleistet. Auch wenn die Inszenierung von Stolpersteinen sehr aufwendig ist, wäre diese für weitere Konzepte wünschenswert.

- *Technische Innovationen.* Sowohl die vorgestellten Videoportale als auch die damit verbundenen Lehrkonzepte zeigen, dass gerade im Bereich der Technik zukünftig weitere Innovationen zu erwarten sind. Ob diese die Lehre und Forschung mit Unterrichtsvideos erleichtern und optimieren können, muss jedoch sorgfältig geprüft und evaluiert werden.

Bei der Nutzung von 360°-Kameras könnte ein signifikanter Nutzungsvorteil gegenüber HD-Kameras beispielsweise erst dann entstehen, wenn auch eine automatisierte Nachführung der Tonquellen einprogrammiert wäre, sodass ein Betrachtender das Gesagte im ausgewählten Ausschnitt verstehen und nicht nur sehen kann.

Weitere Bemühungen bestehen darin, den Prozess der vertieften, theoriebasierten Analyse von Unterrichtsvideos durch digitale Tools weiter zu unterstützen. Bezüglich der bislang überwiegend hochschulintern verfügbaren Videoannotationstools zur Unterrichtsanalyse wäre wünschenswert, dass diese für alle registrierten Portalnutzerinnen und -nutzer bereitgestellt werden. Jedes Unterrichtsvideo eines Portals könnte dann mit dem Annotationstool verknüpft werden, um zeitgenaue Analysen durchzuführen und die Analysen unterschiedlicher Personen zu vergleichen. Die Analyseergebnisse sollten in Nutzerkonten zum Export oder zur späteren Nachnutzung gespeichert werden können. Ob und inwiefern diese Form der Annotation anderen Formen gegenüber überlegen ist, muss jedoch ebenfalls noch weiter evaluiert werden, so wie dieses beispielsweise durch *Anders et al. (2021) initiiert wurde.

Weitere technische Innovationen dürften auch in alternativen Formen der didaktischen Aufbereitung von Videos liegen, bei denen im Video selbst z. B. durch visuelle Hervorhebungen die Aufmerksamkeit der Betrachtenden gelenkt werden kann, wie dieses z. B. im Projekt von *van Bebber et al. (2021) bereits exemplarisch untersucht wurde.

Insgesamt handelt es sich hierbei um ein Feld, das aufgrund von technischen Weiterentwicklungen in den nächsten Jahren vermutlich noch mehr Aufmerksamkeit erfährt und gleichzeitig auch noch mehr begleitender Forschung zur Wirksamkeit bedarf.

- *Kumulativer Kompetenzerwerb mittels Unterrichtsvideos über alle Phasen der Lehrkräftebildung.* In den vorgestellten Lehrforschungsprojekten wurde deutlich, dass die in der ersten Phase der Lehrkräftebildung entwickelten Konzepte offenbar noch nicht gleichermaßen in der zweiten und dritten Phase angekommen sind. Zwar liegen vereinzelt sehr innovative Lehrkonzepte für diese Phasen vor (z. B. Junker & Holodynski, eingereicht) und auch das Interesse der Akteurinnen und Akteure dieser Phasen an der videobasierten Kompetenzförderung ist hoch. Dennoch wird zukünftig ein stärkerer Austausch zwischen den Phasen notwendig sein mit dem Ziel, fundierte theoretische Konzepte zum kumulativen Kompetenzaufbau mittels Unterrichtsvideos über alle Phasen hinweg zu entwickeln und auch empirisch zu evaluieren. Das von Tina Seidel in diesem Band herausgearbeitete Modell der unterschiedlichen berufsbiographisch relevanten Phasen in der Entwicklung von Expertise im Lehrberuf kann hierfür einen geeigneten lerntheoretischen Rahmen darstellen. Dabei müssten die unterstützenden Funktionen von Unterrichtsvideos für die unterschiedlichen Erwerbsphasen von Expertise weiter herausgearbeitet werden. Gleichzeitig kann das Modell dazu dienen, die breite und teils heterogene Forschungslandschaft zu den bereits existierenden videobasierten Lehrkonzepten aus der ersten Phase der Lehrkräftebildung stärker zu systematisieren und weiterzuentwickeln.
- *Konsequente Evaluation der Lehrkonzepte.* Damit einher geht auch die Notwendigkeit einer fundierten Evaluation aller entwickelten videobasierten Lehrkonzepte mittels validierter Instrumente. So zeigt der Überblick über die bestehenden Lehrforschungsprojekte, dass diese oftmals noch fehlen. Es wäre also geboten, für die Evaluationen passende Instrumente zu entwickeln und auch fundierte Evaluationsdesigns zu verwenden, nämlich Prä-Post-Kontrollgruppendesigns am besten mit einem Follow-up.
- *Ausbau der Videoportale zu digitalen Lehr-Lern-Plattformen zur Dissemination von Lehrkonzepten.* Während mit den Videoportalen und insbesondere dem Meta-Videoportal bedeutsame Plattformen zur Dissemination von Unterrichtsvideos entstanden sind, werden die mit den Unterrichtsvideos verbundenen Lehrkonzepte bislang meist nicht in entsprechender Weise zur Verfügung gestellt. So haben die meisten Videoportale in erster Linie eine Dokumentationsfunktion. Sie stellen vielfältige Unterrichtsvideos mit Begleitmaterialien zur Verfügung, die von Dozierenden zunächst selbst analysiert und didaktisch aufbereitet werden müssen, um sie dann in eigene Lernumgebungen zu integrieren. Damit bleibt den Lehrenden ein großer Arbeitsaufwand.

Hilfreich wären didaktisch ausgearbeitete Lerneinheiten, die direkt von Lernenden innerhalb einer Lehrveranstaltung genutzt werden könnten, oder auch Ausarbeitungen konkreter Lehrkonzepte für die Lehrenden. Einige Portale stellen solche Lern- und Lehreinheiten bereits zur Verfügung (z. B. FOCUS, ProVision, Toolbox Lehrerbildung, VIGOR, ViLLA, ViU, ViviAn; *Appel et al., 2021; *Nührenbörger & Unteregge, 2021). Um die Nachhaltigkeit und Nutzbarkeit der vielen entstandenen videobasierten Lehrkonzepte auch langfristig zu gewährleisten, wäre dieses jedoch für alle Portale anzustreben.

Damit die Konzepte schließlich auch von anderen Personen einfach gefunden werden können, müsste auch das Meta-Videoportal um eine entsprechende Indexierungs- und Suchfunktion erweitert werden. Dazu wäre es auf Seiten der Videoportale erforderlich, die bereits ausgearbeiteten videobasierten Lehr-Lerneinheiten für eine Nachnutzung aufzubereiten und mit Metadaten zu beschreiben. Über eine Suchmaske könnten dann Personen aller Phasen der Lehrkräftebildung für sie geeignete Lehr-Lerneinheiten aus dem verfügbaren Angebot auswählen und zu (neuen) passgenauen Lernumgebungen zusammenstellen.

- *Langfristige Sicherung der Videoportale.* Neben aller technischen und didaktischen Weiterentwicklung der videobasierten Lehre und ihrer Begleitforschung ist die Nachhaltigkeit einer Professionalisierung von (angehenden) Lehrkräften mittels Unterrichtsvideos auch eine Frage der Finanzierung. So werden die meisten Videoportale bislang durch die gemeinsame *Qualitätsoffensive Lehrerbildung* von Bund und Ländern aus Mitteln des Bundesministeriums für Bildung und Forschung gefördert, welche Ende 2023 ausläuft. Die Arbeit mit Unterrichtsvideos in der Lehrkräftebildung kann somit nur zu einem Standard werden, wenn die Pflege und Weiterentwicklung der Portale auch durch neue Unterrichtsaufnahmen langfristig gewährleistet ist.

Nicht zuletzt ist die rasante Entwicklung der Videoportale und der videobasierten Lehre vor allem auch auf eine zunehmende Bereitschaft von Lehrkräften sowie Schülerinnen und Schülern bzw. deren Erziehungsberechtigten zurückzuführen, der Aufnahme von Unterricht zuzustimmen. Diese Bereitschaft lässt einerseits auf eine zunehmend offene Diskussionskultur über Unterricht schließen. Andererseits kann sie auch als ein Erfolg der bislang etablierten Praxis videobasierter Lehre interpretiert werden, in der eine wertschätzende Haltung gegenüber den dargestellten Personen und eine professionelle, an wissenschaftlichen Kategorien ausgerichtete Reflexion von Unterricht einen schützenden Raum für die Weiterentwicklung von Unterricht bieten. Diesen gilt es auch bei allen weiteren Fortschritten im Kontext videobasierter Lehre und Forschung zu bewahren und bestenfalls noch weiter auszubauen.

Literatur

Mit * gekennzeichnete Literaturquellen sind Poster von der Eröffnungstagung Meta-Videoportal in Münster. Sie können unter https://unterrichtsvideos.net/tagung/#programm in den Posterräumen A bis E als pdf-Dokumente eingesehen werden.

*Adl-Amini, K., Burgwald, C, Haas, S., Beck, M., Chihab, L., Fetzer, M. et al. (2021). *Fachdidaktische Perspektiven auf Inklusion. Videobasierte Schulung der Professionellen Unterrichtswahrnehmung in Bezug auf Teilhabebarrieren und -strategien.* Posterpräsentation Raum D, Eröffnungstagung Meta-Videoportal, Münster.

*Anders, D., Weber, K. E., Prilop C. N. & Kleinknecht, M. (2021). V*ideogestützte Unterrichtsreflexion in E-Portfolio-basierten Lernumgebungen – Effekte auf Emotionen,*

Immersion und Cognitive Load. Posterpräsentation Raum E, Eröffnungstagung Meta-Videoportal, Münster.

*Appel, J., Breitenbach, S. & Horz, H. (2021, März). *Stärkung fächer- und ausbildungsphasenübergreifender Zusammenarbeit in der Lehrkräftebildung durch den Einsatz von Unterrichtsvideos in Forschung und Lehre. Ansätze und Beispiele aus dem Projekt* The Next Level *an der Goethe-Universität.* Posterpräsentation Raum A, Eröffnungstagung Meta-Videoportal, Münster.

Balzaretti, N., Ciani, A., Cutting, C., O'Keefe, L. & White, B. (2019). Unpacking the potential of 360degree video to support pre-service teacher development. *Research on Education and Media, 11*(1), 36–69. https://doi.org/10.2478/rem-2019-0009

*Baston, N., Thede, A. & Gabriel-Busse, K. (2021). *Die Förderung der Reflexionskompetenz im Rahmen des Projektes „Lehr-Lern-Forschungslabore als Orte vertieften Lernens: Das Mainzer Modell kooperativer Lehrerbildung".* Posterpräsentation Raum E, Eröffnungstagung Meta-Videoportal, Münster.

*Bergold, B., Korn, V., Tetzlaff, K., Lemmer, H. & Siebelist, D. (2021). *Kollegiale Unterrichtshospitationen im Vorbereitungsdienst am Staatlichen Studienseminar für Lehrerausbildung Erfurt – Lehramt an Gymnasien.* Posterpräsentation Raum E, Eröffnungstagung Meta-Videoportal, Münster.

*Berkel-Otto, L., Heine, L., Kramer, S., Stander-Dulisch, J. & Schumann, F. (2021). *Szenarioorientiertes Lernen in der Lehrkräftebildung.* Posterpräsentation Raum B, Eröffnungstagung Meta-Videoportal, Münster.

*Berkemeier, A., Völkert, S. & Bulut, N. (2021). *Die Silbenkette im digitalisierten Rechtschreibunterricht. Individualisierte Vermittlung von Rechtschreibkompetenz.* Posterpräsentation Raum B, Eröffnungstagung Meta-Videoportal, Münster.

*Bianchy, K., Gold, B. & Jurkowski, S. (2021). *360°-Videos in der Lehrer*innenbildung. Ein empirischer Vergleich unterschiedlicher Videoformate.* Posterpräsentation Raum C, Eröffnungstagung Meta-Videoportal, Münster.

*Brauns, S. & Abels, S. (2021). *Analyse von Videos und Videoreflexionen mit dem Kategoriensystem inklusiver naturwissenschaftlicher Unterricht.* Posterpräsentation Raum E, Eröffnungstagung Meta-Videoportal, Münster.

*Buddenberg, H., Hermanns, M., Höveler, K. & Tilke, F. (2021). *Videobasiertes Seminarkonzept zum professionellen Wahrnehmen und Handeln in gemeinsamen Lernsituationen im inklusiven Mathematikunterricht.* Posterpräsentation Raum D, Eröffnungstagung Meta-Videoportal, Münster.

*Clausen, J. T. & Bormann, F. (2021, März). *Multiview. Multiperspektivische Videografie am Beispiel des Unterrichtsfachs Deutsch.* Posterpräsentation Raum A, Eröffnungstagung Meta-Videoportal, Münster.

*Dirnberger, K., Prock, S. & Schworm, S. (2021, März). *UR-Klassen Multiperspektivische stationäre Unterrichtsvideografie an vier Regensburger Schulen zur phasenübergreifenden Nutzung in der Lehrkräftebildung.* Posterpräsentation Raum A, Eröffnungstagung Meta-Videoportal, Münster.

*Faix, A.-C., Wild, E., Lütje-Klose, B. & Textor, A. (2021). *Professionalisierung von Lehramtsstudierenden für inklusiven Unterricht im Rahmen eines interdisziplinären und videogestützten Seminars.* Posterpräsentation Raum D, Eröffnungstagung Meta-Videoportal, Münster.

*Faix, A.-C., Wild, E., Peter-Koop, A. & Tiedemann, K. (2021). *Steigerung von Diagnose- und Förderkompetenzen im Rahmen eines interdisziplinären Seminars.* Posterpräsentation Raum D, Eröffnungstagung Meta-Videoportal, Münster.

Feuerstein, M. S. (2019). Exploring the use of 360-degree video for teacher-training reflection in higher education. In S. Schulz (Hrsg.), *Proceedings of DELFI Workshops 2019* (S. 153). Gesellschaft für Informatik e.V.z. https://doi.org/10.18420/delfi2019-ws-117

Findeisen, S., Horn, S. & Seifried, J. (2019). Lernen durch Videos – Empirische Befunde zur Gestaltung von Erklärvideos. *Medienpädagogik, 19*, 16–36. https://dx.doi.org/10.21240/mpaed/00/2019.10.01.X

*Franke, U., Tolou, A., Scherzinger, L., Brahm, T., Thyssen, C. & Lachner, A. (2021). *Förderung von kritischen Reflexionsprozessen durch videogestütztes Peerfeedback mit LiveFeedback+.* Posterpräsentation Raum E, Eröffnungstagung Meta-Videoportal, Münster.

Frei, M., Asen-Molz, K., Hilbert, S., Schilcher, A. & Krauss, S. (2020). Die Wirksamkeit von Erklärvideos im Rahmen der Methode Flipped Classroom. In K. Kaspar, M. Becker-Mrotzek, S. Hofhues, J. König & D. Schmeinck (Hrsg.), *Bildung, Schule, Digitalisierung* (S. 284–290). Waxmann.

Gaudin, C. & Chaliès, S. (2015). Video viewing in teacher education and professional development: A literature review. *Educational Research Review, 16*, 41–67. https://doi.org/10.1016/j.edurev.2015.06.001

Gold, B., Pfirrmann, C. & Holodynski, M. (2020). Promoting professional vision of classroom management through different analytic perspectives in video-based learning environments. *Journal of Teacher Education*, 1–17. https://doi.org/10.1177%2F0022487120963681

*Gruber, M., Kugelmann, D. & Schrall, C. (2021). *Einsatz von Microteaching-Videos im Master Berufliche Bildung Integriert (MBBI).* Posterpräsentation Raum E, Eröffnungstagung Meta-Videoportal, Münster.

Harrington, C. M., Kavanagh, D. O., Ballester, G. W., Ballester, A. W., Dicker, P., Traynor, O., Hill, A. & Tierney, S. (2018). 360° operative videos: A randomized cross-over study evaluating attentiveness and information retention. *Journal of Surgical Education, 75*, 993–1000. https://doi.org/10.1016/j.jsurg.2017.10.010

Hellermann, C., Gold, B. & Holodynski, M. (2015). Förderung von Klassenführungsfähigkeiten im Lehramtsstudium. Die Wirkung der Analyse eigener und fremder Unterrichtsvideos auf das strategische Wissen und die professionelle Wahrnehmung. *Zeitschrift für Entwicklungspsychologie und Pädagogische Psychologie, 47*(2), 97–109. https://doi.org/10.1026/0049-8637/a000129

*Hess, M. (2021). *Vergleich unterschiedlicher Formen der Videoanalyse in der Online-Lehre aus Studierendensicht.* Posterpräsentation Raum C, Eröffnungstagung Meta-Videoportal, Münster.

*Heyne, N. (2021). *Videobasierte Unterrichtsreflexion aus interdisziplinärer Perspektive zur Vermittlung von Professionswissen im Lehramtsstudium.* Posterpräsentation Raum D, Eröffnungstagung Meta-Videoportal, Münster.

*Hoffarth, E., Kunz, K. & Zinn, B. (2021, März). *Potenziale von 360-Grad-Erklärvideos in der gewerblich-technischen Berufsbildung.* Posterpräsentation Raum B, Eröffnungstagung Meta-Videoportal, Münster.

Hörter, P., Gippert, C., Holodynski, M. & Stein, M. (2020). Klassenführung und Fachdidaktik im (Anfangs-)Unterricht Mathematik erfolgreich integrieren. Konzeption einer videobasierten Lehrveranstaltung zur Förderung der professionellen Unterrichtswahrnehmung. *Herausforderung Lehrer_innenbildung, 3*, 256–282. https://doi.org/10.4119/hlz-2551

*Hörter, P., Gippert, C. & Holodynski, M. (2021). *Professionelle Unterrichtswahrnehmung von Klassenführung und fachdidaktischer Lernunterstützung verknüpfen(d) lernen.* Posterpräsentation Raum C, Eröffnungstagung Meta-Videoportal, Münster.

*Hußmann, S. (2021, März). *Degree 4.0: Digitale reflexive Lehrer*innenbildung: videobasiert – barrierefrei – personalisiert.* Posterpräsentation Raum A, Eröffnungstagung Meta-Videoportal, Münster.

*Israel, A., Hauk, D. & Gröschner, A. (2021). *Videographie geöffneter Lehr-Lernsettings – Potenziale und Herausforderungen für die Forschung und Lehrer/innenbildung.* Posterpräsentation Raum E, Eröffnungstagung Meta-Videoportal, Münster.

*Junker, R., Gippert, C., Seeger, D. & Holodynski, M. (2021). *Zur Förderung professioneller Unterrichtswahrnehmung von Klassenführung durch Selbstvideographie im Praxissemester.* Posterpräsentation Raum E, Eröffnungstagung Meta-Videoportal, Münster.

Junker, R. & Holodynski, M. (eingereicht). *Selbstvideographie im Vorbereitungsdienst: Eine Interventionsstudie zur Förderung der Klassenführungskompetenz von Lehramtsanwärter*innen.* Universität Münster, Münster.

Junker, R., Rauterberg, T., Möller, K. & Holodynski, M. (2020). Videobasierte Lehrmodule zur Förderung der professionellen Wahrnehmung von heterogenitätssensiblem Unterricht. *HLZ – Herausforderung Lehrer*innenbildung, 3*(1), 236–255. https://doi.org/10.4119/hlz-2554

Kleinknecht, M. & Schneider, J. (2013). What do teachers think and how do they feel when they analyze videos of themselves teaching and of other teachers teaching? *Teaching and Teacher Education, 33*, 13–23. https://doi.org/10.1016/j.tate.2013.02.002

*Krabbe, C. & Melle, I. (2021). *Chemieunterricht analysieren und adaptieren mit Hilfe von Videovignetten.* Posterpräsentation Raum D, Eröffnungstagung Meta-Videoportal, Münster.

Kramer, C., König, J., Strauß, S. & Kaspar, K. (2020). Classroom videos or transcripts? A quasi-experimental study to assess the effects of media-based learning on pre-service teachers' situation-specific skills of classroom management. *International Journal of Educational Research, 103*, 101624. https://doi.org/10.1016/j.ijer.2020.101624

*Kramer, C., König, J., Strauß, S. & Kaspar, K. (2021). *Ein starkes Team! Zur Wirksamkeit von Unterrichtsvideos und Unterrichtstranskripten auf die situationsspezifischen Fähigkeiten von Klassenführung bei Lehramtsstudierenden.* Posterpräsentation Raum C, Eröffnungstagung Meta-Videoportal, Münster.

Krammer, K. (2014). Fallbasiertes Lernen mit Unterrichtsvideos in der Lehrerinnen- und Lehrerbildung. *Beiträge zur Lehrerinnen- und Lehrerbildung, 32*(2), 164–175. https://doi.org/10.25656/01:13863

Krammer, K., Hugener, I., Biaggi, S., Frommelt, M., Fürrer Auf der Maur, G. & Stürmer, K. (2016). Videos in der Ausbildung von Lehrkräften: Förderung der professionellen Unterrichtswahrnehmung durch die Analyse von eigenen bzw. fremden Videos. *Unterrichtswissenschaft, 44*(4), 357–372.

*Kunz, K., Wyrwal, M. & Zinn, B. (2021). *Erstellung und Einsatz von Videovignetten zur Erfassung von Handlungswissen zu Inklusion und Heterogenität von Lehrpersonen im berufsbildenden Bereich.* Posterpräsentation Raum C, Eröffnungstagung Meta-Videoportal, Münster.

*Latzel, M., Brändle, M., Bahr, T. & Zinn, B. (2021). *Unterrichtsvideografie im MINT Teacher Lab an der Professional School of Education Stuttgart-Ludwigsburg (PSE)*. Posterpräsentation Raum E, Eröffnungstagung Meta-Videoportal, Münster.

*Matz, F. & Ritter, M. (2021). *Videobasierte Förderung der Professionellen Wahrnehmung von mündlichkeitsorientiertem Grundschul-Englischunterricht bei Lehramtsstudierenden*. Posterpräsentation Raum D, Eröffnungstagung Meta-Videoportal, Münster.

Meschede, N., Fiebranz, A., Möller, K. & Steffensky, M. (2017). Teachers' professional vision, pedagogical content knowledge and beliefs: On its relation and differences between pre-service and in-service teachers. *Teaching and Teacher Education, 66,* 158–170. https://doi.org/10.1016/j.tate.2017.04.010

Meurel, M. & Hemmer, M. (2020). Lernunterstützungen im Geographieunterricht videobasiert analysieren. *Herausforderung Lehrer_innenbildung, 3,* 302–322. https://doi.org/10.4119/hlz-2555

*Meurel, M. & Hemmer, M. (2021). *Geographieunterricht professionell wahrnehmen – Konzeption und Evaluation eines videobasierten Lernsettings in der Lehrkräftebildung*. Posterpräsentation Raum C, Eröffnungstagung Meta-Videoportal, Münster.

*Meyer, R., Körber, I. & Aulinger, J. (2021, März). *UnterichtOnline.org – Ein Portal für Forschung und Lehre mit online verfügbaren Unterrichtsvideos*. Posterpräsentation Raum A, Eröffnungstagung Meta-Videoportal, Münster.

*Nemeth, L., Lipowsky, F. & Borromeo Ferri, R. (2021). *Kontrastieren und Vergleichen von Videofällen in der Lehramtsausbildung – Welche Rolle spielt die Reihenfolge von Instruktions- und Vergleichsphase?* Posterpräsentation Raum C, Eröffnungstagung Meta-Videoportal, Münster.

*Nührenbörger, M. & Unteregge, S. (2021, März). *Fachdidaktische Reflexionsprozesse von Lehramtsstudierenden in Mathematik (Primarstufe) – Lernchancen einer digitalen videobasierten Lernplattform*. Posterpräsentation Raum A, Eröffnungstagung Meta-Videoportal, Münster.

*Oestermann, V., Koschel, W. & Weyland, U. (2021). *Potenziale und Grenzen der Analyse von eigenen Unterrichtsvideos Studierender im Praxissemester – Zur Förderung professioneller Unterrichtswahrnehmung hinsichtlich einer effektiven Klassenführung im beruflichen Unterricht*. Posterpräsentation Raum E, Eröffnungstagung Meta-Videoportal, Münster.

Prock, S. & Kirchhoff, P. (2018). Unterrichtsvideografie mit stationärem Equipment zur Lehrer/innenbildung und Forschung in „UR-Klassen". In M. Sonnleitner, S. Prock, A. Rank & S. Kirchhoff (Hrsg.), *Video- und Audiografie von Unterricht in der LehrerInnenbildung. Planung und Durchführung aus methodologischer, technisch-organisatorischer, ethisch-datenschutzrechtlicher und inhaltlicher Perspektive* (S. 207–222). UTB Budrich.

*Riegger, M. & Negele, M. (2021). *Inhaltsbezogenen Unterrichtsstörungen und -irritationen mit Professionalität begegnen: Ergebnisse aus dem ReliProfi-Projekt (Religionsbezogene Unterrichtsstörungen) für alle UR-Fächer*. Posterpräsentation Raum D, Eröffnungstagung Meta-Videoportal, Münster.

*Rohr, S., Hilbert, S., Frei, M., Hao, X., Tepner, O., Rincke, K. et al. (2021). *FALKE-digital. Zur Wirksamkeit von Erklärvideos im Rahmen der Methode Flipped Classroom*. Posterpräsentation Raum B, Eröffnungstagung Meta-Videoportal, Münster.

Rupp, M. A., Kozachuk, J., Michaelis, J. R., Odette, J. A., Smither, D. S. & McConnell, D. S. (2016). The effects of immersiveness and future VR expectations on subjective experiences during an educational 360° video. *Proceedings of the Human Factors and*

Ergonomics Society Annual Meeting, 60, 2108–2112. https://doi.org/10.1177%2F1541 931213601477

Santagata, R., König, J., Scheiner, T., Nguyen, H., Adleff, A.-K., Yang, X. et al. (2021). Mathematics teacher learning to notice: a systematic review of studies of video-based programs. *ZDM Mathematics Education, 53,* 119–134. https://doi.org/10.1007/s11858-020-01216-z

Seago, N. (2004). Using videos as an object of inquiry for mathematics teaching and learning. In J. E. Brophy (Hrsg.), *Using video in teacher education* (S. 259–286). Oxford: Elsevier. https://doi.org/10.1016/s1479-3687(03)10010-7

Seidel, T., Stürmer, K., Blomberg, G., Kobarg, M. & Schwindt, K. (2011). Teacher learning from analysis of videotaped classroom situations: does it make a difference whether teachers observe their own teaching or that of others? *Teaching and Teacher Education, 27,* 259–267. https://doi.org/10.1016/j.tate.2010.08.009

Seidel, T. & Thiel, F. (2017). Standards und Trends der videobasierten Lehr-Lernforschung. *Zeitschrift für Erziehungswissenschaft, 20*(1), 1–21. https://doi.org/10.1007/s11618-017-0726-6

*Siegel, S. T. & Hensch, I. (2021). *Förderung der Lehrkräfteprofessionalität im Umgang mit mit Lehr-/Lernvideos: Einblick in ein hochschuldidaktisches Onlineseminar.* Posterpräsentation Raum B, Eröffnungstagung Meta-Videoportal, Münster.

*Siegel, S. T. & Streitberger, S. (2021). *MrWissen2go, sofatutor und Co. auf dem Prüfstand. Entwicklung und Einsatz des Analyserasters für Erklärvideokanäle auf YouTube (AEY).* Posterpräsentation Raum B, Eröffnungstagung Meta-Videoportal, Münster.

*Simmert, H. (2021). *Gestaltung und Einsatz von Lehrfilmen in der beruflichen Bildung - ein Projektseminar für Lehramtsstudierende.* Posterpräsentation Raum B, Eröffnungstagung Meta-Videoportal, Münster.

Sonnleitner, M., Prock, S., Rank, A. & Kirchhoff, P. (Hrsg.). (2018). *Video- und Audiografie von Unterricht in der LehrerInnenbildung.* UTB Budrich.

*Stahl, C. & Peuschel, K. (2021). *Professionelle Unterrichtswahrnehmung mit dem ViKo_spracHe in der DaZ-Lehrkräftebildung.* Posterpräsentation Raum D, Eröffnungstagung Meta-Videoportal, Münster.

Steffensky, M., Gold, B., Holodynski, M. & Möller, K. (2015). Professional vision of classroom management and learning support in science classrooms – does professional vision differ across general and content-specific classroom interactions? *International Journal of Science and Mathematics Education, 13*(2), 351–368. https://doi.org/10.1007/s10763-014-9607-0

Steffensky, M. & Kleinknecht, M. (2016). Wirkungen videobasierter Lernumgebungen auf die professionelle Kompetenz und das Handeln (angehender) Lehrpersonen. *Unterrichtswissenschaft, 44*(4), 305–321.

Sunder, C., Todorova, M. & Möller, K. (2016). Kann die professionelle Unterrichtswahrnehmung von Sachunterrichtsstudierenden trainiert werden? – Konzeption und Erprobung einer Intervention mit Videos aus dem naturwissenschaftlichen Grundschulunterricht. *Zeitschrift für Didaktik der Naturwissenschaften, 22*(1), 1–12. https://doi.org/10.1007/s40573-015-0037-5

*Uhde, G. & Thies, B. (2021). *Wirksamkeit eines Classroom-Management-Trainings mit Rollenspielen und Videofeedback zur Vorbereitung auf das Allgemeine Schulpraktikum im Vergleich zu einem Online-Literaturkurs.* Posterpräsentation Raum E, Eröffnungstagung Meta-Videoportal, Münster.

*van Bebber, R., Bönte, J., Leutner, D. & Lenske, G. (2021). *Wirkungsevaluation von Unterrichtsvideovignetten in Bezug auf (nonverbales) Klassenführungswissen von angehenden Lehrkräften.* Posterpräsentation Raum C, Eröffnungstagung Meta-Videoportal, Münster.

*Weber, K. E., Prilop, C. N., Holstein, A. & Kleinknecht, M. (2021). *Videoclubs im ersten Schulpraktikum.* Posterpräsentation Raum E, Eröffnungstagung Meta-Videoportal, Münster.

*Wilhelms, F., Littmann, K. & Wolff, J. (2021). *Entwicklung einer Blended Learning Veranstaltung mit Hilfe von Erklärvideos.* Posterpräsentation Raum B, Eröffnungstagung Meta-Videoportal, Münster.

*Wilkens, L., Lüttmann, F. & Bender, C. (2021, März). *Barrierefreie Videos in der digitalen-reflexiven Lehrer*innenbildung.* Posterpräsentation Raum A, Eröffnungstagung Meta-Videoportal, Münster.

*Zucker, V. & Meschede, N. (2021). *Die professionelle Wahrnehmung von Diagnostik mit fremden und eigenen Videos fördern – ein Lehrkonzept für Sachunterrichtsstudierende im Praxissemester.* Posterpräsentation Raum E, Eröffnungstagung Meta-Videoportal, Münster.

Autorinnen und Autoren

Sabine Achour, Prof. Dr., Otto-Suhr-Institut für Politikwissenschaft, Freie Universität Berlin. Arbeits- und Forschungsschwerpunkte: Politische Bildung, Ideologien der Ungleichwertigkeit, Diversität, Inklusion/ Exklusion in pluralen Gesellschaften, Professionalisierung von Lehrkräften
E-Mail: sabine.achour@fu-berlin.de

Juliane Aulinger, Dr., (LMU München), geschäftsführende Leitung der Unterrichtsmitschau und didaktische Forschung, Department Pädagogik und Rehabilitation, Leitung der Geschäftsstelle des Departments für Pädagogik und Rehabilitation. Arbeits- und Forschungsschwerpunkte: Videografie von Unterricht, Schulische Leistungen von Kindern mit Migrationshintergrund, soziale Ungleichheit im Bildungswesen, Bilingualität und Bikulturalität, Reformpädagogik
E-Mail: aulinger@edu.lmu.de

Johannes Appel, Dr., Akademie für Bildungsforschung und Lehrkräftebildung, Goethe-Universität Frankfurt am Main. Arbeits- und Forschungsschwerpunkte: Videobasierte Lehr- und Ausbildungsformate, Strukturen der Lehrkräftebildung, Lehrkräfteprofessionalisierung, empirische Unterrichtsforschung.
E-Mail: appel@em.uni-frankfurt.de

Maria Bannert, Prof. Dr., Lehrstuhl für Lehren und Lernen mit Digitalen Medien, TUM School of Social Sciences and Technology, TU München. Arbeitsschwerpunkte: Selbstreguliertes Lernen, Digitale Lehr-Lern-Medien, Lernprozessanalysen.
E-Mail: maria.bannert@tum.de

Anja Böhnke, Dr., wissenschaftliche Mitarbeiterin, Fachbereich Erziehungswissenschaft und Psychologie, Freie Universität Berlin. Arbeits- und Forschungsschwerpunkte: Emotionen von Lehrkräften, Fehlerorientierung und Fehlerkultur im Kontext von Schule, Klassenmanagement, Professionalisierung von Lehrkräften, videobasierte Lehr-Lern-Gelegenheiten.
E-Mail: a.boehnke@fu-berlin.de

Julia Bönte, Institut für Psychologie, Universität Duisburg-Essen.
Arbeits- und Forschungsschwerpunkte: Professionalisierung von Lehrkräften, (nonverbale) Klassenführung, videobasierte Lehr-Lernsettings, Unterrichtsvideoreflexion
E-Mail: julia.boente@uni-due.de

Sebastian Breitenbach, M.A., Akademie für Bildungsforschung und Lehrkräftebildung, Goethe-Universität Frankfurt am Main. Arbeits- und Forschungsschwerpunkte: Educational Technology, Digital Learning, Videografie und Simulationslernen in der Lehrkräftebildung.
E-Mail: S.Breitenbach@em.uni-frankfurt.de

Thorsten Gattinger, M.Sc., studiumdigitale, Goethe-Universität Frankfurt am Main. Arbeits- und Forschungsschwerpunkte: Lernplattformen, Videoplattformen und Technology Enhanced Learning.
E-Mail: gattinger@studiumdigitale.uni-frankfurt.de

Leroy Großmann, wissenschaftlicher Mitarbeiter, Didaktik der Biologie, Freie Universität Berlin. Arbeits- und Forschungsschwerpunkte: Planungskompetenz, Fachdidaktisches Wissen von Biologielehrkräften, videobasierte Unterrichtsreflexion.
E-Mail: leroy.grossmann@fu-berlin.de

Sebastian Haase, Dr., wissenschaftlicher Mitarbeiter, Fachbereich Erziehungswissenschaft und Psychologie, Freie Universität Berlin. Arbeits- und Forschungsschwerpunkte: Entwicklung der tet.folio Lehr-Lern-Plattform, Digitales Lernen.
E-Mail: sebastian.haase@fu-berlin.de

Kristin Helbig, Lehrerin an der John F. Kennedy School in Berlin, vorher wissenschaftliche Mitarbeiterin in der Arbeitsgruppe Didaktik der Biologie der FU Berlin. Arbeitsschwerpunkt: professionelle Wahrnehmung beim Umgang mit Schülervorstellungen im Biologieunterricht

Manfred Holodynski, Prof. Dr., Institut für Psychologie in Bildung und Erziehung, Westfälische Wilhelms-Universität Münster. Arbeits- und Forschungsschwerpunkte: Professionalisierung von Lehrkräften, professionelle Unterrichtswahrnehmung, Klassenführung, videobasierte Lehrmodule.
E-Mail: manfred.holodynski@uni-muenster.de

Holger Horz, Prof. Dr., Institut für Psychologie/Abteilung Psychologie des Lehrens und Lernens im Erwachsenenalter, Akademie für Bildungsforschung und Lehrkräftebildung, Interdisziplinäres Kolleg Hochschuldidaktik, Goethe-Universität Frankfurt am Main. Arbeits- und Forschungsschwerpunkte: Digital Education, Lifelong Learning, Higher Education, Lehrkräftebildung.
E-Mail: horz@psych.uni-frankfurt.de

Kerstin Huber, M. Sc., Wissenschaftliche Mitarbeiterin im Arbeitsbereich „Toolbox Lehrerbildung", Projekt teach@TUM, TU München. Arbeits- und Forschungsschwerpunkte: Interaktive und multimediale Lernmedien, digitales Lehren und Lernen, kognitive und emotionale Verarbeitung digitaler Medien, Mensch-Computer Interaktion.
E-Mail: kerstin.huber@tum.de

Annemarie Jordan, wissenschaftliche Mitarbeiterin, Otto-Suhr-Institut für Politikwissenschaft, Arbeitsbereich Politikdidaktik & Politische Bildung, Freie Universität Berlin. Arbeits- und Forschungsschwerpunkte: Politische Urteilsbildung, Professionelle Wahrnehmung von Unterricht, Sprachbildung, Videobasierte Lehr-Lerngelegenheiten.

Robin Junker, Dr., wissenschaftlicher Mitarbeiter, Institut für Psychologie in Bildung und Erziehung, Westfälische Wilhelms-Universität Münster. Arbeits- und Forschungsschwerpunkte: Professionelle Wahrnehmung von Lehrkräften, Klassenführung, Stress bei Lehrkräften, Schulentwicklung.
E-Mail: robin.junker@uni-muenster.de

Kai Kaspar, Prof. Dr. Dr., Sozial- und Medienpsychologie, Department für Psychologie, Universität zu Köln. Arbeits- und Forschungsschwerpunkte: Computervermittelte Kommunikation, Menschliches Verhalten und Erleben im Kontext des Medien- und Informationskonsums, Mensch-Maschine-Schnittstellen, Lehren und Lernen mit und über digitale Medien.
E-Mail: kkaspar@uni-koeln.de

Johannes König, Prof. Dr., Empirische Schulforschung, Schwerpunkt Quantitative Methoden, Department für Erziehungs- und Sozialwissenschaften, Humanwissenschaftliche Fakultät, Universität zu Köln. Arbeits- und Forschungsschwerpunkte: Forschung zur Lehrer*innenbildung und zum Lehrer*innenberuf, Schul- und Unterrichtsforschung.
E-Mail: johannes.koenig@uni-koeln.de

Sabrina Konjer, wissenschaftliche Mitarbeiterin, Institut für Psychologie in Bildung und Erziehung, Westfälische Wilhelms-Universität Münster. Arbeits- und Forschungsschwerpunkte: Lehre zu professioneller Unterrichtswahrnehmung und Klassenführung, redaktionelle Webseiten-Betreuung, Nutzerbetreuung.
E-Mail: sabrina.konjer@uni-muenster.de

Irini Körber, UnterrichtsMitschau, Department für Pädagogik und Rehabilitation, Ludwig-Maximilians-Universität München. Arbeits- und Forschungsschwerpunkte: Projektleitung UnterrichtOnline, Akquise, Redaktion, Erstellung und Nachbearbeitung von Unterrichtsaufzeichnungen
E-Mail: koerber@lmu.de

Charlotte Kramer, Sozial- und Medienpsychologie, Department für Psychologie, Universität zu Köln. Arbeits- und Forschungsschwerpunkte: Förderung und Entwicklung professioneller Kompetenz von (angehenden) Lehrkräften, Einsatz von Unterrichtsvideos in der Lehrkräftebildung, Lehren und Lernen mit digitalen Medien.
E-Mail: charlotte.kramer@uni-koeln.de

Dirk Krüger, Prof. Dr. Institut für Biologie, Didaktik der Biologie, Freie Universität Berlin. Arbeits- und Forschungsschwerpunkte: Erkenntnisgewinnungs-, Planungskompetenz, Schülervorstellungen
E-Mail: dirk.krueger@fu-berlin.de

Gerlinde Lenske, Prof. Dr., Institut für Bildungsforschung, Professur für Grundschulpädagogik, Leuphana Universität Lüneburg. Arbeits- und Forschungsschwerpunkte: Erfassung und Förderung professioneller Kompetenzen von Lehrkräften (päd.-psych. Professionswissen, Beratungswissen, prof. Wahrnehmung), Einsatz von Unterrichtsvideos in der Lehrkräftebildung, Unterrichtsqualitätsmessung, Klassenführung und Umgang mit Heterogenität.
E-Mail: gerlinde.lenske@leuphana.de

Detlev Leutner, Prof. Dr. Dr. h.c., Institut für Psychologie, Universität Duisburg-Essen. Arbeits- und Forschungsschwerpunkte: Selbstreguliertes Lernen, Lernen mit Multimedia, Cognitive Load, Kompetenzmodellierung, Studienerfolg- und Studienabbruch.
E-Mail: detlev.leutner@uni-due.de

Doris Lewalter, Prof. Dr., Professur für formelles und informelles Lernen, TUM School of Social Sciences and Technology, TU München. Arbeits- und Forschungsschwerpunkte: Bildungsprozesse und -effekte in formellen und informellen Lernorten, Lehren und Lernen mit digitalen Medien, internationale Bildungsvergleichsforschung, Evaluation in informellen Lernsettings (insbesondere Museen).
E-Mail: doris.lewalter@tum.de

Nicola Meschede, Prof. Dr., Institut für Didaktik des Sachunterrichts, Westfälische Wilhelms-Universität Münster. Arbeits- und Forschungsschwerpunkte: Professionalisierung von Sachunterrichtslehrkräften, Videobasierte Lehrkräfte – und Unterrichtsforschung, Adaptive Lernprozessunterstützung, Umgang mit Heterogenität.
E-Mail: nicola.meschede@uni-muenster.de

Robert Meyer, Dipl. MedienInf., Institut für UnterrichtsMitschau und didaktische Forschung, Ludwig-Maximilians-Universität München. Arbeits- und Forschungsschwerpunkte: Entwicklung und Betrieb von videobasierenden Lernplattformen (u. a. UnterichtOnline.org), Vorlesungsaufzeichnungssysteme, Annotationsgestütztes Lernen mit Vorlesungsaufzeichnungen
E-Mail: robert.meyer@lmu.de

Kornelia Möller, Prof. Dr., (i. R.), ehemals Institut für Didaktik des Sachunterrichts, Westfälische Wilhelms-Universität Münster. Arbeits- und Forschungsschwerpunkte: Unterrichtsqualität, Professionalisierung von Lehrkräften, professionelle Wahrnehmung, Lernunterstützung, videobasierte Lehrmodule.
E-Mail: kornelia.moeller@uni-muenster.de

Juliane Müller, wissenschaftliche Mitarbeiterin, Fachbereich Erziehungswissenschaft und Psychologie, Freie Universität Berlin. Arbeits- und Forschungsschwerpunkte: Professionalisierung von Lehrkräften, Klassenmanagement, Kompetenzerwartungen von Lehrkräften, videobasierte Lehr-Lern-Gelegenheiten.
E-Mail: ju.mueller@fu-berlin.de

Manuel Oellers, M.Ed., Institut für Psychologie in Bildung und Erziehung, Westfälische Wilhelms-Universität Münster. Arbeits- und Forschungsschwerpunkte: Digitalisierungsbezogene Lehr-Lernforschung, Learning Analytics, Lernunterstützung in videobasierten Lehr-Lerngelegenheiten, professionelle Unterrichtswahrnehmung, Entwicklung und Betrieb videobasierter Lehr-/Lernplattformen.
E-Mail: manuel.oellers@uni-muenster.de

Till Rauterberg, Dr., wissenschaftlicher Mitarbeiter, Institut für Psychologie in Bildung und Erziehung, Westfälische Wilhelms-Universität Münster. Forschungs- und Arbeitsschwerpunkte: Universitäre Bewegtbildkommunikation, Professionelle Mehrkamera-Unterrichtsaufnahmen, Betreuung ProVision-Videoportal, Videographieschulung.
E-Mail: till.rauterberg@uni-muenster.de

Jürgen Richter-Gebert, Prof. Dr., Lehrstuhl für Geometrie und Visualisierung, Fakultät für Mathematik, TU München. Arbeits- und Forschungsschwerpunkte: Geometrie und Visualisierung, computergestützte Mathematik, Mathematikvermittlung in der Öffentlichkeit.
E-Mail: richter@ma.tum.de

Annika Schneeweiss, M.A., Wissenschaftliche Mitarbeiterin und Koordinatorin des Arbeitsbereichs „Toolbox Lehrerbildung", Projekt teach@TUM, TU München. Zusätzlicher Arbeitsschwerpunkt: Editorial Managerin Arbeitsbereich „Clearing House Unterricht" (zuständig für die Redaktion und Dissemination der Clearing House-Produkte).
E-Mail: annika.schneeweiss@tum.de

Tina Seidel, Prof. Dr., Department Educational Sciences, TUM School of Social Sciences and Technology, Technische Universität München, Arbeits- und Forschungsschwerpunkte: Videobasierte Lehrer*innen- und Unterrichtsforschung, professionelle Unterrichtswahrnehmung, Evidenzbasierung, Dialogische Gesprächsführung.
E-Mail: tina.seidel@tum.de

Sebastian Stehle, Dr., Interdisziplinäres Kolleg Hochschuldidaktik, Goethe-Universität Frankfurt am Main. Arbeits- und Forschungsschwerpunkte: Videobasierte Lehr- und Ausbildungsformate, digital gestütztes Lehren und Unterrichten, Evaluation, Hochschuldidaktik.
E-Mail: stehle@psych.uni-frankfurt.de

Cornelia Sunder, Dr., wissenschaftliche Mitarbeiterin, Institut für Didaktik des Sachunterrichts, Westfälische Wilhelms-Universität Münster. Arbeits- und Forschungsschwerpunkte: Professionelle Unterrichtswahrnehmung, Videobasierte Unterrichtsanalyse, Lernunterstützung im naturwissenschaftlichen Sachunterricht
E-Mail: Cornelia.Sunder@uni-muenster.de

Felicitas Thiel, Prof. Dr., Fachbereich Erziehungswissenschaft und Psychologie, Freie Universität Berlin. Arbeits- und Forschungsschwerpunkte: Interaktion im Unterricht, Klassenmanagement, Lehrkräftebildung, Schulmanagement und Schulentwicklung
E-Mail: felicitas.thiel@fu-berlin.de

Rijana van Bebber, Dr., Institut für Psychologie, Universität Duisburg-Essen. Arbeits- und Forschungsschwerpunkte: Professionalisierung von Lehrkräften, videobasierte Lehr-Lernsettings, Unterrichtsvideoreflexion, Komplexitätsreduktion, Cognitive Load
E-Mail: rijana.vanbebber@uni-due.de

David Weiß, Dr., studiumdigitale, Goethe-Universität Frankfurt am Main. Arbeits- und Forschungsschwerpunkte: Technology Enhanced Learning, Autorensysteme und Webbased Trainings.
E-Mail: weiss@studiumdigitale.uni-frankfurt.de

Verena Zucker, Dr., wissenschaftliche Mitarbeiterin, Institut für Didaktik des Sachunterrichts, Westfälische Wilhelms-Universität Münster. Arbeits- und Forschungsschwerpunkte: Professionelle Unterrichtswahrnehmung von Lehrkräften, Videobasierte Unterrichtsforschung in der Lehrkräftebildung, Lernprozessunterstützung
E-Mail: verena.zucker@uni-muenster.de